一开口就说重点

快速解决问题的高效说话术

把握沟通要点

沉默寡言、废话连篇、找不到话题、抓不住要点，
说重点，抓机会，掌握对话主动权

SPEAK TO THE POINT

刘平◎编著

当今社会，人际交往越来越频繁，所以沟通的成效就显得十分重要。交流，不在于你说了多少话，而在于交流的双方互相传递了多少有用的信息，达成了多少自己想要的效果。

中国纺织出版社

内 容 提 要

在日常生活中,有人洋洋洒洒、滔滔不绝地说了大半天,却令人不知所言;有人言简意赅、三言两语,就令人醍醐灌顶。这是为什么?原因就在于后者开口就讲到了重点。

本书围绕"开口说重点"的主题,结合生活中常见的提问、商量、初次见面等场景,用生动故事描述和分析给出了许多种行之有效的训练方法。通过本书,读者可以快速地在开口时说出关键字眼,快速地提出问题,快速地表达自己的观点,真正做到开口就能说重点。

图书在版编目(CIP)数据

一开口就说重点 / 刘平编著. -- 北京:中国纺织出版社,2017.8

ISBN 978-7-5180-3115-3

Ⅰ.①一… Ⅱ.①刘… Ⅲ.①表达(语言学)—通俗读物 Ⅳ.①H0-49

中国版本图书馆 CIP 数据核字(2016)第 296896 号

责任编辑:闫 星　　责任印制:储志伟

中国纺织出版社出版发行
地址:北京市朝阳区百子湾东里 A407 号楼　邮政编码:100124
销售电话:010—67004422　传真:010—87155801
http://www.c-textilep.com
E-mail:faxing@c-textilep.com
北京通天印刷有限责任公司印刷　各地新华书店经销
中国纺织出版社天猫旗舰店
官方微博 http://weibo.com/2119887771
2017 年 8 月第 1 版第 1 次印刷
开本:710×1000　1/16　印张:18
字数:224 千字　定价:36.80 元

前 言

苏联文学家高尔基说:“如果有个人说起话来废话连篇,这就说明他自己也不甚明了他说些什么。”现代社会,尽管科学技术日新月异,通信技术也越来越发达,然而,人与人之间的沟通却是少不了的。大量事实证明,善于讲话的人,不仅事业平步青云,而且幸福生活不知愁之味。所以,善于讲话,几乎是一个人所必须具备的基本功之一。而讲话精辟简洁、短而有用,则更是一个人沟通水平的直接体现。

在现实生活中,我们常常看到一些人喜欢讲话,他们几乎逢人必讲,每讲必长,并且一开口就是漫无边际,好似滔滔江河不绝。在他们看来,讲话就是交际,如果不讲就会丢面子。至于这样的讲话是否产生效果,他们似乎并不关心。许多人可能并不知道,你在那里滔滔不绝,听者却苦不堪言、厌恶至极。其实,讲话的效果和长短往往成反比,长话则效果差,短则效果好。所以,我们在讲话时要注意言辞的精练性,要做到开口就说重点,开口就有戏。

短小精悍的话如一粒粒沉甸甸的石子,在听者平静的心里激起层层波澜,这是非常值得推崇的。试想,如果长篇大论和几句简短的话产生的效果不相上下,那为什么要选择长篇大论呢?现代社会,时间就是金钱,即便连语言也成为了快餐时代最具标志性的符号。所以,这个时候你还好意思以自己冗长的话语来耽搁别人的黄金时间吗?

1936年10月19日,在上海各界公祭鲁迅先生大会上,我国著名新闻记者、政治家、出版家邹韬奋先生发表了一句话演讲:“今天天色不早,我愿用一句话来纪念先生:许多人是不战而屈,鲁迅先生是战而不屈。”这一句话简洁有力,“不战而屈”是针对当时的某些人士进行谴责;“战而不屈”是对鲁迅先生的高度赞誉。而且前后两句形成鲜明的对比,更显得鲁迅先生的铮铮傲骨。

当然,开口就能说重点,即要求在较短的时间内把想说的话说完、说清楚,并赢得听者的赞赏,没有高屋建瓴、提纲挈领的本事,是非常有难度的。在日常交际中,有的人说话,三言两语就能触碰要害,抓住实质;不过有的人却是语无伦次,绕了半天的圈子,所说的话依然不着边际,不得要领。因此,开口就说重点,既要善于说精练的话,更要善于说有用的话。原则上,需要有话则短,善于说一些能给人以启迪、有实际意义的话语。

善于说有用的话,才能开口触及重点。如果我们说话不切实际,满嘴空话套话,即便说话时间比较短,那听者也是云里雾里,味同嚼蜡,乏善可陈,不管是对听者而言,还是对说话者本身而言,都是浪费时间和精力却又不讨好的事情。能否说短而有用的话,存在着语言表达和文字组织问题,这需要我们勤于学习、不断探索、善于思考、勇于实践,努力使自己形成较高的思想文化修养和扎实的理论功底。

编著者

2017年1月

目 录

上篇 基础篇

中篇 修炼篇

下篇 实践篇

上篇

基础篇

在日常交际中，许多人总喜欢从头到尾唱独角戏，他总以为自己比其他人更有经验、更有知识，自以为所说的话很有意义。实际上，话多不如话巧，有时候只需要一句话的解释，有的人却偏偏长篇大论，给人以冗长烦琐之感，话语的力量也大打折扣。如何做到一开口就让人喜欢，话语应该尽可能短小精悍。

第1章

就说话而言，越短越好

文学大师林语堂说："绅士的演说应该像女人穿的迷你裙，越短越好。"一个人的讲话要十分精练，而不是长篇大论。俗话说"浓缩的是精华"。讲话越短越精彩，越短越容易给人留下深刻印象。精彩的讲话并不需要长篇大论，短小往往更精悍有力。

越短的话，越简洁越有力

子禽问自己的老师墨子："老师，一个人话说多了有没有好处？"墨子回答说："话说多了有什么好处呢？比如池塘里的青蛙整天整天地叫，弄得口干舌燥，却从来没有人注意它。但是雄鸡，只在天亮时叫两三声，大家听到鸡啼知道天就要亮了，于是都注意它，所以话要说在有用的地方。"正所谓"言不在多，达意则灵"，那些简洁而又有力道的话语，往往更能深入人心。说话简洁使人愉快，令人喜欢，这样更容易被人接受；相反，说话冗长累赘，就会使人厌烦，也使沟通达不到预期的效果。所以，我们在日常交际中，要善于说一些简洁而又有力道的话语，这样才能直入人心，达到征服人心的目的。

从前有个客商新开了一家酒店，为了招徕顾客，特备厚礼请几个秀才为他写一块招牌。甲秀才大笔一挥写下了"此处有好酒出售"七个大字。众秀才议论纷纷，乙秀才说："'此处'二字太啰唆。"丙秀才说："'有'字也属多余。"丁秀才认为酒好酒坏顾客自有评价，"好"字应当删去。这时甲秀才带着几分怒气认真地说："如此说来还是干脆只留个'酒'字算了。"众秀才频频点头赞许，大家也欣然接受。

很多人说话有一个明显的弊病，那就是非常啰唆，他们把一些极为简单的问题复杂化。本来可以三言两语就能说清楚的事情，他非要重复无数遍，结果越说越离谱，自己也搞不懂在说什么。其实，我们从一个人的说话看这个人的做事风格，说话简洁而有力道的人，大多就是自信心很强、办事果敢的人；而那些废话连篇的人，则通常都是思维比较迟钝，做事也显得犹豫不决、优柔寡断。

1863 年 7 月 1 日，美国南北战争中的一场决定性战役在华盛顿附近的葛底斯堡打响了。经过三天的激战，北方部队大获全胜。战后，宾夕法尼亚等几个州决定合资在葛底斯堡建立国家烈士公墓，把牺牲的全体战士公葬在此。

公墓在1863年11月19日举行落成典礼，美国总统林肯也被应邀到会做演讲。这对于林肯来说，有很大的难度，因为这次仪式上的主要演讲者是美国前国务卿埃弗雷特，而林肯只是因为总统的身份，才被邀请在埃弗雷特之后讲几句形式上的话。林肯非常明白埃弗雷特的演讲水平，他被公认为是美国最有演说能力的人，尤其是擅长在纪念仪式上的演讲。而林肯在他之后作讲话，无疑有点"班门弄斧"之嫌，如果讲得不好，更会使自己总统的颜面丧失。

在典礼上，埃弗雷特那长达两个小时的演讲，确实非常精彩。结果轮到林肯总统讲话了，出乎意料的是，他的演讲只有十句话，而从他上台到下台不过两分钟的时间，但是掌声却持续了整整十分钟。林肯的演讲不仅赢得了当时在场的一万多名听众的热烈欢迎，而且还在全国引起了轰动。当时有报纸评论说："这篇短小精悍的演说简直就是无价之宝，感情深厚，思想集中，措辞精练，字字句句都很朴实、优雅，行文毫无瑕疵，完全出乎人们的意料。"就连埃弗雷特本人第二天也写信给林肯："我用了两个小时总算接触到了你所阐明的那个中心思想，而你只用了十分钟就说得明明白白。"林肯这次出色的演讲的手稿被收藏到了图书馆，演讲词被铸成金文，存入了牛津大学，作为英语演讲的典范。

林肯在这次演讲中靠什么取胜？那就是简洁而有力道的语言，他那简短有力的讲话比长达两个小时的演讲更深入人心。正所谓"浓缩就是精华"，因为简洁，它所表达出来的思想会更有深度，表达的意思更清晰，彰显的内容更有力量。

比如在联合国开会，每个人发言都有限时，所以大家的发言稿一般都很简练，但是一样能够赢得满堂喝彩。有的人会错误地认为，讲话时间长短与重视程度有关，所以他们在没多少实质内容的讲话上，为了体现自己的重视程度，就反复强调一个问题，造成空话、套话连篇。实际上，我们说："有话则短，无话则不讲"。讲话短小些、精辟些，这在当今工作的快节奏和社会信息交流频繁的时代，是非常受人欢迎的。

那么，如何说话才能简洁而有力道呢？

1.删繁就简

要想自己说话简洁而有力度，就需要"删繁就简"，说话要简洁，势必删掉那些冗长的、反复的词汇，尽量把复杂的话能够简单地说出来，这样才会简单易懂，才能直入人心，继而有效地影响他人心理。

2.尽可能使用准确的词语

福楼拜说："任何事物都只有一个名词来称呼，只有一个动词标志它的动作，只有一个形容词来形容它。如果讲话者词汇贫乏，说话时即使搜肠刮肚，也绝不会有精彩的谈吐。"我们在平时的语言积累中，要尽可能地掌握更多的词汇，这样才能说出简洁而有力道的话。

3.培养自己的分析能力

许多人习惯于说话啰唆，就在于他缺乏一定的分析问题的能力，我们要学会透过表象把握本质，善于分析问题，善于概括，在这样基础之上形成的语言，才会更精准、更有力道，才能深入人心。

话不在多，点到为止即可

在生活中，不少人做事做得十分漂亮，然而，让他们把自己的想法说一说，却总是说不清楚，或是词不达意，或是泛泛而谈。他一个人说得滔滔不绝、口若悬河，但是，对方却面面相觑、不知所云，这就是说话没有逻辑性和针对性。在日常交际中，我们说话要有逻辑性和针对性，做到一针见血、言简意赅，这样对方才能明白你到底说的是什么，才不至于在你话语中找到漏洞。古人语："山不在高，有仙则名；水不在深，有龙则灵。"说话也是如此，话不在多，但一定要有逻辑性、有针对性。在现代如此高速的生活节奏下，没有人愿意花太多的时间来听你的长篇大论，所以，我们在说话的时候，不要绕圈子，不要南辕北辙，而是把话说到点子上，有话则说，长话短说，无话不说，这样才能准确地表达自己的意见，使沟通得以顺畅地进行。

吴先生是广州某地区有名的房地产大亨，资产逾十亿。有一年他带着自己的团队从广州飞往某大城市，准备投资当地的房地产，到处寻找合作伙伴。

在经过一段时间的筛选后，吴先生约了一大型房地产的负责人进行谈判。当双方坐在了谈判桌前，那位负责人立即通过对自己公司作较为详细的介绍，表现得精明能干。并且通晓市场行情，这令吴先生颇为欣赏。听了那位负责人对合资企业的宏伟计划后，吴先生似乎已经看到了合资企业的光辉前景。吴先生正准备签约的时候，那位负责人似乎还言犹未尽，他又颇为自豪地侃侃而谈："我们房地产公司拥有一千多名职工，去年共创利税五百多万元，实力绝对算是雄厚的……"

听到这里，吴先生显得有点不悦，心想：你公司一千多人才赚了几百万，就显得那么自豪和满意。这令吴先生感到非常失望，离自己预定的利润目标差距太大了。如果选择这样的负责人经营公司的话，就很难有较高的经济效益和利益。于是，吴先生当即决定终止合作谈判。

其实，如果那位负责人不说最后那句沾沾自喜的话，这次谈判也许就会以另一种结局告终。那位负责人最后几句不着边际、缺乏逻辑性和针对性、画蛇添足的话，不仅会让自身的缺点暴露无遗，而且令吴先生失去了合作的信心，最终取消了投资意向，仅仅因为几句话就失掉了一次大好的合作机会，实在得不偿失。

在日常生活中，我们经常可以看到，有的人总是喋喋不休、滔滔不绝地高谈阔论，但由于其语言缺乏逻辑性和针对性，没有把话说到点子上，所以显得词不达意、语无伦次，让旁边的人听而生厌；还有的人说话毫无逻辑，一会说到这里，一会说到了那里，说什么话都未经过仔细思考，显得很没分寸。其实，这样的说话都会导致事倍功半，不仅达不到沟通的目的，反而会给沟通带来阻碍。

那么，如何使自己的语言具有逻辑性和针对性呢？

1.说话要在理

一句话听上去是否在理，就要看这句话是否有逻辑性。一般而言，那些有逻辑性的话语大多能清楚地表达一定的意见。而语言是否有逻辑性，就在于我们能不能清楚地将意思表达出来。因此，说话要有理，利用语言准确、清楚地表达自己的思想，这样，我们思维的逻辑性也将得到提高。

2.说话要有中心

在生活中，一些领导人说话时，一般会采用"一""二""三"，其实，这样分点叙述只是说话逻辑性的一个表象，并不能完全代表这个人说话有逻辑性。说话有逻辑性,是表明你说话有一个中心,然后你所说的其他话都是围绕这个中心的,没有其他的枝叶。所以,说话之前应该把自己要说什么,先说什么,后说什么,重点说什么,都要在脑子里快速地整理好,这样,时间长了,你说话就会观点清晰,富有逻辑性。

3.说话要有针对性

说话有针对性,也就是要将话说到点子上。在语言交际中,为了建立良好的交际关系,为了打动对方,话不在多,而在说到点子上。因此,我们在开口之前,应该让自己的舌头在嘴里转几圈,把那些多余的废话转掉,说一些简单明了的话。做到一开口就往点子上说,千万不要东拉西扯,让对方不知所云。

话不在多而在理

那些会说话的人之所以会获得成功,并不在于他说了多少话,而在于他说的话在理。在日常生活中,我们常说"话不在多而在理",意思是,一个人说话不应该求多,而是求理,只要你说的话有道理,哪怕你只说了一句话,那也能达到很好的沟通效果;相反,如果你说的话根本没有道理,哪怕你说了上百句,也有可能达不到真正的沟通。在生活中,我们经常看见有的人喋喋不休、滔滔不绝,可说来说去,都没有哪句话能在理,结果,可想而知,对方完全不想与你沟通,因为跟一个不讲理的人沟通简直就是吃力不讨好,既没能达成一致的意见,反而伤了和气。而且,有的人根本就是无理取闹,由于说不过对方而恼羞成怒,结果,不管是不是在理都乱说一气,他这时的目的不在于沟通,而在于发泄怒气,当然,最终的结果是自己亲手构筑了彼此之间的"隔阂"。

有一次,王娟和几位朋友带着孩子在一起吃饭,席间谈到了早恋的话题,一个朋友的儿子已经是初二的学生了,王娟便开玩笑地问那个孩子:"你有没有女朋友?"没想到,那小男孩却很直白地回答:"没有女朋友多让人瞧不起啊!"听到这话,王娟想到了自己正在上初一的儿子。

在回家路上,王娟下定决心与儿子好好沟通关于早恋的事情,她苦思冥想该怎么问这个问题,太直白了怕孩子受不了,太委婉了又不知道从哪里说起,结果,想了半天也没有想到什么好主意。

回到家后,王娟装作无意地和孩子聊起了学校的事情,她问道:“你们班的学习风气怎么样?”孩子回答说:“就那样呗!”王娟干脆进入了正题,问道:“噢,是这样!那……那你们同学有没有因为搞对象而影响学习的?”孩子说:“啊?有吧!具体我也不太清楚,人家搞又不告诉咱!”王娟故意开着玩笑,问道:“噢,那……那……你有没有搞啊?”孩子轻松地回答说:“没有,不用担心。”王娟不太相信,试探地问:“那有没有女同学给你写字条啊?”孩子有点儿不耐烦了,说道:“没有啊!怎么会有呢!你烦不烦啊,老问这个!”王娟也不知道该说什么好了,干脆和孩子讲起了大道理,什么早恋会很耽误学习的,而且,初恋成功的比率是很低的,你现在不成熟,所以现在看上的以后会不满意的,孩子看起来很听话的点点头。就这样,一场谈话艰难地结束了。

在整个谈话过程中,妈妈的话比较多,而孩子总是三言两语就应付了。本来,当家长的是想告诉孩子一些道理,可是,由于话太多,虽然句句在理,但孩子也没能听进去,这样的沟通只能说是失败的。在生活中,经常会出现这样的情况:父母说很多的话,但孩子却表示“我听不懂你在说什么”,原来,在孩子看来,父母说的那些所谓的大道理其实都相当于废话,孩子根本就没听进去。不妨试试简单地讲道理,话不在多,而在理,只要你说的话真的有道理,需要减少说话的内容,这样,对方更容易听进去。

1.话说得越多,效果却越小

很多人在表达自己意见的时候,很想把心中所有想说的话都说完,但是,他们常常忽略了这样一个问题,那就是话说得越多,效果却越差。对方在听你说话的时候,常常是能听进少量的几句,对于重复过多的大道理,他们很排斥,根本不想去听。结果,你在那里啰唆了一大堆,对方却什么也没听进去。

2.在理的话,三言两语即可

在理的话,越短小越有效,通常是三言两语即可。当你向对方讲道理的时候,切记话不要太多,而需要在理。并不是每个人都不愿意听人讲道理,但是,如果你总是一而再再而三地重复那些老掉牙的事情,相信再好的耐心也被消磨殆尽了。因此,无论我们是向别人讲道理,还是表达自己的意见,都需要记住“话不在多而在理”的道理。

说话往往因简短而成功

很多人会不知不觉地认为讲话要越长才越有水平,其实并非如此,有时候这种认识会适得其反。很多人经常会纳闷,什么样的语言才能更好地表达出自己真实的思想和感情呢?其实很简单,只需要平凡、朴素、简洁的语言,就能够更好地表达自己真实的思想和感情。话语简短,往往会成功,说的就是这个道理,聪明的人善于用几句平凡、朴实的语言就俘获听者的心,他们并没有讲太多的话,却能够把自己的思想和感情表达得十分完美。

美国南北战争爆发的时候,当时的各家报纸都向林肯提出了各种各样的莫名其妙的建议。林肯先是耐着性子听完一位纽约记者提出的冗长作战方案之后,面带微笑地说:“听了你的建议,我不禁想起一个小故事。几年前,有一个人在堪萨斯州骑马旅行,因为那里人烟稀少,无路可行,他在那里迷失了方向,更糟糕的是随着夜幕降临,天空突然下起了可怕的雷阵雨。隆隆雷声,震撼着大地;道道闪电,瞬息之间就照亮了地面。那个失魂落魄的人,最后下马,借着时而出现的闪电亮光,开始步履蹒跚地牵马行走。突然,一声惊人的响雷劈来,吓得他双膝跪地,他呼喊道:‘上帝,既然你什么都能做到,就多赐给我们一点亮光,少来点刺耳的声音吧!’”

林肯自己讲话平凡朴素,他讨厌那些说话故作高深、晦涩难懂的人。所以,在面对记者提出冗长作战方案之后,他诙谐地讲起了故事,他希望通过自己的故事来告诉那位记者,话不在多,只要简洁、朴素,就能够把自己所想表达的思想和感情表达成功。而“少来点刺耳的声音吧”则一语双关地评论了各家报纸的不着边际的建议。

在日常生活中,我们不难发现那些最会说话的人,往往是语言简洁明了的人。语言的精髓,在精而不在多。通常来说,那些喋喋不休的人其实就是口才最差的人，说了一大堆，也没有说出重点，反而还认为自己很棒。事实上，要真正地将自己的话说得高效，就必须让自己的语言简练，要能在最短的时间内让对方明白你所说的意思。而且鲁迅也说："时间就是生命，无端空耗别人的时间，其实就是无异于谋财害命的。"我们在讲话的时候，不要花费很长的时间去阐述自己的思想，而应该讲究简练有力，才能够使下面的听众兴味不减。

在剑桥大学的一次毕业典礼上，整个大礼堂里坐着上万名学生。他们在等候伟人丘吉尔的到来。在随从的陪同下，丘吉尔准时到达，并慢慢地走入会场，走向讲台。

站在讲台上，丘吉尔脱下他的大衣递给随从，接着摘下帽子，默默地注视着台下的观众。一分钟后，丘吉尔才缓缓地说出了一句："Never Give Up!"("永不放弃!")

说完这句话，丘吉尔穿上了大衣，戴上帽子，离开了会场。整个会场鸦雀无声，霎时间掌声雷动。

这是丘吉尔一生中最后一次演讲，也是最精彩的一次演讲。他仅仅用了几个字，就将自己要演讲的内容说了出来，语言贵精不贵多，丘吉尔就是用简洁的语言达到了这个目的。现在国际上也通行领导人站着讲话，这是为什么？其实这样做的目的就是想让人讲得少些、短些、精练些。有人做过统计，美国第26任总统罗斯福总统的就职演说仅985个字；总统就职演说最短的是1793年华盛顿的演说，仅135个字；林肯著名的葛提斯堡演说只有10个句子，仅600多字。从这里我们可以看出，那些卓越的人之所以能够取得演说的成功，一个重要的原因就是因为简短而成功。

1.越简短越受人欢迎

在国际上，讲简短精粹的话越来越受欢迎了。1984年7月17日，37岁的法国新总理洛朗·法比尤斯发表的演说，更为简练，仅有三句话：第一句，"新政府的任务是国家现代化，团结法国人民"；第二句话，"为此要求大家保持平静和表现出决心"；第三句话，"谢谢大家"。

2.当心"请君下台"

在一年一度的奥斯卡颁奖仪式上，人们在目睹世界影星风采时，也会洗耳恭听获奖者的精彩致辞。大会明确规定获奖者讲话时间不得超过45秒钟。一旦超过便红灯警告，乐队也奏起《请君下台》的乐曲。

3.惜字如金，才能给人留下深刻的印象

1917年喜剧大师卓别林获得奥斯卡荣誉，他仅说了一句话："此刻，言语是多么多余，多么无力。"巧妙地表达了感情，征服了人心。很多演讲大师惜字如金，言简意赅，留下珍贵的篇章，并且成为能辩者寡言的典型。而有的人却冗词赘句，啰唆唠叨，讲话不得要领，就会让下面的听众感觉异常厌烦，进而对你的语言表达能力表示怀疑。

话多不如话巧

在生活中，如果是面对一个冷静的倾听者，你就会逐渐知道很多事情，并且对他产生一种好感；反之，如果面对一个喋喋不休的人，你就会觉得整天就像是和一只鸟待在一起，心里不自觉地想逃离。俗话说"话多不如话少，话少不如话巧。"少说话虽然有好处，但人既然在社会中，要与人交流，就应该说话。若要说话，就应该掌握说话的技巧，"话少不如话巧"。我们在任何场合说话，都要言之有物，否则便应少说，要说则说自己经历过发出的感慨之话，说心灵深处衷心之话。那些自己无把握的话不要说，言不由衷的话不要说，无中生有的话不要说，恶言恶语不要说，伤感情的话不要说，造谣中伤的话不要说，粗言腐语不要说。在日常生活中掌握说话的量，在一些特殊的场合更要注意做到言简意赅，不要夸夸其谈，滔滔不绝。

据说朱元璋当皇帝以后，想攀附他的昔日伙伴很多，其中一位来对他说道："我主万岁！当年微臣随驾扫荡庐州府，打破罐州城。汤元帅在逃，拿住斗将军，红孩子当兵，多亏菜将军！"朱元璋没想到此人还算聪明，把话说得得体、含蓄，并没有让自己丢脸，于是心里很高兴，回想起当年大家饥寒交迫时有福同享、有难同当的情形，心情很激动，立即重重封赏了这位老朋友。

当得知那人得到封赏的消息时，另一个当年有恩于朱元璋的伙伴心想，自己有恩于他，朱元璋应该会给自己更加多的封赏。于是，他也来到京城求见朱元璋，朱元璋还是同样很高兴地接见了他。正当朱元璋要宣布同样重重封赏他时,他不知是紧张还是高兴的原因,于是站起来指手画脚地在金殿上说道:“我主万岁!您还记得吗?那时候咱俩在一起放牛,有一次我们在芦苇荡里,把偷来的豆子放在瓦罐里煮着吃,还没等煮熟,咱们就抢着吃,结果把罐子都打破了,把豆子撒了一地,豆子都泼在地上,您只顾从地下捡豆子吃,一不小心红草根把您的喉咙卡住了,还是我出的主意,叫您用一把青菜吞下,才把那红草根带进肚子里的……”

他还在继续说着,但这时朱元璋的脸色早已变了,心想这人竟敢当着文武百官的面出自己的丑,哭笑不得,又气又恼,为了维护自己的面子,只有喝令道:“哪里来的疯子,来人,给我把他拖出去砍了!”

上面的故事里的两个人,同样的条件,一个因为凭借着三寸不烂之舌升官发财,而后面那位不会说话的人却因话太多,且又因言语不当而遭到灭顶之灾。可见,言多必失,话多不如话巧显得尤其重要。

明武宗的时候,秦藩请求加封土地,而他所要求的那块土地具有十分重要的战略意义,事关江山社稷,但是由于皇帝受人撺掇,已经表示同意了,于是皇帝命令大学士们起草一个加封的诏书。而梁文康奉命起草了这份诏书,聪明的梁文康为了劝说皇帝能够收回成命,他在诏书里把整个事情的利害关系说得相当清楚,他这样写道:

过去皇太祖曾诏令说:“这快土地不能封给藩王,不是吝啬而是考虑到它的地广物丰,藩王得到后一定会多养士兵马匹,也一定会因为富庶而变得骄纵。如果这时候有奸人挑拨引诱,就会行为不轨,有害于国家。”现在藩王既然恳请得到了这块土地那么就加封给你吧。但是得到此地之后,不要在此地聚集奸人,也不要在此地多养士兵马匹,更不要听信奸人的唆使,图谋不轨,扰乱边境,危害国家,否则,到那时你就不能保全自己的妻子儿女了,请藩王在此事上慎之又慎,不要疏忽大意。

当皇上看到这份诏书时就很忧虑,觉得还是不要把此地封给藩王为好。梁文康在这里巧妙地劝说了皇上不要把土地分封给藩王,从而阻止了土地的滥封。其实,在很多时候,与其喋喋不休地对别人进行劝说,还不如通过一些巧妙的方法加以适当点拨。这就是“话多不如话巧”的道理。

1.既要说话,也要说得巧

既要说话,又要说得巧,这实在是一门艺术。所以,我们在任何地方和场合,最好能少说话,但是如果到了非说不可的时候,那你就应该注意自己所说的内容、意义、措辞、声音和姿势。

2.什么场合该说什么话

作为一个领导,在什么场合,应该说什么、怎么说,都值得自身认真思考。无论你是探讨学问,还是接洽生意、交际应酬或者娱乐消遣,从你口里说出的话,都一定要有重点,要具体、生动,要做到言之有物,才能使听众信服。

车轱辘话最令人生厌

有的人平时说话,总是会出现这样的毛病,对一些话语不断地重复,给人一种很啰唆的感觉。这些重复出现的啰唆的转圈话,也被称为"车轱辘话",或许有的人认为重复地强调一个问题是表示重视的程度,但实际上说车轱辘话是口语表达中的常见毛病。我们很多时候都是与人进行面对面的语言交流,这就需要自己本身具备较好的口语表达能力,才能够在语言表达中取得较好的效果。

一般情况下,面对面地进行语言交流,并不同于有预先准备的演讲或者是作报告。在很多时候为了能够使双方愉快地交流下去,这就需要随想随说,"现炒现卖",这就需要语言表达能力的灵活性和敏捷性。但是,很多人在面对这种情况的时候,会觉得有一些困难,由于事先没有做好准备,而在短暂的时间内把思想变成语言,思路就会来不及理顺,这时候就会使脱口而出的语言没有经过精心的锤炼,因此便造成了口语表达起来总是显得重复、啰唆,语言表达不准确、不规范,甚至还会出现词不达意的情况。

总的来说,常见的车轱辘话有以下三种表现:首先,说话者自认为所说的内容比较深奥,唯恐听众不明白,所以他们即便是面对一些简单的工作,简单的问题,都会一而再再而三地重复,于是就会造成语言显得有些累赘;有的人在面对接触到的新事物,如一个新词、一句新话,自以为别人都不懂,只有自己知道,于是便当作新鲜的话语反复说,翻来覆去地解释;还有的人在需要发言的场合，本来已经无话可说了，可是为了凑足时间，就开始没话找话，于是他们就把自认为重要的那几句话重复来重复去。

其实，在很多场合，对我们的言语表达或交流都有一个限制，那就是“一言既出，落地有声”，说出的话就如同泼出去的水，那都是一次性的，不能修改的。说话并不同于写文章，它不能像写文章一样，错了可以另起一行，或是揉成一团废纸扔进垃圾桶。你说出的每一句话都会产生相应的效果。如果我们在公共场合讲话，出了一点点差错，便会引来下面听众的议论纷纷，于是我们便开始修改。有时候，明明知道不能修改，可还是千方百计想进行修改，说错了便想重说，重说了又表达不准确，不准确又想重新解释，解释又怕下面听众听不明白，于是又开始重复、啰唆，致使最后越说越糟。

那么，该怎样来克服这种口语表达的常见病，不说车轱辘话，提高自己的口语表达能力呢？

1.三思而后说

俗话说：“三思而后行”，说话跟做事一样，也要三思而后说，才能够避免说一些不恰当的话。当你开口说话之前，一定要先想好该怎么说。一般情况下，人们的口语表达内容并没有什么不同。但是，在很多时候，同样是一句话，从不同人的嘴里说出来，却会产生不同的效果，这主要的原因就在于人们采用的表达方式不同，也就是话该怎么说，而面对这种情况，开口就显得尤为重要，所以我们无论是在什么场合，都要“三思而后说”，确保自己清晰简洁的口语表达能力。

2.随机应变

在我们的日常生活中，每个人在进行口语表达的时候，都免不了会出现或大或小的错误。其实，遇到这样的情况是避免不了的，所以在说话过程中，只是出现了一般性的错误就可以不必去管他。人只要开口说话，就会有说错、说漏、说走嘴的时候，即便是你说错了话也不必惊慌，要保持冷静，先弄清楚是大错还是小错，是原则性的错误，还是一般的错误。如果是一些原则性的错误，那么你就要及时纠正；如果只是一般的小错误，就可以不用理睬。

很多人在说话的时候，面对一些一般性的小错误，不知道灵活变通，硬是想把那些小错误掩盖掉，但是往往在这时候，却欲盖弥彰。有的人在讲话过程中，只是不小心漏掉了一句无关紧要的话，或者是没有按原来的顺序讲，或者是与本来的思路略有点出入，这些一般性的错误，根本就无关大局，可以直接忽略不计。可偏偏有的人会马上停下来重复、补充、解释、说明，结果情况变得越来越糟，讲个没完没了，使下面的听众越听越烦。

3.量事说话，看人开口。

在日常生活中，无论是与人谈工作、谈理想、谈问题，或者只是平时的闲谈聊天，说话都要看情况而定，千万不能走到哪儿说到哪儿，更不能信口开河，一开口就像打开了话匣子，没完没了。在很多时候，本来两三句就能说完的事情，却固执地要讲上一个小时，弄得下面的听众不胜其烦；还有严重的，明明该讲的已经讲完了，但是自己余兴未尽，于是又从头开始，反复强调，令人生厌；更严重的是，讲话无拘无束，东拉西扯，废话连篇，让人找不到东南西北，但是他却讲得不亦乐乎。

我们的语言表达能力与自身形象有密切关系。如果你说话清晰简洁，极具概括力，就会让人觉得你很精明强干；如果你说话总是啰唆，口语表达也不流畅，就会给人留下平庸无能的印象。所以，为了塑造一个良好的形象，就不要说车轱辘话，而要精于简练、点到为止。

让对方多说，自己甘愿当绿叶

人与人之间的交往中，交谈成了必不可少的一种交流方式，交谈的双方肯定存在谁说谁听的问题。在这时候，绝大多数人会乐于表现自己，认为自己说得越多，对方对自己的信任度就越高。其实并不是这样，有效的沟通之道是“听别人说，引导别人多说”，这样才是一次成功地交流。试想，当你想与别人进行交谈的时候，最终的目的是想更清楚、更详细地了解对方的一些信息，而不是尽情地展现自我。你可以回忆一下，当你与他人交谈的时候，别人说话的时间与自己说话的时间各占多大的比例？

如果大部分时间都是你在夸夸其谈，那么这只能说是一次失败的沟通；如果你能作为一个忠实的听众，那么这才是最有效的沟通。总的说来，在交谈的时候，你说得越多，了解得就越多，而让对方多说，你了解得也就越多。所以，为了能获取对方身上更多的信息，就要学会让对方多说，而自己甘愿当一个配角。

这次，王先生代表着公司去外地与合作伙伴洽谈合约，小李作为王先生的助理也一同前往。俩人到了目的地，已经是傍晚了，俩人找了一家旅馆就住了下来。

第二天，合约洽谈正式开始，王先生微笑着做了自我介绍，然后俏皮地问了一句："素闻贵公司人才济济，我们公司的销售部经理可就是来自贵公司啊，他的能力相当优秀，真不知道你们是怎么培养出来的。"一句话说完，那边公司的负责人不禁有点自豪，开始说起了公司的人才资源，很详细地介绍了各个部门的相关人士以及他们的能力、学历、经验。王先生在一边认真地听着，不时面露微笑，不时低头饮一口茶。等到那位负责人说完了，王先生竖起了大拇指："不错，公司实力雄厚啊，上个季度的产品销售额已经成为同类产品第一名了，现在我可明白了你们是怎么做到的。"话语中提到了产品，这也让那位负责人心情激动，说到了产品的生产、加工、销售为一体的管理模式。王先生心里暗暗叫好，看来自己不用犹豫了，他赞赏了几句，就直接说到了合约的事情，他说出了本公司所提供的有利条件，公司负责人在看过了合约上所写的相关事宜，当即双方签下了合约。

签了合约之后，王先生和小李一起走出来，小李有些不解："短短三十分钟就签下了合约，真快。"王先生笑着说："因为我已经从他的谈话中了解了他们公司的大量信息，那正是我想要的，所以就签下来了。"小李回想当时的情景，从洽谈开始到结束，王先生只说了十句话都不到，却成功地签下了合约。一直到上车，小李也没有想明白这究竟是为什么。

王先生巧妙地提问，让对方多多谈论自己，这时候，对方在谈论自己的时候，总是最高兴的，也是最投入的。当公司负责人觉得很高兴，这样就很容易与王先生形成一种互动，进而签下了合约。这是一种智慧的交谈方式，它促成了一次成功的沟通。在这里，王先生巧妙地用到了设问这一谈话方式，这是一个可以引导对方多说的秘诀。

1.提问对方感兴趣的话题

如果你在交谈中，设问用得好，能引起对方注意，诱人思考，把双方之间的谈话内容变得更加吸引人。当然,这样的提问并不是瞎问,而是问那些让对方感兴趣的、引以为豪的,你可以将话题巧妙地引入他辉煌的业绩、成功的经验,也可以是他最关心的问题,或者是他最感兴趣的问题等,这些都可以引导对方多说,而你就会从中了解得更多。

2.说得太多反而引起沟通不畅

在日常交际中,许多人抱怨自己人际关系不够好,人际网络也不宽,其实,这很大一部分的原因就在于你不懂得如何与别人交流,这很有可能就是你谈论自己太多而让别人说得太少的缘故。如果你一个人说得太多,那么别人说话的时间就太少了,这样你就无法知道什么对他是重要的,赢得他人好感的说话方式是什么。只有自己少说,引导别人多说,这样你才能获得有关对方更多的信息,能够投其所好,博得对方的好感。这样轻松愉快的交流方式也才能激发别人与你互动的兴趣,才能与你建立起融洽的关系。

3.在乎对方的感受,从倾听开始

有的人习惯在任何场合夸夸其谈,不在乎别人的感受,这样只懂得表现自己而不顾及别人的感受,只会让别人心里产生一种厌烦情绪,与你建立起的关系也开始瓦解,你只是一个人唱着独角戏。所以,尽可能地让对方多说,而自己只需要做一个忠实的倾听者,这样就会成功地完成一次沟通。

第2章

言如其人，一开口就让人高兴

语言风格是一个人的语言表达所具备的特性，在语言沟通中发挥着重要的作用。在日常交际中，有的人一张嘴就能使人高兴，究其根源，就在于其独特而迷人的语言风格。语言风格既是一种修养，有时是一种城府，它巧妙通过语言的方方面面来打动人心。

独特的语言风格，更容易打动人心

语言风格是指一个人的生活经历、艺术素养等所造成的不同的语言特色，是其通过语言表达出来的特有格调。通俗地说，语言风格就是独具特色的语言表达形式。语言是思想的载体，思想是语言的灵魂，即“言者心声”，心有所思、口有所言，这两者在一定程度上有密切的关系。因此，一个人的语言风格更容易征服人心，正所谓“善言可息怒，良言胜重礼”，要想通过语言来打动人心，就必须注重培养自己的语言风格。在语言表达中，我们常说“言如其人”，也就是说，一个人的言谈将直接体现这个人的风格。法国著名评论家布封甚至认为“风格就是本人”。事实上，语言风格就是打动人心的武器。

语言风格是一个人在语言交际活动中逐步形成的以稳定、鲜明而独特的表达手段和表达方式展现出的一种个性十足的风貌、格调。例如，在春秋战国时期，孔子的深沉精辟，墨子的严谨朴素，庄子的风趣智慧，老子的厚重激昂，他们的语言风格都各具特色。当然，语言的风格有很多种，诸如文雅敦厚、幽默含蓄、热忱大方、冷漠畏缩、呆板无趣……每个人都有自己独特的语言风格，而且，有的人通过其说话的风格，可以有效地打动人心。

有一次，孙中山在广东大学做一次关于民族主义的讲话。礼堂非常小，听众很多，天气闷热，很多人都无精打采。孙中山便穿插一个故事：

那年我在香港读书时，看见许多苦力聚在一起谈话，听的人哈哈大笑。我觉得奇怪，便走上前去。有一个苦力说：“后生哥，读书好了，知道我们的事对你什么帮助。”又一个告诉我：“我们当中一个行家，牢牢记住那马票上面的号码，把它藏在日常用来挑东西的竹杠里。等到开奖，竟真的中了头奖，他欢喜万分，以为领奖后可以买洋房、做生意，这一生再也不用这根挑东西的杠子过活了，一激动就把竹杠狠狠地扔到大海里。不消说。连那张马票也一起丢了。因为钱没有到手先丢了竹杠，结果是空欢喜一场。”孙中山的风趣，引来台下一片笑声。孙中山接着回到本题：“对于我们大多数人，民族主义就是这根竹杠，千万不能丢啊！”

孙中山幽默的语言风格不仅让昏昏欲睡的听众清醒了过来,也使自己的讲话获得了良好的效果。一个说话幽默的人,他的语言常常是富于情感,这样很容易影响听众的心理。幽默生动的语言可以有效地传情达意,强化语言的效果,这可以使对方消除心理上的顾虑,缩短讲话者与听众心理上的距离,从而有效地打动听众。

那么,如何才能形成自己独特的语言风格呢?

1.一句胜过十句

语言大师林语堂认为"言不在多,达意则灵",由此可见,用最少的字句,传递尽可能多的信息,这是语言风格的必然要求。鲁迅说:"无端地空耗别人的时间,其实是无异于谋财害命的。"

2.力求简洁

简单朴实的语言风格可以给人一种亲切的感觉,不要过多地堆砌华丽的辞藻,也不要装腔作势,而是需要说出情真意切的话语,这样才更容易打动人心。比如,"最近你好像瘦了？出了什么事情吗?"亲切的问候之语立即拉近了彼此之间的心灵距离。

3.良言一句三冬暖

在人际交往中,我们要善于说美言,也就是语气亲切、语调柔和、语言含蓄、措辞委婉,简单地说,就是要学会赞美别人。比如,"通过您的家装风格看出,您真是一个很有品位的人",一句话就说到了对方的心窝里。

4.学会使用敬语、谦词

我们在进行语言表达的时候,需要文明用语,规范端庄,这样的说话风格可以直接体现自己的修养、性格、气质,给对方一种平等、尊重的感觉,同时,还可以有效地影响对方心理。比如,"您好,请问您是张先生吧""谢谢您的盛情款待,再见""不好意思,请您帮忙拿一份文件到我的办公室,好吗?"

语言风格往往是个性的烙印

每个人都有自己独特的语言风格,这样的语言表达风格是源于其独特的个性,因此,每个人的语言风格都是独一无二的。所谓个性,是指本身的语言风格和特有的魅力,而不是自我表现。当我们拥有了一定的语言风格之后,还需要在此风格之上烙下个性的印记,这样才能有效地打动人心。毕竟由个性修炼出的独特语言风格,会迸发出强大的力量,而这恰好可以征服人心。真正的个性语言风格体现的除了本人的音色特点之外,还包括了发声方法、独到的体验、感受,独特的语言表达方式以及个人的素质、修养、性格、审美情趣等,所以,这样的语言是鲜活的、生动的、富有生命力和感染力的,是富有魅力的语言。

独具个性的语言风格的魅力在于它的鲜活,富有感染力,任何一种"腔调",任何一种"模式"都不能称为"个性风格"。然而,在个性语言风格的创造中,语言表达的基本技巧是很重要的,许多人之所以陷入一种"腔调"或"模式"中不能自拔,除了没有具备独特的个性风格,根本的问题就在于基本功不到家,不能灵活地驾驭语言。由个性修炼出来的语言风格,可以有效地打动人心。比如,电视连续剧《慈禧西行》片尾的二十四节气歌,这本来不过是对一年四季变化的言语诉说,不过却是街坊小巷里的孩子们最喜欢朗诵的童谣,经过这些传播使原本的内容多了些内涵,令人感受历史的沉重、岁月的无情以及人生的不易,这就是个性语言风格的魅力。

林肯出身于一个平民家庭,在参加总统竞选时,有一个非常富裕的竞争对手想对他进行人身攻击,对方认为林肯是出生与贫寒的家庭,所以不会有太多的财产,当即提出了"你有多少财产"的问题。然而,林肯却以巧妙地回击争取了主动,赢得了人心。他在一次演讲中说:"有人问我有多少财产。我告诉大家,我有一位妻子和一个儿子,都是无价之宝。此外,也租了一个办公室,室内有一张桌子,三把椅子,墙角还有一个大书架,架上的书值得每个人一读。我本人既高又瘦,脸蛋很长,不会发福。我实在没有什么可依靠的,唯一可依靠的就是你们。"

美国第十六任总统亚伯拉罕·林肯是世界历史中最伟大的人物之一,领导了拯救联邦和结束奴隶制度的伟大斗争。他于1809年2月12日黎明出生在肯塔基州哈定县霍尔以南3英里处的小木屋里,用他自己的话说,他的童年是"一部贫穷的简明编年史"。小时候,他帮助家里劈柴、提水、做农活等。尽管他仅在边疆受过一点儿初级教育,担任公职的经验也很少,然而，他那敏锐的洞察力和深厚的人道主义意识，使他成了美国历史上最伟大的总统。他正直、仁慈、坚强的个性使他的语言体现出朴实、真挚的风格，而且，出生于贫民家庭的他在说话时始终带着温和的语调，因为他心里总是记挂着那些贫穷的人们。

独具个性的语言风格不可能是一种固定的语调或模式，它是在语言功力的基础上逐步探索和创造的灵活运用语言表达技巧、巧妙驾驭语言的独特风格。其魅力在于让对方在审美中领会丰富的感情并受到深刻的启迪。所以，为了有效地打动人心，我们应该在自己的语言风格上烙下个性的印记。

1.把个性融入语言风格

一个人要想通过语言来达到影响他人心理的目的，就必须提高自己的说话水平，掌握一些必要的语言表达技巧，形成自己独特的语言风格。比如，马克思的严肃，列宁的尖锐，毛泽东的风趣，周恩来的细腻，邓小平的坚毅等，他们的语言风格无一不烙上了个性的印记。

2.长期实践，刻苦训练

1952年，在尼克松与丘吉尔的儿子伦道夫的交谈中，当他对丘吉尔的演讲口才风格表示钦佩时，伦道夫笑着说："那些演讲精彩是应该的，他用了大半生时间写讲稿并记熟它们。"正所谓"风格如其人"，自己的个性语言风格的形成，这是一个反复实践、探索、体验的渐进过程，因此，要想形成独具个性的语言风格，唯一的途径就是长期实践，刻苦训练。

令人着迷的声音

在日常生活中，每个人的声音都各有特点，有的声音洪亮，有的声音沙哑；有的声音尖细，有的声音粗重；有的声音清脆如玉珠落盘，有的声音却薄如金属之音。于是，我们通常不用眼睛看，只要听到对方的声音就能判断出这个人是谁，由此可见，一个人说话的声音能够有效地为其贴上标签，也就是我们常说的"闻声辨人"。同时，独特的声音还能够感染他人，如百灵的鸣叫能够使人心旷神怡，嘹亮的军号能够使人精神抖擞。独具魅力的声音能够有效地影响他人心理，如鸟儿在求偶时声音变得异常“婉转”，而人在青春期时对甜言蜜语的反应也很强烈。

她的声音有一种特别的音质，那是一种传递若干年后你仍然愿意为此驻足街头的声音……事实上，邓丽君虽然从小就表现出极佳的音乐天赋，但并不是完美无缺的。她原本有一副小嗓门，声音比较柔和单薄，这种先天因素并不容易改变。为此，她的音乐老师姚厚笙从头到尾对她进行细致的指导，由发声方法到歌唱习惯等，均悉心调教。

1984 年，已经蜚声全球的邓丽君，专程到英国向声乐老师学习运气、发声和共鸣音。事后她说：“我需要在每个阶段后停下来，解决一些本身存在的问题，挖掘一下没有发挥出来的潜力。”在英国期间她很用功，每天会练习六七个小时。“我的老师让我每天起床后，都要吊嗓子 30 分钟。早晨还没有开声，练提气练到最高处，发出的声音是很难听的。”有一回，当她吊完嗓子，酒店服务员给她送茶水时，在杯垫上写了一行字：“我们英国人最讨厌有人在早晨乱叫！”弄得邓丽君一时哭笑不得。

在经过刻苦训练之后，她的声音中具有中国女人的特色，充满了东方女性的韵味，温柔不失坚强，美丽而且善良……她嗓音很有特色，几乎听不出有任何换气的地方，可以在没有鼻音的状况下唱出连续的高音，而且她的中文咬字也非常清晰，音色又细又柔，令人沉醉。

有人曾经这样说：“有一种声音可以用一生倾听，有一种温柔可以环抱一个年代，那就是邓丽君。”我们只能说，她那独特迷人的声音影响了几代人，直到现在，她的歌曲还是流行于市井的大街小巷，经久不衰。由此可见，良好的语言表达需要具备独特而有魅力的声音，这样才能有效地感染他人，甚至征服人心。

一个人的声音不仅能够感染他人，而且还能够反映出自己的一些信息，如内心所想、职业等。一般而言，当内心通畅的时候，声音就会清亮和畅；内心平静的时候，声音就会平和；内心兴奋的时候，声音就变得有点尖锐。现代心理学认为，不同的声音给人不同的感受，如声音洪亮会给人一种热情的感觉，声音低而沉会给人一种成熟的感觉，声音清脆会给人一种朝气蓬勃的感觉。声音可以为你语言表达增加筹码，不管你是在聊天，还是在说服对方的时候，都具有很好的作用。当然，每种声音都有利有弊，不能一概而论，哪种独特的声音比较招人喜欢，这也与说话的对象、内容、地点等有直接的关系。

那么，如何通过声音来感染对方呢？

1.自我调节

有时候话说得太多了，声音状态也会相应地越变越差，这就需要自我调节。当你精神状态不是很好的时候，一定要注意自己是否板着脸在说话，即使是通过电话交流，对方也能从你的声音中感受到你的精神状态，所以，我们在说话时一定要注意随时调节自己的精神状态，尽量保持最佳声音状态。

2.适当停顿

在语言表达过程中，停顿也能带来好的气场。当你表达了大部分内容的时候，需要稍微停顿一下，适时的停顿可以有效地吸引对方的注意力，如果对方示意你继续说下去，那表示他在认真听你说话。同时，停顿下来，对方有可能会向你提出问题，在一问一答中气氛自然会好。

3.语速舒缓

在增强声音的感染力方面有一个重要的因素就是说话的语速，如果语速太快，声音就显得急促、不安，不可能产生温馨的气场，而且对方有可能根本没有听清楚你在说什么。要想自己的声音具有较强的感染力，就要从语速开始，注意沉住气，慢慢地说，这样就能有效地影响对方的心理。

语言表达离不开准确的语音语调

在语言表达过程中，语音语调占据重要的位置。为什么强调语音语调呢？因为在语音语调里包含了太多的感情成分、情绪成分，有时候还有一些十分微妙的信息，这些都是难以用语言来表达的。因此，我们在进行语言表达的时候，千万不能忽视语音语调的作用，需要认真揣摩，准确表达语音语调。许多人在说话的时候，只注意单纯的词汇、短语表达，不注意语音语调，结果自己所说的话根本就不能达到预期的目的。语调就像锯齿，字字另起音，字字清楚，这样的语言表达更清楚；语音是语言的物质外壳，是语言符号系统的载体,良好的语音表达更容易影响对方心理。所以,为了增强语言的影响力,我们不妨巧用曼妙的语音语调动人心弦,达到征服人心的目的。

销售员小丽说:“我本质上不是一个温柔的人,因而,对于曼妙的语音语调,并没有太多感性的认识,可是不久前我就亲身领教了一回它的力量。”她在一家公司做售后回访,一般要问完五个问题才算做完一个回访。通常情况下,她很客气地问候客户时,对方多能比较礼貌地回应她。但也有态度很粗暴的客户,没等你把话说完,就“啪”地一声挂了电话,或虽在听,但语气相当不友善。

由于职业道德的约束,小丽的声音决不能受影响,不能因为对方的粗鲁,她也变得狂躁不安。相反她继续使用曼妙的语音语调与其对话,这时她惊奇地发现,往往态度不好的客户在听她讲第一句话时,语气冲得她都怕对方从电话里伸出手来扇她一记耳光,可在她依然不改变曼妙的语音语调,第二句、第三句对话时,对方已平静了很多,到最后一句话时对方的声音和以前比简直就判若两人了,非常客气,甚至能主动向她致谢。第一次她以为是碰巧了,可第二次,第三次,当她坚持不懈的以曼妙声音和温柔态度对待不太友善的客户时,得到的都是同样的结果。

曼妙的语音语调所传递的是一种温柔的声音,在这样的声音面前,所有的烦躁、粗鲁、不愉快都会土崩瓦解,原来,曼妙的语音语调的力量是如此巨大。曼妙的语音语调可以营造出一个温馨的氛围,形成一个神秘的磁场,让对方潜移默化地认同了某一种价值观,行为也随之发生了微妙的变化。

李娜是一家广告公司的资深业务经理,她最关心和留意客户的销售问题,并总是乐于帮助他人解决,但她的声音却让人听来讨厌,那尖叫的声音就像一个小女孩发出的叫声。有一次,她需要同事帮忙。本想自己平时帮助过他,他肯定也会帮助自己。但出乎她意料的是,她的同事拒绝了。私下,她的同事说,“我很想帮助她,但她的声音又尖又孩子气,让人感到她说的话缺乏诚意,太自以为是。”

无论是面对面的说话还是通过电话交流,都需要讲究情感的倾注,因为声音这样的媒介在沟通过程中占了重要的位置。而曼妙的语音语调能够传递好的性情和情感,舒缓、温柔、低语、磁性,给对方一种亲切的感觉。比如,女孩子在对男朋友撒娇的时候,那娇嗔的声音就透露着曼妙的语音语调,男朋友只能乖乖"投降"。当然,我们在平时的说话中,不可以把"娇滴滴"的语音语调带进去,否则就会给对方一种"做作"的感觉。

1.心气下沉

有的年轻人血气方刚,语音语调里满是"冲劲",这给人一种"张扬跋扈"的感觉。这时候,试着把头顶的气朝下压,压到脚底,你的心气就下降了。再说话的时候,曼妙的感觉就出来了。

2.语调不宜太高

语调太高就没有温和的情感,自然不能打动对方。所以,练习声音时把语调压低,低沉平稳的语调会让对方感到你整个身心都沉静在与他沟通中。

3.注意语音的准确性

语音的影响力不容忽视,可以毫不夸张地说,如果一个人的语音不准确的话,他的语言表达能力就难以提高,也不会产生有效的影响力。因此,我们在说话时要注意语音的准确性,这样才能把我们的声音以最好的状态呈现出来,以曼妙的语音打动对方。

明快的语言节奏更有表达力

在语言表达过程中,除了含有声音的感性和腔调之外,说话的节奏也是相当重要的。一般而言,明快的说话节奏体现了一定的决断力,表明说话者是一个自信心很旺盛的人;相反,那些缺乏信心的人,他们在说话的声调里必然缺乏明快的节奏,他有可能一面说:"话虽如此,不过……"接着,他又一面在暗地里说话,这样的语言难以影响到他人的心理。实际上,要想增强声音的感染力,一个很重要的影响因素就是说话的节奏,节奏一方面是指说话的语速,另一方面是指对他人所说问题的反应速度。在日常交际中,大多数人从来不会考虑到说话的节奏,事实上,明快的说话节奏可以避免单调乏味的交流,同时,能够有效增强自己的语言表达能力。

明快的说话节奏、清晰响亮的语言,是成功地进行语言表达所具备的特点。明快的说话节奏能够激起对方情感的波澜。比如,当有人问道"这场比赛谁赢了"的时候,你却慢条斯理地回答"中国队大败日本队,获得了冠军",可能对方在听完之后根本就没有感受到胜利的喜悦之情。那些说话磕磕绊绊没有任何节奏的人,很少能够打动他人的内心,这样的人,即使说出了什么重大新闻也吸引不了大家的注意。而使用明快节奏说话的人,他们在一开口就吸引了大家的注意,而且,明快的说话节奏激发了他们清晰的思路,活跃的思维,如此一来,他们的整个语言表达更加有魅力,更容易打动人心。

亨利在《诉诸武力》的讲话中节奏由慢而变得明快:

回避现实是毫无用处的,先生们会高喊:"和平! 和平!"但和平安在?实际上,战争已经开始,从北方刮来的大风都会将武器的铿锵回响送进我们的耳鼓。我们的同胞已身在疆场了,我们什么还要站在这里袖手旁观呢?先生们希望的是什么?想要达到什么目的?难道生命就那么可贵?和平就那么甜美?竟值得以戴锁链、受奴役的代价来换取吗?全能的上帝啊,阻止这一切吧!在这场战争中,我不知道别人会如何行事,至于我,不自由,毋宁死。

在这段讲话中,开始几句节奏缓慢,从内心发出质问"和平安在?"但是,在接下来的讲话中,节奏变得明快,亨利迸出阵阵激情,向"听众"发出串串质问,"全能的上帝啊,阻止这一切吧!""不自由,毋宁死!"戛然而止,亨利的情感达到了高潮,而下面的听众也如感同身受。

在日常生活中,有的人说话节奏比较快,一口气就把一大堆话就说完了,就像是打机关枪一样;有的人说话节奏很慢,慢条斯理,半天也说不出一个字来。其实,像这样两种极端都是因为没有掌握好说话的节奏。语言有了明快的节奏而变得生动,否则就显得呆板。明快的说话节奏使人愿意听,喜欢听,而那些节奏变化的说话就会像催眠曲一样使人昏昏欲睡。所以,我们在进行语言表达的时候,需要适时使用明快的说话节奏,达到打动人心的目的。

有位意大利的音乐家,他上台不是唱歌,而是把数字有节奏地、有变化地从1数到100,结果倾倒了所有的听众,甚至有的感动得流下了眼泪。由此可见,说话的节奏和说话的语气一样,都会影响到对方的心理。说话的节奏明快就给对方一种果断、刚毅的印象,以此赢得好感。所以,我们在说话时,需要恰当运用明快的说话节奏,表达出自己的思想感情,同时,激发对方内心的热情。

那么，我们如何说话才能保持明快的节奏呢？

1.发音准确

发音含糊不清是说话犹豫的一种表现，同时，也会使你的说话节奏变得异常缓慢。如果在连续几个地方都有迟疑的现象，就会使对方感到你其实并不知道自己在说些什么，这样会导致整个语言表达更加不流利，因此，当我们保持发音准确的时候，说话的节奏自然就明快了起来。

2.注意说话的语速

在语言交流中，说话的快慢将直接影响向对方传递信息的效果。如果你的说话速度太快，尤其对方又是陌生人时，那么对方可能还没有听明白你在说什么，你的话就已经结束了。对方听不清楚，自然就会失去继续听下去的兴趣。

3.停顿不宜过长

当你在进行语言表达的时候，适时的停顿是可以的，但千万不要停顿太长，或者在停顿时加上"嗯"或紧张不安地清一下嗓子，这都会影响你的语言表达效果，而且，你的说话节奏也会变得异常缓慢。

积极的词汇会令语言更有爆发力

在日常交际中，语言作为沟通的主要载体，有着十分重要的作用。语言犹如一把闪光的沟通的钥匙，使沟通直接达到他人的心坎上。在沟通中，使用恰如其分的积极词汇，会使你的语言更加有力量，积极词汇的表达会让你的沟通效果不一样。比如，"海内存知己，天涯若比邻"，用极其优美的词汇送走了友人，达到了友情的沟通，通过积极词汇传递了朋友的关怀，继而打动人心。语言是一个人内心思想感情的外化，它所迸发出来的力量是巨大的，而构成语言最基本的单位就是"词汇"。在语言的海洋里，有着各种不同的词汇，有的词汇所呈现的意义比较消极，这有可能会削弱整个语言表达的威慑力；有的词汇所呈现出来的意义比较积极，它会为你语言表达增添力量。所以,当我们在进行语言表达的时候,应该选择一些比较积极的词汇,这会令你的言语更加有力量。

1941年6月22日凌晨3点钟,纳粹德国以162个师、300万兵力、3400辆坦克、7000多门大炮和数千架飞机兵分三路突然向苏联发起进攻。当时,英国首相丘吉尔正在离伦敦不远的契克斯度周末,他听到这个消息后,立即发表了著名的"战时演说":

今晚,我要借此机会向大家发表演说,因为我们已经到了战争的关键时刻。今天凌晨4时,希特勒已进攻并入侵俄国。我看见俄国数以万计的村庄正在耕种土地,正在艰难地获取生活必需品,那儿依然有着人类共通的乐趣,少女在欢笑,儿童在玩耍,我看见纳粹的战争机器向他们碾压过去……为此,我们只有一个目标,一个唯一的、不可变更的目标。我们决心要消灭希特勒,肃清纳粹制造的一切痕迹,什么也不能改变这个决心,什么也不能!我们决不谈判;我们决不同希特勒或他的党羽进行谈判,我们将在陆地同他作战,我们将在海洋同他作战……任何一个同纳粹主义斗争的人或国家,都将得到我们的援助……因此,我们将尽力给俄国和俄国人民提供一切援助,我们将呼吁世界各地的朋友和盟友采取同样的方法,并且同我们一样,忠诚不渝地推行到底……毫无疑问,俄国的危险就是我国的危险,就是英国的危险,俄国人民为了保卫家园而战的事业就是世界各地自由人民和自由民族的事业,让我们从如此残酷的经验中吸取教训吧!在这生命尚存,力量还在之际,让我们加倍努力,合力奋战吧!

虽然,丘吉尔这篇演说并不长,却慷慨激昂地表达了自己的情感,把英国推上了"联苏抗德"的战车,粉粹了纳粹头目们"联英反苏"的阴谋。在演说中,丘吉尔使用了许多积极的词汇,诸如"关键时刻""唯一""不可变更""决不能""忠诚不渝""努力""奋战",等等。这些积极词汇给正处于慌乱中的英国人民指明了方向,给正在受苦受难的俄国人民增添了力量。这一篇精彩的演说成为了"二战"的转折点,从根本上改变了世界局势,同时,也改变了英国的命运。

那么,哪些词汇才能被称为"积极词汇"呢?这并没有较为明确的界定,也就是我们常说的"正面词汇",即褒义词以及部分中性词,这样的词汇大多带有赞许、肯定的含义。当然,这并不是明确地界定褒义词就是"积极词汇”,这还需要决定于语言表达的环境。但是,所谓的积极词汇就是能够为你的语言表达增添力量的词汇,如果在你的语言表达中出现了不当的词汇,就有可能会消减你的语言表达力。比如,“这次谈判失败了,我也不知道该怎么跟你们说”,这样所表达出来的就是消极的情绪,反而会消减语言表达力。

1.避免敏感、晦气的词汇

我们在进行语言表达的时候,需要避开一些敏感、晦气的词汇,这样才能为语言表达增强力量。比如,朋友失恋了,你在安慰他的时候,就要避开“失恋、痛苦”这样的字眼,一旦对方听到了这样的词汇,会感到更痛苦。

2.用积极词汇巧妙表达糟糕情况

即使发生了十分糟糕的事情,我们也需要灵活运用积极词汇来表达这一情况,尽可能把最好地情绪传递给对方。比如,“刚才有点突发情况,给大家带来的不便还希望多多包涵”。

犀利的语言风格令人印象深刻

语言是人们进行思想情感交流的重要工具,而语言的表达方式则是多种多样,时而柔和,时而犀利,时而强势。在这其中,“舌战”是人们语言的激烈表达形式之一,同时,舌战也是一场智力的较量,这时候我们需要运用“犀利”的语风,适时说一些“硬话”。犀利的语风是指在语言表达的内容中有比较犀利的成分,相应地对语调、语气都有特殊的要求。把犀利的语风隐藏在话语中,通过语言真正击中对方的要害,使其有所顾忌,令其知难而退,最终达到征服人心的目的。

春秋时期,秦国准备袭击郑国,走到渭同时,这个消息被郑国的商人弦高知道了。弦高原打算去周国做买卖,但他不忍心自己的国家蒙受损失,便打算劝秦国主将改变主意。弦高知道,如果硬碰硬,肯定会适得其反。于是,他带着4张熟牛皮作礼物,又赶了12头牛去犒赏秦军。他故作恭敬地说:“我国国君听说您将行军经过敝国。特地派我来犒劳您的随从。”

虽然弦高这话说得十分客气,但字里行间却透露出犀利的语风,他的弦外之音是“你们要偷袭郑国,但这个消息已经走漏出去了,郑国早已经有了准备,由于秦强郑弱,郑国才派出了使者慰劳秦军,以尽礼仪之道,如果秦国不识相,那就只好兵戎相见了”。他那软中带硬的语气,无一不透露出犀利的语风,语言内容中带着比较强硬的成分,令秦军刮目相看。

1984年,里根为了竞选总统,与对手蒙代尔就展开了一场电视论辩。在论辩中蒙代尔自恃年轻力壮,竭力攻击里根年龄大,不适宜担此重任。里根回答说:“蒙代尔说我年龄大而精力不充沛,我想我是不会把对手的年轻、不成熟这类问题在竞选中加以利用的。”如此一句绝妙的回答立即间博得全场的热烈掌声,到了论辩结束之后,里根胜利地当选为总统。

面对蒙代尔的攻击,作为年长者的里根如果以牙还牙,破口大骂,这样会有失身份,但如果装聋作哑,那么在蒙代尔的锐气面前又显得气势低下了。于是,里根对此彬彬有礼地予以了反击,犀利的语风中抨击了蒙代尔作为年轻人的浅薄和狭隘。貌似客气的一番说辞,却毫不客气地一针见血地指出了对方的“不成熟”,有力地反击了对手,在观众面前树立了自己更能胜任总统的印象,那他犀利的语风,使自己最终赢得了胜利。

那么,如何在语言中表达出犀利的语风呢?

1.柔中带刚的语气

为了使整个语言表达彰显出犀利的语风,我们在说话时需要使用柔中带刚的语气。换句话说,我们说话的态度是柔和的,但话语中却包含着强硬的成分,这样犀利的语风会令对方刮目相看,如“听你这么一说,我确实没有见过你们这样独特的礼貌方式”。

2.巧用“绵里藏针”

我们在说话时需要巧用“绵里藏针”,关键在于你的“针”既要硬,又要扎得准,这样才能击中对方的要害,令其刮目相看。

3.委婉含蓄的表达

犀利的语风是隐藏在字里行间,不需要直接用强硬的方式说出来,因而,我们在进行语言表达的时候,需要使用委婉含蓄的表达方式,把话说得很艺术,又能对他人心理施加影响,让对方明白你话里的锋芒所在。

第3章

说话不是讲故事，开口就要讲重点

在交谈过程中，一旦自己的话不被对方所喜欢，或者自己的表演成了独角戏，那么交流就无法顺利进行下去了。作为谈话的一方，我们应该尽可能地避免冷场的出现，而是积极营造愉快轻松的谈话氛围。毕竟，说话不是讲故事，开口就要讲重点。

先抛出故事的高潮部分

说话与写小说有着很大的区别的。一般而言，小说是以塑造人物形象为中心，通过完整故事情节的叙述和深刻的环境的描写反映社会生活的文体。而且，大多数小说都会以故事情节的发展来设置高潮，它带领着读者一步一步走进故事最精彩的部分。在日常交际中，我们不能把故事高潮部分放在后面，而是先抛出故事的高潮部分，这实际上是一种“倒叙”的模式。通常我们在阅读小说的时候，故事情节的高潮部分都会安排在最后部分或者中间部分，小说这样一种结构的安排会让读者身临其境。但是，如果我们在说话时也将最精彩的一部分放在最后面，那么听者有可能在听了一部分就哈欠连天了，因为他们的注意力不能长久地保持下去，最终导致了整个故事的失败。

有一次，蔡康永必须在节目里介绍画家常玉的生平，他知道许多观众从没有听说过常玉，他也了解许多人认为画家其实离我们的日常生活很遥远。为了做好这期节目，蔡康永花了一番心思，他想，如果自己在节目一开始就说“常玉年轻的时候就很想到外国去留学，他家里当时还算有钱，就花钱把他送去巴黎”。他觉得自己如果把括说到这里，大部分观众并不会感兴趣，可能观众会想“常玉是谁啊，我听都没有听说过”。所以，在正式录节目的时候，蔡康永把故事的顺序改了一下，节目一开始，他就拿起常玉的传记说：“我手上这本书，大概只比鼠标垫大一点点，如果上面画的都是常玉的油画，那么，它的市场价格大概是台币两百万到三百万。”这样的开场白方式让蔡康永留住了很多听都没有听过常玉名字的观众，因为他一开始就讲出了故事的爆点。

蔡康永说：“你如果习惯把故事的爆点藏得太靠后，可能听你说话的人，熬不了那么久，就纷纷去上厕所了。”每一个故事都有精彩的爆点，也就是故事的高潮部分，这是每个人都想听的，他会有那种想继续听下去的欲望。如果你说“这一张很小的油画就能卖两三百万”，大家都会惊奇地问“为什么会这样呢”“这是怎么回事”。

把故事的爆点放在最前面，能增强故事的生动性，在听者心中留下悬念，这样的叙述更能引人入胜，同时也可以避免说话的平板和故事情节的单调。采用这样的说话方式，主要是为了给听者造成悬念，引人入胜，起到特殊的表达效果。当然，“把故事的爆点放在最前面”也要注意使用恰当的过渡句，否则就会使故事头绪不清，脉络不明，最终影响到你的表达。

1.讲话中灵活使用“倒叙”

如果把故事的爆点藏得太靠后，就很容易就会让故事废了。那么，如何能让你的讲述更生动呢？秘诀就是“调整故事的顺序”，也就是我们在叙述故事时经常用到的“倒叙”。它是根据表达的需要，把故事的结局或某个最重要、最突出的片段提到讲述的最前边，然后再解释“为什么会出现这样的情况”，即把故事按原来的发展顺序进行讲述。

这样的“倒叙”方式不仅仅在说话中使用，也会运用到电影创作中。比如，苏联影片《这里黎明静悄悄》里，最开始的情节是“年迈的上尉带领几个年轻人在扫墓”，然后再倒叙墓碑下牺牲的年轻女战士们那可歌可泣的故事。诸如电影《辛德勒名单》《泰坦尼克号》等都采用了这种手法。

2.如何使用“倒叙”

当然，“倒叙”的说话方式，并不是把整个故事都倒过来叙述，而是把最精彩或高潮部分提前，其他的部分仍采用一般的讲述方式。在日常生活中，有时候我们会为了表现话题的中心，这时候就可以把最能表现主题的部分提到前面，如董事长在开始就说出会议主题；有时候为了使自己的讲话富于变化，避免平铺直叙；其实，更多的时候是为了表达效果的需要，使自己的讲述曲折有致，给人造成悬念，引人入胜。不过，需要注意的是不要没有目的地颠来倒去，反反复复，使整个故事叙述不清。

3.如何练习这种说话方式

如果有兴趣练习这种说话方法，可以看看报纸或网络上的新闻，都喜欢用什么样的标题，来吸引读者把整则新闻看完。一般而言，新闻的标题都是整个新闻事件的爆点，这是无可厚非的。这样，撰写新闻标题的人就不用担心读者不看新闻了，因为标题往往激发了读者的好奇心“为什么会这样？”“到底发生什么事情了”。所以，要想练习这样的说话方式，可以在平时多看看新闻是如何拟写标题的，而且在实际讲述故事的过程中，尽可能地调整故事的顺序，把故事的爆点放在最前面。

说话并非多多益善

两千多年前，圣人孔夫子就说过："乱之所生也，则言语以为阶。"意思是世间所有的纷乱都是因为说话不慎而产生的。日常生活中，人们也经常听到这样的告诫："病从口入，祸从口出。"一不小心，可能只因为一句话说不定就会惹上麻烦，既伤了别人，又害了自己。所以，我们务必要记住，为人处世要谨言慎行，该说的要说，不该说的绝对不能乱说。只有这样，才能减少是非，独善其身。

古往今来，因为管不好自己的嘴巴而招致灾祸的事例比比皆是，稍不注意就会导致杀身之祸，"韩信带兵，多多益善"便是一个极好的例证。现代社会或许不会动则杀戮，但是因为说了不该说的话或者说话不注意对象、方式而给自己带来不好的影响和结果的例子也屡见不鲜。若是仔细想想，或许每个人都能列举一两件这样的事来，可见这类现象在现实生活中并不鲜见。

小雯即将大学毕业，她为人活泼伶俐，个性开朗，学习成绩优异，所以深得老师和辅导员的喜爱。但是毕业前的一次分组设计，竟然没有一人愿意与小雯搭档，实在大大出乎老师的意料。后来经过了解，才知道原来小雯虽然聪明伶俐，但是说话口无遮拦、尖酸刻薄，几乎没有人能够受得了她。经过老师的思想工作，老实厚道的小华答应与小雯一组，共同完成毕业设计。

她们的专业是服装设计，这次的毕业设计就是设计一款服装，并进行市场调查。合作一开始，小雯好胜自负的性格就显露出来了，她坚决要求按照自己的想法进行，设计了一款旗袍式长裙。小华认为旗袍虽然好看，但是本身对女人的身材要求过高，再加上拖地式的后摆，实用性不强，很难得到大众的认可。小雯用蔑视的眼神看着她说："我看是有的人吃不到葡萄说葡萄酸吧。不要因为自己身材不好，不适合穿旗袍，就认为没人喜欢，没人能穿了。"身材矮胖的小华听了这话，气得脸色铁青，眼泪直在眼眶里打转。随后不管小雯做什么决定，她都坚决不发一言。

设计交上去了，结果只得了良。老师的评语明明是“华而不实，不适合现实大众生活需求”，但是小雯却逢人便说：“真倒霉，老师非要安排给我一个搭档。要是我自己一人弄的话，凭我的成绩，绝对不是现在这样的结果。”小华气得当场找她理论，小雯自然不肯承认是自己的过错，最后俩人越闹越僵，竟然动起手来。事情闹大了，学校领导了解事情的原委后，对小华进行了批评教育，而对小雯则做出了警告处分。直到这时，小雯才后悔莫及，但已经晚了。

一个优秀的女孩就这样毁于自己的口舌之快，实在令人可惜、可叹！可见言语不慎对于我们来说是一件多么危险而又愚蠢的事情。不经大脑思考、只逞口舌之快脱口而出的废话、错话和蠢话就如同一地散落的鸡毛，难以收场。若是造成不良后果再去后悔，早已追悔莫及了。

伟人毛泽东将在延安出生的两个女儿取名叫李敏和李讷。其中“敏”与“讷”二字就出自《论语·里仁》中的“君子欲讷于言而敏于行。”毛泽东希望自己的女儿做一个谨言慎行的人，我们现代女性更要在说话中多加入一些体谅和温柔，多一些思考和权衡，才能做一个说话人人爱听、处处受人欢迎和尊敬的人。

1.说出口就不能再返

这世上有三样东西一经出去就不能再返：一是离弦之箭，二是逝去的良机，三是出口之言。《圣经》也告诉人们：“多言多语难免有过，禁止嘴唇是有智慧。”这样的话说起来容易，做起来却并不简单。

2.说对话很重要

对于生性活泼、爱说爱笑的人来说，如果要他们不说话、少说话，简直就比杀了他们还令其难受。但是说话本身并无过错，关键在于要看清对象、分清场合，了解说话对象的心理，不能口无遮拦、不分轻重，否则就有可能触犯他人的忌讳，造成误解，甚至酿成纠纷。

3.用大脑说话，而不是嘴巴

不当的言语对人心灵的伤害就如同尖锐的匕首，有的话语甚至比锋利的刀剑更加伤人，甚至会令别人一辈子都难以痊愈，此为伤人；不分场合地信口开河，随意夸大或者以讹传讹，就有可能令自己卷入是非，百口莫辩，此为害己。所以,真正会说话的人是用大脑在说话,而不仅仅用嘴巴。

说好场面话,强化自己的印象

游走在社交场合的我们虽然随身携带的名片越来越多,但真正无话不谈的朋友却只有几个,因为绝大多数都只是场面上的朋友,迎来送往,无非就是"您好""再见"。但是,令人苦恼的是,如果是真正的朋友,即便相对无言,也不会觉得尴尬。而社交场合的场面朋友就不同了,即使打了招呼"您好",还需要周旋几句才能说"再见",中间所呈现出的一段空白,不仅需要我们去填,而且还需要"巧"填。那些社交高手总能够漂亮地完成这样的任务,而且通过几句简单的场面话就拉近了彼此的心灵距离。等到下一次见面,场面上的朋友已经成了很好的朋友。相反,那些不善交际、不懂说话的人,则会尴尬地维持着自己的笑脸。所以,我们在日常交际中,需要适时说好场面话,拉近彼此的心灵距离。

下班了大家一起聚餐,酒过三巡,王董事长又向别人讲起了自己的创业史,新来的同事小松并没有走开,反而把身子往前挪了挪,神情专注地听王董事长的光荣战绩:"想当年,我不过也才你这般年纪,不怕吃苦不怕遭人白眼……""您说得对,咱们这一代就是缺点不怕吃苦的精神,看来我得向您学习啊。"小松随声附和。

在生活中,客套的"场面话"是不可或缺的,它就犹如黏合剂,拉近了人与人之间的心灵距离。一旦缺少了适时的场面话就使整个交谈显得尴尬窘迫,甚至不知道下句话该说些什么。特别是对于那种还比较陌生的朋友,适时的场面话更不可缺少。

2011年就快到了,公司为了庆祝新年的到来,特地举办了一场鸡尾酒会。销售部最年轻的经理小王也参加了,跟不同的客户寒暄了几句,小王就躲进了角落里独自喝起了橙汁,他不太擅长说场面话,所以,自己躲起来落个清静。没想到,一个商人模样的老外却走过来打招呼,小王赶紧放下冰橙汁,与他握手。那位老外笑着说:"为什么你的手冷冰冰的呀?"小王忙着解释，朝那杯冰橙汁乱指，老外马上摇头："不不不，你只需要说'但我的心是热的'就行了。"小王窘迫地笑了。

也许，老外并不关心小王的手为什么是冰冷的，而小王也没有必要解释为什么自己的手是冰冷的。当两个陌生人见面了，他们所需要的只不过是寒暄几句"场面话"，什么话能让对方开心，就说什么话。一般情况下，那些让人开心的场面话，定会对给对方留下深刻印象，无形之中就会拉近彼此的心灵距离。

几位同事正在办公室里讨论工作中出现的问题，这时经理身边的"红人"小李走过来了，她笑着安排工作，并针对同事提出的问题一一作了解答。同事张丽笑着说："小李，你太聪明了，你的智商真高，怪不得坐到了助理这样的位置，羡慕啊。"听了这番"客气话"，小李有点不高兴，笑容僵硬在脸上，旁边的小杨赶忙说："经理一直在我们面前夸你头脑灵活，今天一见，果真名不虚传啊！"小杨的场面话挽救了小李，其实，平时小杨与小李的关系挺疏远的，但从这一次之后，小李每次见到小杨都会亲切打招呼，俩人渐渐成为了无话不谈的朋友。

交际中难免出现各种尴尬、难堪的情境，这时候一旦开口不当，就会令场面越来越僵，最终影响整个人际关系的和谐。此时场面话成为了这些情境的黏合剂，它能较好地填补不适当的话引起的尴尬心理。

那么，场面话该怎么说才合适呢？

1.恰到好处的称赞

有时候，我们需要当面称赞对方，如称赞对方工作能力，称赞对方教子有方。诸如此类的场面话，有的可能是实情，有的可能与事实有一段差距，听起来虽然有点别扭，但只要不太离谱，对方听了都会感到高兴的，如"这衣服穿在你身上再合适不过了"，短短一句话比一段话还能触动对方的内心。

2.话不宜多

场面话是人们在应对各种关系时的现象之一，这是交际的需要，但并不意味着你的场面话说得越多越好，而是越精越好。当你在洞悉了对方心理之后，只需要说出一句话就能有效地影响其心理了，如"什么时候一起喝茶吧""你最近忙吗……我想请你喝茶"，前者比较真诚，后者因话太多而显得虚伪。

3.适时地附和

许多人往往希望自己的成就得到肯定与赞赏，因此，我们可以在交流时加入一些简单的语言，如“对的”“你说得对”等，以肯定对方的成就，这样会缩短彼此的距离。

片言只字，令人叹服

说话不仅仅是一种生理功能，而且更是一种能力。不会说话的人，即便口若悬河、滔滔不绝，对方也会不以为然；会说话的人，哪怕只有片言只字，却一字千金，能绕梁三日，令人叹服。所以，大家作出总结“一句话说得不好，可以说得人跳；一句话说得好，可以说得人笑”。一句话既可以化友为敌，引发一场争论甚至导致一场战争，也可能化敌为友，冰释前嫌。如果一个人说话说得好，那他说的定不是寻常话，所以，才有拿破仑因一席话而调动了军队的士气，一鼓作气取得了胜利；林肯的一席话，让反对他的政敌哑口无言，肃然起敬；马云的一席话，传递给无数创业者以成功的希望。在日常交际中，我们要善于通过语言来操控他人心理，即不说寻常话，令对方叹服。

某大学中文系举办一次讲座，请一位著名老教授谈治学的方法。讲座开始前，主持人用赞誉之词把教授介绍了一番后，说：“下面我们以热烈的掌声欢迎王教授谈治学经验。”老教授走上讲台后，马上更正说：“我不是谈治学，而是谈‘自学’。”老教授说完，台下一片掌声。

“治学”本就是对教授的褒奖，因为只有卓而不群的人才有能力对大学生大谈“治学经验”。而老教授只改了其中一个字，只用了一句话“我不是谈治学，而是谈自学”就赢得了一片掌声，引发了大学生们的敬佩之情。足以见得，不俗的语言多是令人惊叹的语言，更是一种强大的影响力，能够影响其心理，继而达到操控他人心理的目的。

美国人类行为科学研究者汤姆士指出：“说话的能力是成名的捷径。它能使人显赫、鹤立鸡群。能言善辩的人，往往受人尊敬，受人爱戴，得人拥护。它使一个人的才学充分拓展，熠熠生辉，事半功倍，业绩卓著。”他甚至断言：“发生在成功人物身上的奇迹，一半是由口才创造的。”由此可见，卓越的口才不仅仅使自己获得卓越的成功，而且还能够有效地影响他人的心理。那些说着“不寻常话”的人，往往令人尊敬，令人叹服；相反，总是喋喋不休谈论自己或者是非话题的人，则令人心生厌恶。

那么，怎么样才能说出不寻常的话呢？

1.幽默为你增添含蓄

有一天，人们对丹麦物理学家玻尔说：“你创建了世界第一流的物理学派，有什么秘诀吗？”玻尔幽默而含蓄地说：“也许因为我不怕在学生面前显露自己的愚蠢。”面对别人的称赞，玻尔通过幽默而又谦虚的话回应，使人们更加崇敬这位物理学家了。

2.语言真实、坦诚

鲁迅先生说自己：“哪有什么天才，我不过是把别人喝咖啡说闲话的时间都用在工作上罢了。”鲁迅先生否认自己是天才，却肯定自己珍惜时间这一优点，给人一种真实、坦诚的感觉，令人叹服。

探索对方的兴趣，找到共同的话题

许多拜访过罗斯福的人，都会对其广博的知识感到惊奇，而且，在他身上有个特别的优点，那就是和谁都有共同话题。不管是纽约政客，还是一位外交家，罗斯福都知道与他谈论些什么。有人问罗斯福是如何做到这一点的，他回答：“我每接见一位来访者，都会在这之前的一个晚上阅读有关这位客人所特别感兴趣的东西，以便找到令人感兴趣的话题。”心理学家认为，每个人都有自己的兴趣，都对和自己有共同兴趣的人有着特殊的好感。所以，当对方听到你对他的兴趣爱好也这么感兴趣，还如此了解的时候，他就会产生“同好”心理而倍感亲切。谈论双方共同的话题，无形之中是对他人的赞美与肯定，同时，也会使你获得好感，从而消除彼此的尴尬心理，以达到打动人心的目的。

美国著名的柯达公司创始人伊斯曼，捐赠巨款在罗彻斯特建造一座音乐堂、一座纪念馆和一座戏院。为承接这批建筑物内的坐椅，许多制造商展开了激烈的竞争。但是，找伊斯曼谈生意的商人无不乘兴而来，败兴而归，一无所获。“优美座位公司”的经理亚当森也在竞争者之列，希望能够得到这笔价值9万美元的生意。秘书却事先申明：“我知道您急于想得到这笔订单，但我现在可以告诉您，如果您占用了伊斯曼先生5分钟以上的时间，您就完了。他是一个很严厉的大忙人，所以您进去后要快快地讲。”亚当森微笑着点头称是。

亚当森走进办公室，看见伊斯曼正埋头工作，于是静静地站在那里仔细地打量起这间办公室来。一会儿，伊斯曼抬起头来，问道：“先生有何见教？”刚开始亚当森没有谈生意，而是说：“伊斯曼先生，刚才我仔细地观察了您这间办公室。我本人长期从事室内的木工装修，但从来没见过装修得这么精致的办公室。”伊期曼回答说：“哎呀！您提醒了我差不多忘记了的事情。这间办公室是我亲自设计的，当初刚建好的时候，我喜欢极了。但是后来一忙，一连几个星期我都没有机会仔细欣赏一下这个房间。”亚当森走到墙边，用手在木板上一擦，说：“我想这是英国橡木，是不是？意大利的橡木质地不是这样的。”“是的”，伊斯曼高兴得站起身来回答说：“那是从英国进口的橡木，是我的一位专门研究室内橡木的朋友专程去英国为我订的货。”伊斯曼心情极好，便带着亚当森仔细地参观起办公室来了，一边参观一边做详细的介绍。此时，亚当森微笑着聆听，他看到伊斯曼谈兴正浓，便好奇地询问起他的经历。伊斯曼便向他讲述了自己苦难的青少年时代的生活……亚当森由衷地赞扬他的功德心。结果，亚当森和伊斯曼谈了一个小时，又一个小时，一直谈到中午。

虽然亚当森直到告别的时候，都没有谈到生意的时候，但最后，他不但得到了大笔的订单，而且还和伊斯曼成了好朋友。如果他刚开始就大谈生意，不仅他自己即将面临被拒绝的尴尬，而且也会使对方产生尴尬心理。亚当森成功的诀窍，就在于他善于挖掘出共同的话题，从伊斯曼的办公室入手，巧妙赞美了对方的成就，这样使伊斯曼的虚荣心得到了极大满足，最终亚当森也达到了自己的目的。

1.激起对方说话的欲望

在沟通过程中，我们应该率先向对方传递友好的信息，激起对方说话的欲望。当你的话题使对方产生了浓厚的兴趣，对方就会不由自主地打开话匣子。所以，当谈话出现了尴尬场景的时候，一定要通过话题激起对方的兴趣，使谈话能够持续下去，如“看来你对书法挺有研究的”。

2.有效的提问

适时的提问会帮助你找到共同话题，当然，提问也是需要技巧的。为了不至于造成尴尬情境，应该把问题尽量掌握在自己比较擅长的范围之内，问题尽量具体，如“你喜欢去哪个国家旅行?”这样你就可以围绕旅行途中发生的趣事展开一个话题了。

3.找到对方感兴趣的话题

每个人都有自己感兴趣的事物或话题，我们不妨去迎合他的兴趣，积极主动地寻找出共同话题，这比漫无目的地乱说一通强过一百倍。比如，假如你了解到他以前是一个歌手，那么你就可以说“那时候唱歌辛苦吗?”“感觉你声音很独特，唱歌肯定很好听”。

专心“聆听”，定能把话说到对方心窝里

沟通是双方通过语言或非语言来交流思想感情的过程，因此，在沟通过程中，我们不仅需要说话，也需要适当的“聆听”。是否能够通过语言来影响其心理，就决定于你是否悉心聆听了。良好的“聆听”会为你捕捉到许多有效的信息，而这些信息将决定你是否能够成功地操控他人心理。说话是一个传递信息的过程，把话说到位，不仅关系到是否准确表达自己的思想，而且还在于自己的思想是否被对方接受并产生共鸣。换句话说，把话说好，关键在于把话说到对方心坎上，以此影响其心理。那么，如何把话说到对方心坎儿上呢？这就需要我们善于通过聆听来洞悉对方的心理需求，再利用语言将自己的思想传递给对方，满足其心理需求，达到影响他人心理的目的。

有一天，车上的乘客很多，而这时又上来了一位抱小孩的妇女。电车售

票员小丽像往常一样对乘客们说:“哪位同志给这位抱小孩的女同志让个座儿。”但她连喊了两次,却无人响应。小丽并没有着急,缓缓地站了起来,用期待的眼神看了看靠窗口的几位小伙子,提高了嗓音:“抱小孩的那位女同志,请您往里走,靠窗坐的几位小伙子都想给您让座儿,可就是没有看见您。”话音刚落,“呼啦”一声,几位小伙子都不约而同地站了起来让座。这位女同志坐下以后,光顾喘气定神,忘记对让座的小伙子道谢,小伙子面露不悦的神色。小丽看在眼里,心中明白,她忙中偷闲,逗着小孩子说:“小朋友,叔叔给你让了座儿,你还不谢谢叔叔。”一语提醒那位妇女,连忙拍着孩子说:“快谢谢叔叔,快谢谢叔叔。”那小伙子听到“谢谢叔叔”时,连声说:“不客气。”

小丽不过说了最简单的几句话,却产生了这么大的魔力,秘诀就在于她能够通过察言观色“聆听”出他人的心理需求,这里的“聆听”并不只是单纯地“听对方的言语”,还需要“聆听”对方的非语言暗示。小丽通过“聆听”对方的非语言暗示,了解到对方的心理需求,恰到好处地说出几句话,句句都在对方心坎儿上。

19 世纪,在奥地利的维也纳,妇女们喜欢戴一种高高耸起的帽子。她们进剧场看戏也不愿将帽子脱下,以致后排的观众被挡住视线。这些后排的观众纷纷去找剧场经理提意见,于是,经理就上台请在座的女观众脱帽,然而说了半天妇女们也不予理睬。最后经理又补充了一句话:“那么,这样吧,年纪大一点的女士可以照顾,不必脱帽。”这句话一出,全剧场的女士竟齐刷刷地把帽子脱了下来。

虽然,妇女们并没有发表任何意见,但她们的行为却透露出这样的信息“戴着高高耸起的帽子是为了使自己变得年轻美丽”,剧场经理“聆听”出了她们的心理需求,针对其心理,说出这样的话“年纪大一点的女士可以照顾,不必脱帽”,暗示出“如果你觉得自己年纪比较大,那就别脱帽吧”,一句话说到了妇女们的心坎儿上,她们纷纷脱下了自己的帽子,因为谁也不想承认自己年纪大。

在沟通过程中,我们需要积极地“聆听”,让对方尽可能地传递出更多有效的信息,以“听”出对方的兴趣点,这样我们才有机会把话说到对方心坎儿上,从而影响其心理,最终赢得对方的信任。

1.表示理解

有时候，即使我们不能认同对方的做法，也需要表示出理解“您说的很有道理，我非常理解您”“谢谢您，如果我站在您的位置，也会有与您一样的想法”。话说到了对方心坎儿上，他会不自觉地受你影响。

2.维护对方的自尊心

美国著名的哲学家詹姆斯曾经说过：“人类天性的至深本质就是渴求为人所重视。”当对对方的表述有些偏颇的时候，我们需要维护对方的自尊心，尽量以委婉的表达方式地传递这样的信息“您说得非常有道理，但我相信，每个企业，毕竟都有它存在的理由。”

3.具体而新颖的赞美

每个人都渴望别人的赞美与认同，当我们察觉出对方有这方面的心理需求的时候，需要给予具体而新颖的赞美之词，比如“您的声音真的非常好听”“听您说话，我就知道您是这方面的专家”“跟您谈话我觉得自己增长了不少见识，谢谢您了”。这些恰到好处的赞美会触动对方内心，继而赢得对方的信任，最终达到征服人心的目的。

话不投机半句多

俗话说：“酒逢知己千杯少，话不投机半句多。”如果遇到不是很谈得来的人，就不要滔滔不绝、大谈特谈，你这样只会让双方交流起来更吃力。对于每个人来说，如果是遇到与自己聊得来的人，那就会大侃三天三夜也不算多；但是如果遇到的是一个话不投机的人，那么多说一句话，你都会觉得困难。而领导身份特殊，更是例外，在遇到话不投机的人，讲话就应该点到为止。

1.根据对方的立场选择你所讲的话

人与人之间是通过用语言来进行交流，而语言可以使交流双方的思想得到融合，但有时候不小心从嘴里冒出的一句话也能伤害对方的自尊心。有时候，可能是你无意中的一句话，或者是自己用词不当，就会伤害到另一方的自尊心，而你还毫不知情，一副无所谓的样子，这样只会让彼此的关系更加恶化。这样的情况在我们生活中比比皆是。

其实，在很多时候，说话的一方并没有恶意，但是却让对方有受污辱、被讽刺和被取笑的感觉。这其中的原因就是在于说话的一方在说话时欠考虑，没有注意到语言的措辞，于是词不达意就会造成刺伤对方自尊心的情况。所以，你在开口说话的时候，一定要自始自终做好应付的准备："我需要怎样说才能不伤害对方的自尊心呢?"而如果遇到一些话不投机的人，你宁愿少说多听，就算需要开口说话，也要言简意赅，点到为止。

2.不要伤害对方的自尊心

我们所面对的人，可能什么样的都有，有的性子急，有的脾气大，有的很任性，有的说话习惯带口头禅。为了生活的需要，不得不每天与这些性格不一的人进行面对面地交流。对此，我们要容纳和包容各种各样的人，不能老是用自己所特定的那种调子说话，在谈一个问题的时候就想一次性就谈透。更不能以审判者自居，自恃高人一等，就自认为对方没有上进心或者是缺乏能力，如果持有这样的思想，谈话无法进行下去，这时候你说话稍有不慎，就会遭到身边人的疏离甚至抵制。

3.控制好自己的情绪

我们在面对各种各样的人时，要认真思考自己的言辞是否恰当，如果不恰当要及时作出调整或是转移话题，或是适时沉默，或是点到为止。当你发现你说出的话不能收到预想的效果的时候，或是对方根本没有仔细听你的说话时，你就要迅速地转换话题，以防伤及别人或者是给身边的人留下不好的印象。

4.三思而后说

另外，有时候，双方有可能会因为各自的利益而激烈地争论起来。而在此之前双方聊天的时候，有时还因为讲了些有趣的话让对方捧腹大笑。所以，不管是在什么场合都要随时控制自己的情绪，不允许自己失言或者失态，说话也要"三思而后说"，不能想到哪里就说哪里。如果你失去了言语控制或者出口伤人，把对方惹恼了，对方就会不再与你继续交流下去，甚至拒绝与你交谈。

我们在日常沟通中，一定要绞尽脑汁地注意言语措辞、选择用语。你在讲话的时候，要恰当选择合适的语言，用那些通俗易懂、真诚、令人感到亲切的语言。只有这样才能顺利、愉快地与他人交流下去，才能取得谈话的成功。也许并不是每一个人与你都会有很多共同的话题，所以在你面对他们说话的时候，就要时刻注意自己的措辞，尽量多倾听少说话。有时候，话说多了反而会在无意之间刺伤对方的自尊心。我们不管是面对下属、上司，还是对同级讲话，都要注意把握火候，千万不要一开口就没完没了。

第4章

融情于言，简洁又具感染力

通常有些人天天说话也不见得会说话，这是因为他们缺乏一定的语言表达技巧。善于说话，其实就是说话者可以准确自如、恰到好处地表达出自己的思想、感情和意图，可以将深奥的道理说得清楚明白、形象生动，更重要的是，这样的言语既简洁又具有强大的感染力。

声情并茂地讲话，更吸引人心

在语言表达中，我们需要将语言与感情相融合起来，努力做到声情并茂地说话，如此才能抓住听众的注意力。我们都有这样的经历，儿时临睡前父母坐在床边讲故事的时候，他们那神情、那语言就好像已经化身成了故事中的主人公，而这样讲故事的方式恰恰是我们喜欢的。其实，这就是声情并茂地讲话。作为说话者，讲话声情并茂才有人爱听，对听众才有吸引力，才容易收到好的效果。在说话中，说话者不仅需要使用具体生动的语言来说明问题，而且还需要运用生动的体态语言，以及优美动听的声音，如此才能真正地做到声情并茂。如果你只是空洞地说教，面无表情，一动不动地站在那里，即便你说得多么洋洋洒洒，却还是无法调动听众的情绪，这样你的说话无疑就是事倍功半。

学校里的徐老师虽然年过半百了，但他却拥有很多粉丝，这些粉丝都是听过他课的学生。如果你问学生为什么会这样喜欢徐老师，他们则会回答："讲课时声情并茂，十分精彩。"

原来，在课堂上，徐老师完全把自己融入了课文故事中，时而是狡猾的狐狸，时而是聪明的小白兔，时而是声音颤抖的老人，表情生动，声音惟妙惟肖，形象极了。这样一来，无论是多么枯燥的课文，但只要徐老师来上课，那整个课堂就会变得活跃起来。

声情并茂地说话，实际上就是将个人的情感融入说话过程中，而不是把自己脱离出来。当情感真正地融入说话中，那你的声音、神态、表情，甚至身体语言会随着内容的不同而发生相应地变化，就好像表演一样，只有真正地融入其中，才能更深入地表达出自己的想法和观念。

那在实际说话中，如何做到声情并茂呢？

1.声音、情感与说话内容协调一致

声情并茂地说话，要求说话者的声音、情感与所说内容协调一致，悲伤时用沉重的语调，神情沉痛；高兴时用欢快的语调，面带笑容。这样才能更准确地用语言表达出内心的想法，听众也才能真正地被你带入其中。

2.切忌沾上表演的痕迹

虽然要求说话者声情并茂地讲话，但并非要说话者像演员一样去演戏，而是将自己真实的情感融入说话中，不要太夸张，无做作的痕迹，这样才能大方自然地表现出自己内心的情感。

让你的语言具有强大感染力

在日常交际中，我们说话要表现出一定的气势，且极具感染力，这样才能更好地展现出我们自身的魅力与形象，也才能更好地打动对方。如果你的说话软绵绵，毫无生气，死气沉沉，那么，对方就对与你的谈话失去了兴趣，也会对你说话水平产生质疑。我们在说话的时候，应该潇洒一些，使语言更富有生气，富有感染力，这才是语言表述中一个极为重要的方面。说话的目的是为了更好的沟通，要去调动对方的情绪，这样才能更好地打动对方。在生活中，我们经常看到这样的场景：自己一个人在唱独角戏，对方却显得躁动不安。如果我们的说话换来的只是对方毫无反应的场面，那只能证明这次沟通的失败；相反，如果你的语言极富感染力，能够使对方喜笑颜开，那么，证明这次沟通是成功的。如何才能使语言富有感染力呢？有时候，我们可以运用一些幽默的语言来调动对方的情绪，因为幽默的语言能够给别人带来快乐。如果我们在说话的过程中，使用一些幽默语言，就可以调动对方的情绪，还可以展现自己的语言魅力。

在2000年8月举行的南部非洲发展共同体首脑会议上，曼德拉一连串妙语连珠的幽默话语征服了上千名与会者。曼德拉作为南非前总统出席了开幕式，主要是为接受南共体授予他的“卡马勋章”而来。他走到讲台前说：“这个讲台是为总统们设立的。我这位退休老人今天上台讲话，抢了总统的镜头。我们的总统姆贝基一定很不高兴。”话音刚落，笑声四起。这时，主持人为他搬来一把椅子，请他坐下说话。他在谢过主持人后说：“我今年82岁，站着讲话不会双手颤抖得无法捧读讲稿，等到我百岁讲话时你再给我把椅子搬来。”会场里又是一阵笑声。曼德拉在笑声后开始正式发言。

讲到一半时，他把讲稿的页次弄乱了，不得不来回翻看。他脱口而出：“我把讲稿页次弄乱了，你们要原谅一位老人。不过，我知道在座的一位总统，在一次发言时也把讲稿页次弄乱了，而他自己却不知道，照样往下念。”这时，整个会场哄堂大笑。“其实，讲稿不是我弄乱的，秘书是不应该犯这样一个错误的。”结束讲话前，他说：“感谢你们把用一位博茨瓦纳老人名字命名的勋章授予我这位老人。我现在退休在家，如果哪一天没钱花了，我就把这个勋章拿到大街上去卖。我肯定在座的一个人会出高价收购的，他就是我们的总统姆贝基。”这时，姆贝基情不自禁地笑出声来，连连拍手鼓掌，会场里掌声一片。

曼德拉幽默的语言调动了人们的情绪，在那种场合都是极为严肃的，所以在场的人们也不会去过多的关注某个人。但是幽默的语言打动了在场的观众，使得数万的观众心甘情愿为之鼓掌呐喊。

那么，在现实生活中，我们如何才能使自己的语言具有强大的感染力呢？

1.使用幽默的语言

幽默的语言可以为你的说话带来趣味性，那么，再枯燥的话题在加入了幽默的语言之后，都会变得有趣起来。而这恰恰增加了语言的感染力，吸引对方的注意力，能够专注地听自己讲话，以便达到更好的沟通效果。

2.选择合适的话题

几乎所有的人都会怀疑，自己选择的话题是否能提起对方的兴趣，其实，只有一个方法能让他/她感兴趣：点燃自己对话题的热情，再感染对方，这样，就不怕不能引起对方的兴趣了。另外，说话的时候，需要全情投入，不要抑制自己的情感，真实情感的流露能为你的语言增添一定的感染力。

3.精彩的开场白，能够吸引听众

精彩的开场白给人的印象是深刻的，能起到先入为主、吸引听众的效果。精彩的开场白往往能像磁铁一样紧紧地吸引住听众，提高整个沟通的基调和节拍，增强他们对你讲话内容的兴趣。俗话说：“良好的开端是成功的一半。”

好的开头可以一下抓住听众的心，给人以深刻的印象，吸引人们继续听下去。就像看一本精彩的小说,开始就兴味盎然,人们自然急于了解下面的情节。开场白还要尽量避开那种陈旧死板、千篇一律的格式。你要根据讲话内容的实际或讲形势,或道特点,或提要求,要因地制宜、灵活构思、巧妙设计,让听众在不知不觉中进入你精心设计的"圈套"。

4.通过讲有趣的故事

像所有的孩子一样,每个人都是乐于倾听有趣的故事。你可以讲话的过程中,巧妙地引入一个与你话题相关的故事,那些引人入胜的故事情节可以很好地调动听众的情绪,他们会极其期待着你的讲述。当然,你一定要选择合适的、有趣的故事,不然,就起不到作用了。

选择合适话题,增强表达感染力

讲话,最重要的是自己的语言表达富有感染力,如此才能调动听众的情绪。我们在讲话的时候,切忌自己一个人在台上"唱独角戏",其他人在下面却躁动不安。如果你的讲话换来的是听众毫无反应的场面,那只能证明你这次讲话的失败;如果你的讲话能够使听众喜笑颜开,并且他们能够随着你的讲话内容而进行思考,那就说明你的讲话是比较成功的。而通常情况下,郑重其事地讲话都是积极枯燥的,那么怎样来很好地调动听众的情绪呢?这就需要我们善于围绕主题展开话题,使自己的表达富有感染力,成功地调动下属的积极性,无疑,这样的讲话是成功的。这点在领导者身上表现得尤为突出,大多数人在讲话的时候,只充当了一个"传话筒"的作用,上面怎么说,他就怎么说,不添枝加叶,不拓展话题,最后,他们的讲话就成为了千篇一律的:"今天,我所讲的是……第一是……第二是……第三是……谢谢大家,我的话讲完了。"在整个讲话过程中,语言苍白无力,听的人更是不知所云,究其根源,在于没能将话题展开,没能增添语言的感染力。

有这样一个故事:小A上中学时,有一天回家竟然看见妈妈正被一个男人殴打,他仔细一看,这个男人居然是妈妈的上司。情急之下,小A朝那个男人扑了上去,男人被扑到了,后脑却狠狠地撞上了桌角,死掉了。故事讲到这里，就停止了，可是不断有人问“妈妈后来怎么办呢”“小A有被发现杀了人吗？”“后来怎么发展下去的”。很多人听了这个故事都会充满好奇，想知道后来怎么样了。

人必须知道很多事情后来是怎么发展又怎么结束的，因为这是人从原始时代开始，向同伴们学习生存之道的方法。每个人都有好奇心，只不过利用了人们的好奇心去激发大家想听下去的欲望而已。

电视剧每播出一段，就要插播一段广告，而且在插进广告之前，画面会停止在最精彩的一刻：男主角赏女主角一记耳光，或者已经扣住了扳机的手枪指着女主角，或者男主角被坏人打下了山崖。这些悬疑而精彩的故事情节，引发了观众的好奇心，他们都想知道“后来怎么样了”，好奇心促使他们继续看了下去。

悬疑式说话方式取自悬疑式小说，悬疑小说是一种具有神秘特性的推理文学，可以唤起人们好奇的本能，刺激人们的好奇心。无论是悬疑式说话方式还是悬疑小说，它们的目的都是给听者或读者留下悬念，让他们心中产生无数个问号，“后来呢”“主人公后来会怎么样”等，然后引领他们一步一步地揭开悬念。说话者可以对环境特定场景的描述，引起读者的警觉，继而不由得为主人公的处境担忧起来，总想知道“后来怎么样了”，憋在心里的一口气要待到整个事件水落石出才能吐出。

在实际讲话过程中，如何才能顺势展开话题，增强语言的感染力呢？

1.举一些事例

在讲话的过程中，要善于选择一些比较有代表性的事例来阐述问题。这样可以为你的观点增加点分量，并且能够表明你的陈述是比较客观的。如果缺乏事实的依据，你的讲话就没有信用可言。当然，也要注意，不要引用过多事实，避免听众厌烦。

2.适当插入一些个人经历

有时候，为了证明某个观点，适当地插入一些个人经历进行补充说明。而在这种情况下，自己的经历最有说服力，因为亲身经历，所以给人的信任度很强。比如，“我昨天接待了一批外国客户，他们给我们建议……”“今天我看见……”“我看到这个月，大家表现得很……”这样讲，肯定会有说服力。许多人用个人的经历和听众建立融洽的关系，或者进一步印证论点，效果很好，但是要注意，你所引用的经历必须是听众感兴趣的事，并能对听众造成影响的。

3.巧妙运用典故

讲话中适当运用一些典故，或引用伟人经典著作，或引用历史典故、古诗、格言、民谚等，也可以引用上级文件、一些重要观点，来增强讲话的深刻性。

4.运用数字

在讲话中巧妙地运用数字，可以提高你讲话的热烈度。数据通常能起到惊人的强调作用，你在讲话中要善于通过具体的统计数字、数据来进行分析或论证。由于数字的简洁性，而且在许多技术型讲话中都是必不可少的。但是数字本身是不能和听众交流的，而有些数字的数目太大，因此需要做出进一步解释。你可以把抽象的数字变成形象的比喻，既便于理解，又增强其生动性。

5.类比

讲话中可以适当运用一些类比，既可以使你的语言形象，也能吸引听众的注意力。以相似之物分析其相似点和紧密之处。畅销书作者理查德斯泽博士谈及医药时，他这样写到，“外科医生抚摸着患者的心脏，就像手里攥着一只小鸟”。类比不仅使讲话生动形象，而且有时侯类比还会产生幽默，给人留下非常深刻的印象。

6.反比

讲话中通过正反两种情形、前后两种情况变化的对比，揭示问题的症结和原因所在，使人们加深对所讲话题的理解。如果很多问题不便正面解释，你不妨举出反面来阐述。

幽默的语言，调动愉快气氛

林语堂先生说：“幽默是一种人生态度。”幽默的语言能使紧张的气氛顿时显得轻松活泼，能让对方感到善意，这样表达出的观点更容易被对方所接受。在日常生活中,幽默的语言风格无处不在,它成为了人际交往的调节剂。在每年的文艺晚会上,相声小品之所以一直成为观众最喜欢的节目之一,就在于它的表现形式离不开幽默,那独具幽默的语言风格强烈地感染着观众的心。幽默本身就具有一种特性,一种令人愉悦的特性;幽默感更是一种能力,它能有效地影响他人心理,增进我们与他人之间的关系。所以,我们应该为自己的语言风格增添"幽默"这一元素,达到征服人心的目的。

作家冯骥才访问美国,有一对非常友好的华人夫妇带着他们的孩子来拜访,双方交谈甚欢之时,冯骥才突然发现那孩子穿着皮鞋跳到了床单上。这是一件令人很不愉快的事,而孩子的父母竟然浑然不觉。此时,任何不满的言语或行为都可能导致双方的尴尬。怎样让孩子下床呢?冯骥才很轻松地解决了,凭着他的阅历和应变的能力,他幽默地对孩子的母亲说:"请您把孩子带回到地球上来。"主客双方会心一笑,事情得到圆满的解决。

冯骥才玩了个大词小用的花样,把"地板"换成了"地球",这样所表达出来的意义就不一样了,诙谐幽默的语言风格使孩子的鞋子和洁白的床单之间的矛盾淡化了。由此可见,幽默所带来的力量是巨大的,它可以帮助我们以新的眼光来看待身边的人和事,帮助我们恰当地处理那些尴尬的情境,而且,这样的语言风格更容易令对方接受。

在一个大城市的市郊,有一个颇具规模的化工厂。这个厂终年生产一种化学产品,从烟囱里冒出了大量的烟和灰尘,使临近的几家企业饱受烟和灰尘之苦。在一次化工厂加班生产的时候,隔壁一家工厂的厂长半开玩笑地说:"你们生产这么忙,如何处理这些烟和灰尘呢?"化工厂的厂长也半开玩笑地说:"我们打算将烟囱加高二分之一,与此同时,我还将向包装厂定制一个特大的塑料袋,并用直升飞机把袋子吊到烟囱的上空罩下来。"两位厂长各带幽默的话语,使他们互相取得了谅解,一道哈哈大笑起来,双方紧张的心情便渐渐地舒展开来了。

几句幽默诙谐的话语,使双方获得了谅解,最终缓解了彼此紧张的心情。恩格斯曾经说:"幽默是表明人对自己事业具有信心并且表明自己占有优势的标志。"当然,幽默的语言风格是建立在较高的思想境界和较高的涵养上,如果你是一个心胸狭窄、思想颓废的人,是不会幽默的。幽默永远属于那些拥有热情的人,属于生活的强者。

张先生借用朋友的豪华别墅庭园办了一场聚会，活动即将开始时，助理焦急自责地跑来跟他说："苹果不知道什么时候掉了一袋，剩下的可能不太够用，这里又离市区那么远，怎么办？"张先生没斥责她，仅轻声地问："有没有哪一种准备多一点的？"助理说："小点心准备得很多，应该还会有剩下。"张先生于是拍了拍助理的肩膀安慰她说："没关系，有我呢！"宴会开始了，大家都看到前头的苹果盘前放了一个小牌子，上面写着："上帝正在看着你，请别拿太多了！"大家不禁莞尔一笑，走到后头又看到放小点心的盘子前也立了一个牌子，上面写："不要客气，要多少拿多少，上帝正忙着注意前面的苹果呢！"来宾们都呵呵笑弯了腰，结果这场聚会宾主尽欢。

一句得体俏皮的话，立即就缩短了你和对方之间的距离，并获得好感；几句对付难题的机智回答，会让自己摆脱困境，并体现美好的自我形象，获得对方的赞美。当然，幽默的语言风格并不是说每一句话都需要幽默，也不是随便一句俏皮话都可以被称为幽默。幽默的语言风格不仅需要风趣，更需要得体，这样才能更好地表达出幽默的效果。

1.戏谑幽默

在日常交际中，我们可以通过场景来发挥幽默的表达技巧，戏谑幽默是一种无攻击性的幽默技巧，开着机智、哲理的玩笑，目的就是为了增加你对对方的亲切感，以此来影响对方心理。

2.故意曲解

有时候我们可以故意曲解某件事情所包含的含义，给问题找到一个似是而非的解释，使结果和原因之间显得不那么相称，给人一种荒谬感，形成了幽默感。

3.假设推理

在沟通过程中，我们可以利用对方不稳定的前提或自己假定的前提，来推理引申出某种歪曲的结论和判断，但这并不是常理逻辑上的结果，而是偶然性和意外性的结果，最终形成幽默感，令对方感到愉悦。

语气拿捏到位，增强感情爆发力

语气是实现语言主体对象化的重要手段之一，表示说话人对某一行为或事情的看法和态度，它是思想感情运动状态支配下语句的声音形式。对此，我们在说话的时候，应拿捏到位，如此才能准备表露自己内心的情感。在很多时候，语气常常能反映一个人的内心，而且，一个人的语气往往是随着其说话对象的变化而变化的，所以，许多人深有感触地说："当领导久了，平时说话也会有领导的味道了。"更为重要的是，语气还可以表达明确的情感信息，通过有关资料显示，语气在表意方面往往会产生意蕴言外的特殊功效。在日常工作中，许多人往往能通过语言准确地表达自己的情感，这通常与其采用的语气息息相关。

语气包含思想感情、声音形式这两方面的内容，因此，我们可以把语气理解为具体思想感情支配下的语句的声音形式。其具体包含了三个要点：一是语气以内心感情的色彩和分量为灵魂、为神；二是语气以具体的声音形式为躯体、为形；三是语气存在于一个个具有语境的语句当中。如果说语音是语言的物质外壳，那么语气就是表达所必须依据的支持物。每个人在讲话的时候，都离不开语气。语气对于我们讲话来说显得尤为重要，因为恰到好处的语气能帮我们更准确地表达出自己的思想感情。所以，我们在语言表达过程中，不但要注重遣词造句，而且还需要考虑用怎样的语气表达，这样的说话才准确、鲜明、生动，更容易获得下属的支持。

通常情况下，在语言表达过程中，我们的语气能够直接反映其情绪和精神状态。只有语气拿捏到位，才能彰显出语言应有的表现力。比如，运用喜悦的语气，则表明其本人心中的喜悦之情；运用愤怒的语气，则会反映出自己内心的愤怒之意；运用生硬的语气，那表明其本人内心有某种不悦之感；运用埋怨的语气，那表明当事人心中载着满腹牢骚。由此可见，很多时候，语气在无意之中就泄露了心中的秘密。换个角度，我们在讲话的时候，如果能够将语气拿捏到位，岂不是更准确地表达自己的真实情感了？

下面，我们就列举几种在日常生活中经常运用的几种语气，试看，在与人的沟通过程中，如何才能将语气拿捏得恰到好处呢？

1.鼓励语气

对方在完成工作任务的时候，出了一些差错，有的人会用讽刺的语气说："这事情怎么会这样做呢，我说你简直是胡闹。"有的人则会使用鼓励的语气说："这事情有点失策，可能你根本没有注意到异常的情况，希望你下次注意。"前者语气带有指责、嘲讽等信息，会让人心生不快；后者则给人一种期望和鼓励，更容易触动其内心。

2.信任语气

每个人都希望得到别人的信任，如果你在说话时表现出充分的信任，这时候语气能起到语言难以表达的作用。当对方想去尝试做某件事情，你说"好的，你一定可以成功的"。这就给了对方一份自信，这肯定的语气会将自己的真实情感传达给对方；相反，如果说"就你啊？"带着挖苦、嘲讽的语气势必会造成打消对方积极性。

3.赞赏语气

对方带着刚写的小说，希望得到的是赞赏。"写的是什么东西，我看简直是胡扯。""嗯，不错，比起上次已经进步很多了。"前者语气带着明显的不屑一顾，后者带着真诚的赞赏，语气在这里传达了肯定、赞许的信息，更能打动对方的内心。

4.商量的语气

"去，给我把那份文件拿过来！""请你帮个忙，帮我把那份文件拿过来好吗？"前者语气传递的信息是冰冷、居高临下的姿态，这会伤害对方自尊心；后者语气所传递的信息是谦逊、平和、平等，更容易获得对方由衷的帮忙。

5.尊重的语气

每个人都渴望被尊重，因此，我们在进行语言表达的时候，应该尽量使用尊重的语气，同时，向他传递重要的情感信息。"你太不懂事了！""等你长大了，你就会知道错在哪里。"前者语气是斥责，这样的语气会使对方越来越不懂事；后者是期望，传递了尊重他人的信息，会影响其心理，使对方意识到自己的错误。

语言通俗更要生动形象

我们讲话生动才有人爱听，对听众才有吸引力，才容易取得好的效果。我们讲话中应尽量运用形象具体的语言来说明问题。无论在什么场合下，都需要使用易被对方接受、鲜明生动的语言，而忌讳那种干涩难懂、空泛乏味的说教。语言魅力在很大程度上体现在生动上，如果你能够旁征博引，巧妙地运用幽默来表达你所想表达的意思，那么就会引起听众们的兴趣，进而能够达到你讲话的目的。而你如果只是空洞地说教，语言没有一丝生动，极有可能的就是：你在滔滔不绝，听众已经哈欠连天。而你的讲话无疑就是事倍功半，所以，我们的讲话一定要生动，这样才能调动听众感官的积极性。

在讲话的时候，一定要注意自己的语言的生动性。你可以在你的讲话恰当地使用一些诙谐的比喻、夸张的幽默，那样会使你的讲话很生动、很轻松。让听众欢乐之余，还能够铭记你所说的内容。

在非洲有个传道的牧师，有一次他在给非洲热带的土著居民宣讲《圣经》时，人们都在聚精会神地听着，当他念到"你们的罪恶虽然是深红色，但也可以变成雪一样的白"这句话时，他一下子愣住了。这时牧师就想，这些常年生活在热带的土人，他们怎么会知道雪是什么样子和什么颜色的呢？而他们经常食用的椰子肉倒是很白的。我何不用椰子肉来比喻呢？

于是，机灵的牧师便将《圣经》改念成："你们的罪恶虽然是深红色的，但也可变成像椰子肉一样白。"

"雪白"虽然很形象，但"椰子肉的白"也很形象。而这位机敏的牧师只用了后者，这样使他的讲话达到了戏剧性的惊人的效果，从而把这个信息准确无误地传给了土人。

著名心血管病专家洪昭光教授在自己作的健康报告中运用了大量的群众易于接受、喜闻乐见的语言，通过生动有趣的故事和易学易记的"顺口溜"，让大家一听就懂，一懂就用，一用就灵。一般来说，作医学报告，都会有许多专业术语，比如，一天要摄取热量 2200 千卡、饱和脂肪酸 8%、胆固醇少于300毫克等，但你给老百姓讲这些，让人听了摸不着头脑，也没法操作。而洪昭光教授改用口诀“一、二、三、四、五，红、黄、绿、白、黑”就好记多了。其中的许多语言，让人听后看后难以忘怀。如“健康面前人人平等，遵循健康规律，你的身体就可能一生平安”，早已“润物细无声”地改变着人们的健康观念和生活方式。

据说，洪教授的报告，尽是场场爆满、听众如云，他的讲稿更是十分抢手、火爆得很，不论是高层领导、专家学者，还是普通百姓，对他都十分欢迎，除了他拥有新颖的医学观点外，其中很重要的就是他在报中的语言通俗易懂、生动形象。

那么，在日常的语言表达中，如何才能做到说话生动形象而又通俗易懂呢？

1.个性化的语言

语言生动有趣，最根本的要求就是尽可能使用自己的语言，不能老是去套用别人的话，这样既具有个性，又有新鲜感。需要注意的是，要避免堆砌“时髦词”，或者把别人的东西生拼硬凑在一起，乍听起来挺“新鲜”，可是细细品味起来，似是而非，很不准确。

2.口语化的语言

有的人说话的时候像念文件，听起来虽然不可能犯错误，但听起来像个老学究，让人昏昏欲睡。所以，讲话都应尽可能口语化。对此，应尽量用短句、少用很长的句子，尽可能地少修饰句子；善用口语词汇等。

3.形象化的语言

我们在说话的时候要把一些抽象的、概念化的，或者较难理解的、枯燥无味的内容加以形象化处理，给人以较直观的感受。这样的讲话，通俗易懂，易于他人很好地接受。

第5章

言之有物，开口就有戏

美国成功学家戴尔·卡耐基说："我们天天都由我们所讲的话所规定，我们所说的字句表现出我们的修养程度，它使有鉴别力的听众明白我们与何种人为伍，它是我们教育文化程度的标尺。"在日常交际中，如果我们想要开口就有戏，那必然要言之有物，而这个物则是实实在在的知识与文化。

深厚的底蕴，方能开口就玩幽默

通常一个说话风趣幽默的人，他的文化底蕴是较为深厚的。因为幽默是最能表达其修养与涵养的方式，因此古今中外，所有说话幽默与富有风趣的说话者，无不受到大众的欢迎和敬佩。幽默生动的语言可以更有效地传情达意，互相增进了解，说话者以幽默坦然待人，这可以使听众解除心理上的顾虑，从而缩短彼此的距离。另外，在公众场合运用幽默贴切的语言，会使听众有畅所欲言，表露真实感受的想法，这时说话者就可以了解听众的愿望、动机以及目的。

实际上，那些幽默风趣的说话风格往往来自深厚的底蕴。幽默在生活中无处不在，幽默的素材也是无处不有。只是作为说话者的你是否有那敏捷的思维以及发现素材的慧眼。幽默贴切的语言就是生动形象的语言，同时也是让听众饶有兴致听下去的语言。对于公开场合的说话，获得听众的好感才是说话成功的关键之一，而幽默正是获得听众好感的有效方法。在较为正式或严肃的说话过程中加上幽默贴切的语言，往往会让气氛活跃起来，同时也会让处于紧张感中的说话者在笑声中得到松弛。

王蒙先生不单单是一个作家，而且他还是一个出了名的幽默大师，在他的许多文学作品中都蕴含着幽默、诙谐、辛辣、豁达的语言。

有一次，王蒙先生应邀到上海某大学演讲，当时台下同学的兴致并不是很高，于是，风趣的王蒙先生便以幽默的方式开场，他一开始是这样说的："由于我这几天身体不太好，感冒咳嗽，不太能说话，还请大家谅解。不过，我想这也不一定是坏事，这是在时刻提醒我——多做事少说话……"他的这句幽默的开场白立即把台下同学的情绪调动起来了，于是，台下的同学纷纷竖起耳朵，饶有兴味地听王蒙先生的讲座。在他的整个演讲过程中，诙谐的语言不断，台下的掌声也不断。

当王蒙先生提到读者与作者的关系以及如何更好地把握一部作品的时候，本来在台下同学看来这是一个多么严肃的话题，但王蒙先生却以风趣的语言作了这样的解说："……我希望大家在评论一部作品时，不要轻易下结论，要反复地多读几遍，读懂，读透。千万不要像有些人那样，看到我走路先迈左脚，就说'王蒙犯了左倾主义'；看到我先迈右脚，又说'王蒙又犯了右倾主义'；如果我因为感冒咳嗽用手绢擦了擦流出的鼻涕、眼泪，他就喊'王蒙现在又沮丧、颓废啦'……"听到如此犀利、生动的诙谐语言，充满了幽默感。本来台下昏昏欲睡的同学完全被王蒙先生的风趣所吸引，他们的热情被点燃了起来，在王蒙先生结束演讲之后，许多同学还对他恋恋不舍，多想听他再讲一次。

在日常交际中，幽默就像是必不可少的调味剂，如朋友聚会、结伴旅行，当大家都感到疲惫或长时间静默无语的时候，这样的气氛是让人感到沉闷和难受的。在这时，假如一个幽默的人说了一句笑话，那一定可以改变当时的气氛，从而增加快乐的氛围，让人们忘记暂时的疲惫和烦恼。若是在朋友聚会中适当开个玩笑，那也可以带给大家一个活跃的气氛，让彼此的友谊更加坚固长久。

说话者风趣幽默，它也需要其本身具备一些基础和条件。也就是具备一定的文化底蕴，这样才能使你的说话充满了风趣幽默和真情实感。

1.较高的文化素养和语言表达能力

说话者语言修养高、文化知识丰富，对古今中外、天南海北、历史典故、风土人情等各种各样的知识都有所涉猎和掌握，那他再加上丰富的语汇、灵活多样的语言表达方式，这样说起话来就会得心应手，自然就容易活泼、生动有趣。

幽默说话是说话者的聪明才智的标志，它要求有较高的文化素养和较强的驾驭语言的能力。但是，在说话过程中，幽默只是一种风格，一种手段，并不是目的，不能为幽默而幽默，一定要根据具体的题旨语境，适当选用幽默的语言。

2.高尚的情趣和乐观的信念

通常幽默的语言是建立在说话者有较高的思想境界和较高的涵养上。如果是一位心胸狭窄、思想颓废的人，他是不会幽默的。恩格斯曾经说："幽默是表明人对自己事业具有信心并且表明自己占有优势的标志。"因此，幽默永远是属于那些拥有热情的人，属于那些生活的强者。

3.较高的观察力和想象力

说话者在说话过程中，幽默的说话具有反应迅速的特点，这就要求说话者本身必须是思维敏捷、能言善辩。而这往往是来自对生活的深刻体验和对事物的认真观察。说话者只有具备了较高的观察力、想象力，才能在说话过程中灵活地运用比喻、夸张等方式讲出幽默的话语。

多积累小故事，为语言增色

通常说话本身带来的感染力是较少的，毕竟你所说的大多都是枯燥无味的内容，你可以看看大多数的公众场合的说话，无一例外的都是“第一、第二、第三”，诸如此类的条条框框，整个说话过程没有丝毫的趣味性。而对于听众来说，他们更希望听到一些有趣的内容，如有寓意的小故事，通过这些故事中得到启发，这样的说话不仅能调动听众的积极性，同时也有效地增强说话的趣味性。如果说话者能在说话过程中引用一些有寓意的小故事来阐述道理，那无疑可以增强故事的说服力和感染力，使语言表达言之有故、生动形象。当然，要想达到这一点，我们首先需要做的就是多积累那些有寓意的小故事，有效地增加自己的文化底蕴。

战国时代，齐国有一个名叫淳于髡的人。他的口才很好，也很会说话。他常常用一些有趣的隐语，来规劝君主，君王不但不生气，而且乐于接受。当时齐国的齐威王，本来是一个很有才智的君主，但是，在他即位以后，却沉溺于酒色，不管国家大事，每日只知饮酒作乐，而把一切国事都交给大臣去办理，自己则不闻不问。因此，政治上走不上正轨，官吏们贪污渎职，再加上各国的诸侯也都乘机来侵犯，使得齐国濒临灭亡的边缘。

虽然，齐国的一些爱国之士都很担心，但是，却都因为畏惧齐王，所以没有人敢出来劝谏。有一天，淳于髡见到了齐威王，就对他说：“大王，微臣有一个谜语想请您猜一猜：某国有只大鸟，住在大王的宫廷中，已经整整三年了，可是他既不振翅飞翔，也不发声鸣叫，只是毫无目的的蜷伏着，大王您猜，这是一只什么鸟呢？”齐威王本是一个聪明人，一听就知道淳于髡是在影射自己，像那只大鸟一样，身为一国之尊，却毫无作为，只知道享乐。而此时他不再是一个昏庸的君王，于是沉默了一会儿之后便毅然决然的要改过，振作起来，做一番轰轰烈烈的事，因此他对淳于髡说："嗯，这一只大鸟，你不知道，它不飞则已，一飞就会冲到天上去，它不鸣则已，一鸣就会惊动众人，你慢慢等着瞧吧！"

淳于髡所引用的"隐语"实际上就是讲故事或者举例子，把自己劝谏的内容通过隐晦的方式传达给君王，这样一种进谏方式无疑会受到君王的喜欢。而且，齐威王本人也是一个非常有智慧的人，他很喜欢听隐语，虽然他不喜欢听别人的劝告，但淳于髡这样婉转的劝谏却让他愉快地接受了。在一番巧妙的劝谏之中，齐威王采纳了淳于髡的谏言，意味着他的心理受到了影响。

为了增强自己的文化底蕴，我们需要多多积累有寓意的小故事，而且在具体操作时还需要注意以下几个问题：

1.多积累发生在身边的故事

多积累身边普通人、普通事，因为那些伟大的人、伟大的事固然富有感染力，但毕竟与普通人的生活距离较远，这样不会引起听众的兴趣。如果积累一些身边的事情，用听众身边人、身边事来启发听众，就对听众更有说服力，效果会更好。

2.多积累有寓意的历史故事

中华民族历史悠久，留下了光辉灿烂的文化，其中那些有寓意的小故事可谓是数不胜数，历史故事有其特有的生动性、趣味性和深刻性，对于说明道理，吸引听众起着十分重要的作用。比如说，"兼听则明"的道理，肯定会列举"唐太宗从谏如流"或"唐高祖广纳众议"这样的历史故事。

语言要富有时代感

朱熹在《礼记大学》中有这样一句话："苟日新，日日新，又日新。"意思是说，如果能够一天新，就应保持天天新，新了还要更新。说话也是如此，有新意，才能给人耳目一新的感觉。一个说话者，他就应该时刻关注时事，具备卓越的见识，如此你的眼光才会看得更远，也才能走在时代的最前面，而你的话题才能真正地与时俱进。"与时俱进"就是说话需要洋溢着时代气息，有时代感,不断吸取着、创造性的思想营养和语言营养成分,语言充满生机与活力,而不是净说一些老掉牙的话题。

某市委书记在加强执政能力建设培训班上的讲话:

从某种意义上讲,心力有多大,能力才会有多强。我十分赞赏有的同志所讲:认真第一,能力第二。认真来自责任心,来自有心、用心、尽心。作为领导干部,在历史使命面前,我们只有一个选择,那就是尽心尽责,否则,我们就是历史的罪人。查阅历史,一个王朝覆灭之时,一个政党下台之时,并不是源于没有人才,而是大家都没有责任心,好像事业好坏与己无关。"家宅将倾,视若观戏";"马厩失火,处若邻人"。归根结底都是内因。

这样的话,不仅上级领导爱听,下级听众听了也很受用。虽然说话本身要求真实、朴实,但并不是排斥语言生动和创新。如果语言味同嚼蜡,或是毫无新意,这样的话谁爱听呢?当然,要想自己说话有新意,我们还得多关注新近发生的时事,争取让自己的说话也与时俱进。

英国作家王尔德有这样一句名言:第一个把女人比作花的是天才,第二个把女人比作花的是庸才,第三个把女人比作花的是蠢才。人们总是喜欢新生事物,哪怕是听人讲话,如果人云亦云、鹦鹉学舌,或者虽是自己的语言,但老是那一套,就很难吸引人。所以要常变常新,不落俗套,做到有独到的见解。说话者要时刻为自己的话语里增添一些新鲜元素,使自己的语言充满新奇,而不是尽讲一些陈词滥调,这样就让人对你的能力产生质疑。

我国著名的计算机专家、"两院院士"王选教授不仅在科技领域作出了杰出贡献,同时他的讲话,个性也十分鲜明,有强烈的口语化色彩,深受大家的欢迎。他的讲话,从没有外交辞令,他从不说那些没油没盐的话;更不喜欢人云亦云,套话连篇,像八十老太一样唠唠叨叨。

有一次,他在电视台做节目,主持人要嘉宾用一句话来形容自己,王选教授说:"我是一个曾经作过贡献,今天高峰已过,赶不上新技术发展的计算机专家"。仅仅几句话,充分体现了他率真、坦荡的性格,很是耐人寻味。他说:"一个科技工作者老是在电视上抛头露面,说明他的科学生涯快结束了。""名人要保持普通人的心态,要知道自己是一个过时的人"。身为"两院院士"的王选却认为"院士"这一称号是社会对科学家历史的一个肯定,"它是一个过去时态,而不是现在时态,更不是主宰未来方向的将来时态"。

有人向这位王教授讨教成功的秘诀，但他只是说："我每天花了一小部分时间来阅读报纸，或者看看时事新闻，这样我所接触到的新鲜话题和新的语言就比较多了。"如果你天天不看报纸，不看电视，每天发生的大事情你也不知道。那如果在办公室举行的茶话会，你是难以融入的，因为他们所说的都是最新的消息，而那些对于你来说是全然陌生的，你唯一的举动就是睁大眼睛很茫然的样子："有这事吗？我怎么没听说呢？"那你就只能有当听众的份儿，而无法成为说话的主角。

那在实际说话中，我们如何才能真正地做到与时俱进呢？

1.语言有时代性

当你关注时事的时候，你会发现几乎每隔一段时间都会有一些新鲜的词语出炉，而这些语言就是需要你去学习的，并将它融入你的说话中去，让你的语言更具时代性、新颖性。

2.话题有新颖性

这个世界每天都在发生大大小小的事情，如果你的话题还停留在前年或去年发生的事情，那表示你的视野已经落伍了。你应该将新近发生的事情与自己的说话联系起来，从而让自己的话题更具新颖性。

读书破万卷，好口才自然来

说话，对于说话者来说，要善于在自己的说话中渗透知识性，说话既深刻又需要有力度，这样才能尽可能地给听众提供更多的有价值的信息，让人感觉到"听有所获"，而不是觉得"白听了"。一个人的说话直接体现了其认知水平和知识含量，如果说话没有深度，没有知识，那听众是不可能肯定你的说话水平的。说话内容要有知识性、充实、具体、言之有物。需要做到这一点，就需要说话者多读书，积累更多的知识，因为一个好口才的说话者，肯定是一个拥有广博知识的人。一个人说话就是需要把自己肚子里的"货"倒出来，但如果肚子空空如也，那如何能展现自己的好口才呢？因此，要想做一个能说会道的人，就一定要注重自己的知识储备，只有自己拥有较好的知识储备,才能够自由随意地讲故事、说民谚,在任何时候都能够把知识信手拈来。

对于说话者来说,就算不是为了追求“黄金屋”“颜如玉”,但通过读书,确实可以达到提高说话水平的效果,我们可以这样说,“书中自影响力,书中自有个人魅力”。古今中外伟大的政治家、演说家,无一不是博览群书的。书里的知识,给他们带来智慧,让他们才思敏捷,让他们具备了与众不同的素养,当然在说话时也有了与众不同的表现。

战国时的张仪为推行“连横”立下了汗马功劳,被誉为有“三寸不烂之舌”。他之所以能所向披靡,一个重要因素是他在说话的时候,能够把自己的知识融入其中,言之有物,讲话内容充实具体。他充分了解各国的形势和军事力量,了解各国国君和将士的心理,从而对自己的游说目标非常明确,使被劝说者心悦诚服。

张仪正是因为自己掌握了各国国君和将士们的心理,再加上自己渊博的学识,使自己的谈话言之有物,说话内容也充实具体,所以才能够成功说服各国推行“连横”,自己为也推行“连横”立下了汗马功劳。

培根说:“读书足以怡情,足以博采,足以长才。”人们也常说“读书破万卷,下笔如有神”。说话也是如此,读书多的人,往往能出口成章,说得精彩;读书少的人,或者笨嘴拙舌,或者不着边际,很多时候都是在重复堆砌一些辞藻。说话者想要避免套话、虚话、空话连篇等“话”风不正的问题,就必须多读书,注意汲取古今中外思想文化的营养,开阔视野,拓宽知识面。

1.尽量多积累知识

一个知识贫乏的说话者,往往就会鼠目寸光,显得胸襟狭隘,说话肤浅没有深度。这样的一个人如果被邀请说话,就很有可能当众被下面的听众喝倒彩。

说话者对于知识的积累,材料的占有就如“韩信点兵,多多益善”。就一般语言的运用来看,知识无疑是思想、感情得以成功运用的土壤,知识也是口才能够闪耀其光彩、释放魅力的基础。如果你拥有丰富的知识,不管你身在何处、何时、何地,都可以随机应变、左右逢源。

2.善于思考

积累了一定的知识,还需要善于思考。只有善于思考,才能出观点、出新意。不然就会人云亦云,沦于没有真知灼见;就会沦于老生常谈,提不出新思路、新见解。真正新鲜生动、富于创造性的见解，是与深入的思考分不开的。

多积累好词好句

说话，不可缺少的是优美、精练的好词好句，这些词句巧妙组合才形成了一些精美的言辞。美国前总统，同时也是世界闻名的演说家林肯就喜欢积累一些好词好句，当他看到或听到一些较好的词句就会用纸条写下来，然后放在自己的帽子里，便于经常阅读和记忆。而当他正式讲话时，就可以巧妙地将那些平时积累下来的词句融入话语中，这个不寻常的习惯铸就了林肯一次又一次的成功演讲。因此，如果要想真正提升自己的文化内涵，那就需要注重积累你所听到的好词好句，并将之转化成自己说话的内容，这无疑会使自己的语言富有感染力。

当然，这些好词好句可以是古今中外的名言名句，因为它有着较强的说服力。那些名言名句是名人生活经验的总结，或者是智慧灵感的闪现，往往富有哲理，发人深思。如果你在说话中引用一些名言名句，不管是对增强话语的说服力，还是增加话语的感染力，都是很有帮助的。除了那些名言名句以外，你还可以多积累平时里看到的优美的词句，或是人们嘴里所蹦出的有意思的语言，或者是颇有哲理的句子等。引用较好的词句是人们在说话时经常会用到的手段，将自己的观点以及看法用较好的词句表达出来，可能比自己的语言更具有说服力。许多名家在说话时都经常采用这样的方法，让听众感觉到字字掷地有声。

但在具体使用这些好词好句时还需要注意以下几个问题。

1.学会用自己的话阐述

有的好词好句包含的意义比较多，那在这时候，你就要善于用自己的话来对这些名言进行陈述。如此可以令自己更容易掌握这些说话的内容，也能使听众更容易明白。

2.准确地使用

在使用好词好句时需要注意其含义的准确性，尤其是一些名言警句，不能把它们念错了，那样不仅不能增添语言色彩，反而会闹笑话。引用好词好句还应与话语的情境相协调，引用最能说明问题的词句，并且要适可而止，不能滥用。

3.尽可能地使用原文

比如引用奥斯特洛夫斯基所说的原句“人的一生应当这样度过：当他回首往事的时候，不因虚度年华而悔恨，也不因碌碌无为而羞愧。”来谈人生意义，说理性很强。

电视节目中也能收集到有价值的资料

每天我们几乎有一部分时间都是在看电视，当然，对于工作较忙的人来说，这样的时间会少一些。通常人们看电视都是为了打发时间，或是排遣寂寞。而且在看电视时主要都是依据个人兴趣爱好，比如有人会喜欢音乐，有人会喜欢看电影，有人喜欢财经类、新闻类、体育类等节目。不过，在看电视的过程中，我们都容易忽视了电视节目给我们带来的另一个作用，那就是节目中的某些故事、某句台词会成为构成我们说话内容的素材。这样的作用是自然而然的，有时你在说话时会不自觉地说“我那天看到的那个感人故事，真的是一边流泪一边看完的”“昨天新闻报道了一个奇怪的现象”等诸如此类的话语，其实你就是不知不觉地引用节目中报道的内容。

当然，在节目中挖掘出说话时所需要的材料，还需要我们选择合适的电视节目。人们看电视节目的目的就是为了放松心情，当一天忙碌的工作结束后，精神疲惫，希望能通过娱乐性较强的节目来放松自己，使自己得到休息。在这种情况下，人们很少会想到通过节目来学习积累知识和说话素材，他们更容易被那些娱乐性节目所吸引，比如选秀节目、肥皂剧等。诚然，并不是说娱乐性的节目就不能挖掘到可用的素材，而是相比较那些有品味的节目，这些娱乐性节目提供给我们的说话素材会相对较小而已。虽然，看电视节目是一种休闲活动，但我们还是需要尽量选择看那些稍微有品味、有价值的节目。

从那些电视节目中我们可以发现什么样的说话素材呢？

1.感人的故事

在每个电视台，差不多都有真人真事的报道，从这些节目中我们可以更多地了解到一些感人的故事。比如智障妈妈独自抚养一个弃婴，这样感人的故事可以穿插在我们当众说话中，当然，在使用这些素材时还需要考虑是否恰当。

2.经典的台词

最近几年，几乎每年网上都有一些关于本年度最流行语言的总结，比如那些经典的台词，主持人颇有哲理的一些语言，都可以成为我们说话内容的组成部分。

3.热点新闻以及时事动态

每天发生的那些比较热点的事情，以及最近的时事动态，这些也都可以成为我们的谈资。当你在工作之余休息的时候，不妨将你所了解的新闻以及时事向在场的同事说说，那也能够证明出你知识的广博度。

善于引用熟语典故

在讲话中，我们要善于采用引用一些熟语、典故，来证明事物、阐述道理，这样可以增强说服力和感染力，使语言表达言之有故、生动形象。一位善于讲话的人，肯定是个善于旁征博引的人，在他的演讲中，经常会引用一些事例、典故，或者穿插一些历史知识、名言警句。通过引用，会使你的讲话有一种博古通今的气势，极具感染力。

1.引用事例

有些道理，如果你只是纯粹从理论上来说明，会觉得枯燥无味，而听众也会觉得不知所云。但如果通过举一些具体事例来解释和说明，则既能有效地阐述观点，说明道理，使听众心服口服；又能让讲话内容充实，形式活泼，激起听众的兴趣。

在教师节的晚会上，一名女学生在“回答教育的作用”时说：“在一个文盲的国家里，是不能建成社会主义的，一个受了不良教育的孩童，等于走失了方向。知识才是引导人走到光明与真实境界的灯烛。所以，教育是廉价的国防。教育的根是苦的，但它的果是甜的。教育的根就是我的根。”

在这一段话中，那位女学生引用了列宁、肯尼迪、李大钊、亚里士多德等著名历史人物的名言、警句，揭示了教育为本的深刻道理，既生动深刻，又很好地突出表达主题的效果。

引用事例，主要是现实生活中的事例，也包括一些名人的事例。你可以确定了主题，简单明确地说出观点之后，再选择能够支持观点的事例来展开论证。但是在演讲中引用事例，需注意以下几点：

(1)准确具体

你所引用的事例应该是具体的，应该有时间、地点、人物及部分细节描写。这样，可以让听众有如身临其境，从中受到启发和教育；如果事例失实或本身就很难理解，听众就会对讲话产生怀疑或失去兴趣，影响讲话效果。另外，不能引用自己都不清楚、不完全了解的事例；更不能断章取义，为了拼凑事例而将一些完整的事件切割开来。

(2)新颖生动

生动才能吸引人，我们所引用的事例应该新颖生动，贴近人们的生活的事，才能使听众对你所引用的事例产生兴趣。反之，如果你引用一些老生常谈的事例，就会让听众觉得索然无味，也不会对你的讲话有任何兴趣。

(3)避免老生常谈

有些事例几乎都成了论证某些观点的套话，比如谈到身残志坚就说张海迪，谈到助人为乐就说雷锋，谈到秉公执法就讲包拯。这类的事例虽然不错，但不能每次必讲，用得太多太滥，反倒可能起不到论证效果。

2.引用典故

中华民族历史悠久，留下了光辉灿烂的文化，其中的历史、文学、寓言、成语、故事、传说等典故数不胜数。这些典故或优美感人，或朴实动听，能给人以无限遐想，给人启迪，发人深思。

3.引用名言警句

古今中外名人名言，有着较强的说服力。因为这些名言名句，或是他们生活经验的总结，或是他们智慧灵感的闪现，往往富有哲理，发人深思。在讲话中引用名言名句，无论是对于增强说服力，还是增加讲话的感染力，都是很有帮助的。

4.引用数据

权威性的数据具有较强的说服力，对那些科学性或知识性论点，你尽可能用权数据来论述。这里的关键就是“权威性”，它主要包括国家机关公布的信息、专家的论断、权威新闻媒体的报道、有影响的社会团体公布的正式材料等。一般来说，这些数据可信度高，权威性强，基本不需要再经证明就可以用来进行论证的，具有无可辩驳的说服力，以之为论据是非常有说服力的。

第6章

勤奋巧练，好口才信手拈来

众所周知，口才并不是一种天生的才能，而是靠后天刻苦努力得来的。纵观古今中外历史，所有滔滔不绝、能说会道的演说家、辩论家，他们几乎都是通过刻苦训练而赢得成功的。如果我们想拥有好口才，那就必须像华罗庚所说的那样：“勤能补拙是良训，一分辛苦一分才。”

不断实践，突破心理障碍

俗话说："艺高人胆大。"如果你掌握了说话的技巧，那还担心自己无法说出口吗？大多数人对说话充满恐惧，并不是他缺少渊博的学识，也不是缺少勇气，而是不知道自己该说些什么，也不知道怎么说话才能得到大家的认可。于是，你总是担心自己做不好，怕当众出丑，而这一切的心理原因都在于缺乏当众说话的技巧。在现实生活中，如果你观察那些敢于说话的人，你会发现他们当中有的人没读过几天书，也没有多大的本事，但唯独敢于说话，而且说得满堂喝彩。相反，那些知识渊博的人，却静坐在旁边，摇头不语，或许觉得对方说话有欠水平，不过他本人却不敢随意说话。对于前者，虽然自己缺乏一定的知识，但他更懂得说话的技巧，因此敢于说话；对于后者来说，虽然拥有满腹经纶，但因缺少说话的技巧，因此较少随意开口说话。

清除内心的心理障碍在于自信心，而信心的来源之一在于你是否熟练地掌握了某项技能。对于说话来说，也是如此。与其说不敢说话的是因为胆怯，还不如说他们缺乏一定的自信。因为没有掌握说话的技巧，拿捏不好说话的要领，以致他没有足够的信心来完成当众说话这件事情。反之，如果他掌握了说话的技巧以及要领，他就会反复告诫自己"我已经掌握了必胜的秘诀，肯定会行的，肯定不会出丑的"，如此，内心消失已久的自信心又重新被唤醒了。而且，凭借着那股自信，他将在说话中超常发挥出自己的水平。

以前，张经理每次出席活动都是依据秘书所写的演讲稿进行演讲，从表面上看，他的演讲还算是成功的，因为几乎没怎么出现紧张、发抖的窘迫场面，但这样的演讲还是会有一个问题，好像白开水一样，无法调动听众的热情与活力。因此，公司里的同事都偷偷抱怨：听张经理讲话是一件异常痛苦的事情。其实，还有一件大家不知道的事情，那就是张经理每次演讲下来手心都捏一把汗，如果你仔细观察，会发现他每次下台总是会拿出手帕擦擦手，实际上就是擦手心沁出的汗珠。

就张经理本人来说，他也知道自己演讲水平很一般，根本掌握不了当众说话的技巧，也正因为如此才专门聘请了一位写演讲稿的秘书。有一次，碰巧秘书有事外出，而张经理临时得到通知需要参加一次会议，这可急坏了张经理，以前都是背熟了演讲稿，或者照着演讲稿念，自己还从未表达过内心的想法，而且也不懂得如何表达。张经理马上拨通了秘书的电话，语气急促地说："事情办完没？赶快回公司，我下午有个会议要参加，需要演讲稿。"但秘书那边却传来不好的消息，事情尚未办完，即便是着急赶回来，也在第二天早上了。对此，张经理心急如焚，这可怎么办呢？

这时秘书在电话那边给张经理上了一堂临时补救课："张经理，平时大小场合你也参加过会议，因此这种场面我想对你来说是轻车熟路的，对于讲什么内容，你不妨列出你想要说的几大点，再加上开场白和结束语，就差不多了，语言组织方面……"就这样，凭借着秘书传达的说话技巧，张经理去参加了会议，虽然讲话过程中出现了短暂的沉默或重复内容以外，听众普遍反映都说"讲得不错"，而例外的是他第一次下台后发现自己手心并未出汗。

本来，张经理拿着演讲稿讲话，虽然比较成功，但台下听众反响平平，而他自己也感到十分紧张。经过那件事以后，相信张经理已经用不着再请什么专门写演讲稿的秘书了，他可以慢慢地熟练讲话的技巧，从而将演讲这件事看作收放自如的表演。

那对于当众说话，需要掌握一些什么要领呢？

1.借鉴别人的经验，激发自己的勇气

你可以多观察别人的说话，其精彩在哪里，其哪些方面比较欠缺。然后激发出自己的勇气，不断地练习，哪怕屡战屡败，只要你不断地总结、提升，总有一天你会赢得满堂喝彩。

2.言简意赅即可，不宜过分矫饰

对于你所需要说的内容，不需要堆砌太多华丽的辞藻，你只需要直接而简单地表述自己内心的观点就可以了。啰唆、冗长的说话是大多数人所讨厌的，所以，不需要过分矫饰语言，或者不断地重复你所说过的内容。同时，利用一切机会进行说话，就好像游泳一样，不下水，你永远学不会。说话的机会随处都是，你不妨好好地将其利用起来。

日常口才练习技巧

若是想熟练掌握说话的技巧,这并不是一蹴而就的事情,而是需要循序渐进的。不可能你第一天还没勇气说话,结果隔了一个晚上你就可以大胆说话了,即便不是这样夸张,短短几天的时间,你也是无法完全掌握的。有的人或许会认为参加口才培训班就可以在短时间内掌握要领,虽然你能从中学到一些知识,但真正让你说话,想必还是会有一些难度。因此,在练习说话的过程中,不仅需要掌握一些关键的技巧,更重要的在于平时的练习。而在平时的练习中,需要注重巧练,而不是蛮练。巧练,也就是运用巧妙的方法来练习,这样会让你在不知不觉中提高说话的水平;蛮练,也就是没有任何技巧的练习,如此的方法即便是你努力了一个晚上,但除了你的嗓子变得嘶哑以外,收获不了任何东西。

实际上,如果说还需要练习说话,这听起来有点荒谬。自一个人呱呱坠地起,他所努力学习的第一件事就是说话、走路。从小就会的东西,还需要继续练习吗?尽管说话是一件再普通不过的事情,但说话却又明显地把人们的说话能力分为几个等级。在生活中,你可以凭着自己的技巧,将说话融入生活中去,让自己每时每刻都在进行说话的练习。

在口才培训班,当导师说到"私下巧练"法时,邀请了班级里进步比较快的同学上台说说自己的经验。

小李的名字排在了第一个,只见她踏着轻松的步伐走向讲台,这全然不像一个月之前那个胆怯的女孩子了。她很坦然地站在讲台上,微笑地看着大家,说道:"其实,如果是一个月前我站在这里,我心跳气喘,但现在我镇定了。在学习的一个月里,我不仅课堂上在努力,私下自己也在练习。我练习的方法就是给同事们讲讲笑话、拉拉家常,融入同事们的闲聊中去。以前同事们扎堆说话,我从来不凑过去,虽然我也好奇她们在说什么,但我不善说话,即便凑过去了也只是听着她们说,偶尔心中会有想表达的念头,也被胆怯硬生生地压了下去。进入了学习班,我觉得有必要改变自己,那就从这些小事开始吧。当同事们在说话的时候，我也凑了过去，刚开始我只是附和几句‘不错’‘挺好的’，后来我胆子大了一些，就开始表达自己内心的想法‘我觉得这事情吧，如何如何’，我的话多了起来，连在公司会议上我也可以大胆发表意见了。现在整个办公室都能经常听见我的说话声，为此还被上司批评了几句呢。”台下的同学笑了起来，不过，也明白了原来办公室也是一个练习口才的好地方。

第二个上台的是比较木讷的张先生，他说：“其实我的练习方法就是跟家里人聊天，过年过节家里都围聚了很多人，以前在这种场合，我是大气不敢出的人，但现在我也不怕了，当着众人的面说话，不管我说得怎么样，但他们都在听我说，这让我觉得很享受。后来，我说话水平提升了，不仅敢于说话，而且说得还不错，亲戚纷纷夸我进步大呢。”

在案例中，两位参加口才培训班的代表讲述了自己私下巧练说话的技巧，这对我们也是有一定的借鉴意义的。看过这个案例你或许会发现，原来自己忽视了那么多练习的机会，可能当你想要说点什么，或者表达自己的观点时，那本身是一个不知不觉的过程，却逐渐成为了你巧练说话技巧的途径之一。如果你能仔细深入地了解说话本身的含义，相信你还能找到更多的巧妙练习的方法。

如下是一些私下巧妙练习的办法，希望能够对你有所帮助。

1.“扎堆”说话

在办公室，或是在家里，甚至是在公交车上，我们经常看到有的人只是默默坐在旁边，听别人说话。他们无法融入大家说话的氛围之中，其实在这时需要融入其中，扎堆说话，关于他们议论的话题，想必你也有自己的想法，为什么不大胆说出来呢？这就是你练习说话的一个最佳时刻。

2.假设场景练习

你可以假设场景练习，到一个大厅或者一间教室，带着耳机，预演一遍，好像自己真的是面对许多人在讲话，努力让自己变得平静。如此多做练习，等到你真正说话时就不会那么恐惧了。

呼吸技巧，令你的声音底气十足

在生活中，我们经常说某人说话没有底气，那声音就好像是一个大病初愈的人所说的话，声音很小，而且没有底气。偶尔，这里的底气可以理解为"信心"，也就是由于其心理素质才导致声音会出现这样的情况，但并不是所有的情况都是如此。也就是说，某些人说话底气不足的原因在于其本人的声音问题，或许更明确地说是缺乏科学的发声练习所造成的。在平时的生活中，我们都喜欢听那些饱满圆润、悦耳动听的声音，而那些干瘪沙哑的声音则往往令人生厌。若是当众说话的场合，你更需要锻炼出一副好嗓子，练就一种悦耳动听的声音，这才是你说话水平的必备条件。

在健康咨询室里，医生收到这样一封信：

医生，你好，我今年23岁了，是一位成年的男性。但一直以来我为一个问题困扰着，我身边的朋友以及家人都说我说话有气无力，跟我的年龄很不相符。年轻人难道不应该都是朝气蓬勃，声音响亮的吗？但我的声音为什么会这样呢？就连我自己都觉得声音很难听，十分沉闷，好像嗓子里有一层东西隔离在我的声带，阻止其发出声音一样。

我大学快毕业了，即将面临的就是工作问题。而对于任何一家公司或企业来说，一种好的精神面貌是很重要的。我本身性格外向，平时也很喜欢说话，但就是这声音听了让人恼火，我也知道这不是我刻意纠正就能改变的问题。因此，我想咨询，声音出现这样的问题到底是什么原因呢？是缺乏锻炼还是有病呢？那我该如何努力才能纠正这样的声音状态呢？

其实，无论是这样求职面试的年轻人，还是需要到处进行推销的公司职员，他们很关心的问题就是自己的声音听起来是否底气不足。若是缺乏底气，那么自然不容易引起别人的关注，这样的现象，就好比你说破了嘴也没人会听，更别说会肯定你的说话水平。实际上对于案例中求助者的问题是能够被解决的，只要进行一段时间的语音训练，就可以有效地改善声音底气不足的现象。

在发音过程中，气息是声音的动力来源。充足、稳定的气息是发音的基础，有的人说话声音洪亮、持久、有力，我们通常会说“底气十足”；反之，有的人说话声音很小，有气无力，上气不接下气，就好像蚊子嗡嗡叫一样，这样的人则是明显的“底气不足”。在发音练习中，所谓的“底气”其实是“中气”。之所以会出现这样的差别，除了身体素质的区别以外，还有就是气息技巧的问题，也就是呼吸和说话的配合、协调是否恰当的问题。

通常说话是呼气时而不是在吸气时进行的，停顿才是在吸气时进行的。若是长时间的说话或演讲，那就必须要求有比平时更强的呼吸循环。

在说话过程中，我们需要处理好说话和呼吸的关系，那就必须注意如下问题：

1.呼吸要尽量放松

在呼吸之间，需要尽量轻松自如，吸气要快速，呼气要缓慢、均匀，而且吸入的气量要适中，太多会让你喘不过气来，太少了又不够用。

2.说话的姿势有利于呼吸

不管是站着还是坐着，都需要抬头舒肩展背，胸部稍微向前倾，小腹内收，双脚并立平放。这样的站姿利于呼吸，你的发音部位，比如胸、腹、舌都处于一个良好的准备状态中。只有呼吸通畅了，你的发言才会更流利。

3.尽量在说话中自然停顿换气

说话过程中有自然的停顿，这时就应该自然地换气，不要说完了一句长话才大口吸气或呼气，这样说话很费劲。而且还要按照自己的气量来决定是否在那些较长句子的中间停顿，千万不要为了达到表达效果而勉强去做，这样只会适得其反。

拿捏好语言的正常过渡

通常在说话过程中，为了考虑到听众的接受度，让听众有相当多的时间消化自己想传递的信息，同时也需要时间给自己控制节奏、厘清思路、观察反馈。当然，这样的停顿时间是较短的，否则就会造成说话啰唆的现象，在停顿时需要保持一定的连贯性。话语的停顿主要基于两方面的需求，一方面是相信没有任何一个人能憋足一口气将所有的内容都说完，他需要喘息的时间，或者说喝水的时间，如果使用声带的时间过长，会造成声音沙哑，甚至上气不接下气，声音也会变得越来越弱；另一方面是因为语言本身需要停顿，诸如语法、逻辑、感情，还有一些特殊停顿，这都是需要的，否则那将不会成为句子，说话者既没有能力说下去，而下面的听众也无法听明白。

美国前总统林肯在说话时有个习惯就是适当的停顿，当他说道某个重要的问题，而且希望这些内容能在听众的脑海中留下非常深刻的印象时，这时他的身子会向前倾，注视着听众的眼睛，大概会停顿一分钟的时间，他一句话也不说，这种突然带来的沉默，就好像突然而来的嘈杂声音，往往可以吸引人们的注意力。这样的停顿，会让每一个坐在台下的听众都竖起耳朵，十分专注地听对方接下来会说些什么内容。当然，恰到好处的停顿会让你的声音发挥出较好的水平，如果是牵强的停顿，则会对你声音产生不利的影响。

众所周知，林肯与法官道格拉斯曾进行过一次辩论赛，当时所有的情况都表明林肯即将面临失败。对此，林肯自己也感到十分沮丧，一直以来，随之而来的疾病折磨着自己，这让他的说话增添了一些感人的氛围。

最后一次辩论词中，林肯突然停顿了下来，他差不多站立了足有一分多钟，看着台下坐着的有些是朋友，还有一些是完全陌生的面孔。他那深陷下去的忧郁眼睛就像平时一样，似乎满含着快要流下的泪水。他将双手紧紧地握在一起，好像它们太疲劳了，已经没有力气来应付这场战争。然后，林肯以自己独特的声音说道："朋友们，不管是道格拉斯法官还是我自己被选入美国参议院，都是无关紧要的，一点关系也没有。但是我们今天向你提出的这个重大问题才是最重要的，远胜过任何个人的利益和任何个人的政治前途，朋友们。"说了这里，他再次停了下来，台下的听众屏住了呼吸，唯恐漏掉了一个字，"即使在道格拉斯法官和我自己的那根可怜、脆弱、无用的舌头已经安息在坟墓中时，这个问题仍将继续存在、呼吸及燃烧。"

林肯在这段话语中的停顿有什么作用呢？我们似乎可以从他的自传中找到答案，一位曾替林肯写自传的作者写道："这些简单的话语，以及他当时的演说态度，深深地打动了每个人的心。"确实，适当的停顿，不仅能够让我们的嗓子暂时获得休息，而且还能够增强语言的表达力。

当然，说话时的停顿，是一种需要掌握好的技巧。恰当的停顿不但可以让说话层次分明，突出话语重心，吸引听众的注意力，而且还能够前后对应。正是需要有条理的说话才具有一定的说服力以及逻辑性，达到彻底征服听众的目的。如果缺乏应有的停顿，一直不停地说下去，就会让人有急促感，也表达不出说话者的感情和力度。

那在实际说话中，我们该如何掌握停顿，以至于让声音发挥出最恰到好处的音质呢？在这里，我们列举了最常见的几种停顿。

1.逻辑停顿

如果没有逻辑的停顿的语言是文体不通的话，那么没有心理停顿的语言是没有生命的。逻辑停顿是根据你在一个句子中需要被强调的停顿，逻辑停顿是一种表达感情的需要。

2.特殊停顿

特殊停顿是为了加强某种特殊效果或应付某种需要所作的停顿。停顿的表现力主要有四个方面的：变含糊为清晰；变平淡为突出；变平直为起伏；变松散为整齐。

有些排比句通过停顿变得很美，节奏很好，要声断，气不断，情不断。要重复强调的是停顿不是中断，只是声音的消失，它绝对是气流与感情连起来的，有停就有连，而且在某种激烈、紧张的情况下需要连接。

3.逻辑停顿

语法停顿又叫自然停顿，一个词中间是不能停顿的。另外，从语法上说在中心语与附加语之间会有一个小小的停顿，一篇讲话稿中用标点符号表示的地方要停顿，不同的标点符号，停的时间长短不一样，它们停顿的时间是：句号（包括问号、感叹号）>分号>冒号>逗号>顿号，从结构上，是段落>层次>句子。

4.感情停顿

感情停顿又叫心理停顿，逻辑停顿为理智服务，感情停顿为感情服务，表示一种微妙和复杂的心理感受而作的停顿。

不可忽视小动作对说话的影响

若在公开场合说话,由于自身或者内心胆怯的因素,不可避免地会出现一些小动作,诸如抖腿、频繁地眨眼睛舔嘴唇、身体重心迁移、多次扭动双脚、用手遮住嘴巴、用手摸鼻子、抓头发或摸耳朵、将手指放在两唇之间等,这些小动作有些是对我们有利的,然而有一些却是对我们很不利的。所谓“群众的眼睛是雪亮的”,即便是你很小的动作,但在有几双甚至上千双眼睛盯着你,这时小动作就会被无限地放大,他们都在猜测你的小动作所透露出来的意义:紧张,或者说谎,或者个人习惯,等等。因此,我们可以毫不夸张地说,那些看似不经意的小动作会大大地影响当众说话的效果。

面试那天,小王破天荒地睡过了头,起来的时候已经九点半了。他急忙洗漱,整理面试资料,等赶到公司已经是十点半了。他刚气喘吁吁地坐下,经理就走了进来,没说两句,公司副总也走了过来,想看看这里的面试情况。

顿时,小王的紧张一下子就达到了顶点,在介绍自己工作经验时不自觉地摸自己的鼻子,尽管他并没有感冒,也没觉得自己鼻子有多痒。副总脸上露出了不耐烦的表情,小王心更慌乱了,本来自己昨天还做了准备工作的,可是,一紧张什么都忘记了。一会儿,副总就出去了,剩下的面试官问了几个无关痛痒的问题,就匆匆结束了面试。小王明白,这次的面试完全让自己搞砸了。

面试就相当于一次当众说话,遗憾的是,通常一个人在说话时摸鼻子,给人的第一印象就是不太自信,而小王正是因为这个小小的动作而失去了一份好的工作。足以见得,那看似很细小的动作会大大地影响到当众说话的结果,因为这个看似细小的作用恰恰反映了小王不自信的心理。如果小王手心向上,两手向前伸出放在腿上,手的位置基本上与腹部等高,这样的姿势就给面试官一种坦诚,并使对方觉得你充满着热情与自信。

在说话过程中,不同的小动作代表着不同的意义:比如一个人在紧张时,通常会出现抖腿、频繁地眨眼睛、身体重心转移、多次扭动双脚;若是用手遮住自己的嘴巴，则表示其比较内向，有可能他无法向人说出内心的秘密；若说话时不断地触碰自己的鼻子，那表示他极有可能在撒谎；若说话时用手触摸自己的眼睛，那表示他可能有点疲惫了，或者是想发表自己的意见。

当然，说话也有一些忌讳的小动作，因为这些小动作将会导致你说话的失败，诸如拍桌子、拍胸脯、拿桌子上的东西、反复用手摸自己的头发、拳头对准听众、双手插入口袋、双手交叉在胸前、手指向听众指指点点、背手、双手乱动或摇晃、挠痒痒、抠鼻子、揉眼睛、抓耳挠腮、双手插腰、摆弄衣角纽扣、乱动话筒等。

除了上面所说的这些以外，我们还需要注意以下几个问题：

1.不要随意地使用没有逻辑基础的动作

有的人一句话就伴随一个小动作，而且摆弄不停，十分夸张。在说话者看来，自己如此指指点点、比画比画就能够吸引听众的注意力。孰料，与此相反，这只会让听众被迫欣赏你那些不良的习惯，而且让他们感觉到眼花缭乱，从而对你说话产生一种厌烦的情绪。

有的人在说话时手舞足蹈，动作滑稽可笑，起初可能会逗得听众哈哈大笑，气氛十分活跃，但过不了多久就会失去这样的效果。听众非但不会笑，反而会露出一种不屑一顾的神情，有的甚至会模仿你的小动作。

2.多一些微笑

微笑也算是一种小动作，但这种动作会大大地增强你的说话效果。微笑是一种良性的脸部表情，可以反映出一个人的内心世界。在说话时，如果你能保持面带微笑，那这次当众说话你无疑是成功了一半。

3.机械地重复小动作

有些人在说话一开始，就用一只手不停地搓着脸，以至于听众还以为他牙疼呢，其实这就是无意识表现出来的小动作，而且是机械性的重复。还有的人说话总是向左走三步，回到原来位置，又向右走三步，如此反复，直到最后结束。这样一些不断重复的而又毫无意义的小动作，会让听众觉得说话者很可笑，从而质疑你说话的水平。

保持思维的灵敏度,张嘴就来

有人或许会产生疑问,说话是动嘴,思维是动脑,这两者之间有关系吗?答案当然是肯定的,而且还存在着很密切的关系。通常那些思维敏捷的人总是"张嘴就来",反应速度很快,无论是自己被刁难时,还是需要回答问题时,他们都能快速地组织好语言,可谓巧舌如簧。而那些思维不够敏捷的人,说话时头脑经常短路,反应不敏捷,经常比别人慢半拍;见解不深刻,没有创新的思维,经常是人云亦云;思维狭窄,没有新意,言语没有力度。语言就好像思维的外壳,思维则是语言的基础。说话,既需要讲究方法,又需要训练思维,如此才能真正地做到内外兼修,也才能突破说话的"瓶颈",同时让我们的说话水平依托着敏捷的思维而渐入佳境。

一个人口语表达能力的高低取决于其思维能力的强弱,如果你想提高自己的口语表达能力,那只能先提高自己的思维能力。比如,我们在说话中存在的,诸如条理不清、语言干瘪、无话可说等现象,这都属于思维的范畴。在生活中,有不少人在公众场合根本说不好话,明明是经过精心准备的,可一到了台上,脱离了演讲稿,就说得结结巴巴的,甚至词不达意。如此的现象就是思维的敏捷度不够,或者说思路不够清晰。与写文章不一样,说话不能停下来多作思考,而是必须一句接着一句,如此就要求思维敏捷,前后连贯,不能吞吞吐吐,更不能逻辑混乱。

里根就任美国总统后,第一次出访加拿大,时值加拿大正举行反美示威游行。一次,里根总统的演说被反美示威游行的人群打断。只见里根总统面带笑容对陪同的加拿大总理特鲁多说:"这种事情在美国时常发生,我想这些人一定是特意从美国来到贵国的,他们想使我有一种宾至如归的感觉。"本来双眉紧锁的特鲁多,立即笑了起来。

有些场景的变化是出人意料的,作为说话者来说,如果思维不敏捷,应付不好,就会使自己陷入某种困境。这就需要说话者具备敏捷的思维,善于变换切入角度,灵活地应付和驾驭各种局面以及场景。在上面这个案例中,里根高超的说话艺术体现了其思维的敏捷度，故作曲解、歪解，从而化解了主人的窘迫，同时还体现了自己作为总统的胸襟与气度。

那么需要什么样的思维才能提高思维的敏捷度呢？首先是辩证思维，也就是从正反两方面看问题，一分为二地看问题，这样就可以让你看问题更有高度；其次是分析思维，这可以让你看问题有广度，不仅看问题比较全面，而且你言之有理，因为你把问题分析开了，具体了，这样就解决了许多人无话可说的情况；最后是逆向思维，这可以让你更深层次地看问题。总而言之，思维就是说话重要的基石，需要不断地、常常地练习，通过这几种思维方式来练习说话，假以时日，你就是一位思维敏捷的说话大师。

那如何训练出敏捷思维呢？

1.掌握相当多的知识

思维敏捷来自丰富的知识结构，你所掌握的知识越多，你说话时思维就越活跃，越敏捷，因为大量的知识让你触类旁通，左右逢源，毫无思维短路的感觉。因此需要博览群书，不断地扩大自己的知识面，增加自己的知识量，说话之前做好充分的准备，熟悉你所需要表达的内容。

2.尽量多说

在各种场合都需要尽量地多说话，而且是主动地说话，在公司会议上踊跃发言，哪怕你给家里的老人读读报纸也可以，看完了电影或者小说，可以向朋友复述电影、小说的情节内容。这样你的思维就会逐渐敏捷，口齿也越来越伶俐。

思维清晰，讲话要有主次顺序

说话要注意言之有序，也就是说话内容有主次之分，换句话说就是有条理。说话需要有一个总的目标，说话是否达到了预期的目标，就需要看它是否被听众所理解、所接受。也只有听众理解了、接受了，才能证明你的说话是成功的。反之，如果你的话语不分主次，没有目的性，听众一头雾水，似懂非懂，这就意味着说话失败了。说话的这个特性决定了说话者必须站在听众的角度上，按照听众的理解能力和接受能力联系实际、深入浅出，让你的说话内容展现一个清晰的目标以及重点。即便有时你需要含蓄隐晦地表达，也必须说话有条理，不能含糊不清，指令不明，这会让听众难以理解。

言之有序与一个人的思维能力有重要关系，思维是否清晰，将决定着说话是否有主次之分。比如，当我们在叙述一件事情的时候，需要抓住这件事情的中心，有顺序地进行叙述，语言要清晰、明白。千万不能东一句、西一句，让人听了不知道你到底在说什么。总而言之，说话有重点，分清主次，才能突出中心，彰显语言的逻辑性，否则说话就如同一盘散沙，不仅听众不知道你说的是什么，就连自己也是如堕云里雾里，分不清东南西北。

明朝初年刑部主事茹太素上言奏事，“陈时务累万言”，皇帝朱元璋听着这篇万字长文，到了六千多字时居然还没有切入正题，龙颜大怒，说茹“虚词失实、巧文乱真，朕甚厌之。自今有以繁文出入朝廷者，罪之！”

于是便命人将茹太素拉上殿来，痛打了一顿板子。打完板子之后，皇帝夜里又命人继续念这篇奏章，直到一万六千多字时，才知道这篇奏章到底要上奏一些什么事情，而且这上奏的五件事中，茹太素的意见有四条可行。于是朱元璋把这些可行的事情交代下去，并对茹及其他臣子说，“许陈实事，不许繁文”，此奏章中只有五百来字是言之有物，以后写公文都应该吸取这个教训，并由此发布新的要求，“革新文风”，违者要治罪。

茹太素上言奏事，为何还被痛打了一顿板子？就是因为他的奏章表意模糊不清，没有主次之分，直到了一万六千多字，才知道这篇奏章到底上奏的是什么事情。想想帝王的时间有多宝贵，如果当庭表奏却是缺乏逻辑，没有条理、十分啰唆，那你所得到的结局也就跟茹太素一样了。

说话一定要目的明确，你说话需要达到一个什么样的目的，你才会为了达到预期的目的而调整自己的说话内容。如果首先你就没弄清楚哪些是重点哪些是次要的，只是在那里东拉西扯，那就会让你的表达不明确、不清晰，而下面的听众对你的说话也是听不出个所以然了。

所以，要想说话有条理、言之有序，那就应该注意以下几个问题：

1.注重语境

说话，一定要切合语境，就是指你要根据你说话的客观现场环境，包括时间、地点、目的以及说话的内容等来开始发表你的说话，这样才能更准确地表达自己的想法。有的人不管语境，而是只顾着自己说，结果他在台上面说了大半天，台下面的听众还是不知道他所表达的意思到底是什么。

因此，说话的内容一定要与你讲话的时间、地点与场合相对应，否则就有可能让下面的人摸不着头脑。

2.突出中心

说话时，就应该明确自己说话的目的。坚持话由旨遣的原则，明确你说话的目的，是说话取得成功的首要条件。只有明确了目的，才知道应准备什么话题和资料，采取哪种语体风格，运用哪些技巧，从而能够做到有的放矢，临场应变。如果目的不明，不顾场合地信口开河、东拉西扯，对方就会不知所云，无所适从。

3.多思考才能言之有序

思考是让思维条理化的必由之路，在实际生活中，许多说话者并不是不会说，而在于不会思考，最后想不明白自然也就说不清楚。在说话中，如果你需要说一件事或介绍一个人，那你就要认真地想想事情发生的时间、地点以及过程，或者想想人物的外貌、特征等。如此有了条理化的思维，你才会让自己做到言之有序。

中篇

修炼篇

鬼谷子说:“口乃心之门户，相由心生,你怎么说话,口才怎么样,都是由你当时的心态所决定的。”当然,拥有好口才,并非一蹴而就的事情,而是需要通过不懈的努力以及勤奋地练习，熟悉各种口才技巧,才能做到开口就精彩。

第7章

提问，开口就是好问题

爱因斯坦说："提出一个问题往往比解决一个问题更重要。"孔子入太庙，"每事问"，有人在孔子受到别人的讥笑时说："谁说他懂礼，每件事都要问。"孔子回答说："这正是礼呀！"有道是"答得好不如问得好"，有效的提问可以增加沟通的含金量。

做好万足准备，你可以问得更好

俗话说："凡事预则立，不预则废。"我们在提问之前还应该做好准备工作，这样在提问时才能应付自如、游刃有余。在日常沟通中，许多能说会道之人，说起来头头是道、娓娓道来；有的人却吞吞吐吐，磕磕巴巴，词不达意。为什么会出现这样的差别呢？这就在于说话者是否做好了良好的准备。有针对性的提问前期准备包括说话对象，搜集相关资料，明确自己的主旨，把握说话机会，设计提问细节等。正所谓"知己知彼，方能百战不殆"，对于提问而言，也是如此，做足了充分的准备，你才明白自己可以问得更好。

一位著名的访谈节目主持人曾经说道："这是一个信息资源共享的年代，而访谈类节目在播出的时间与事件发生的时间关系上远远不及新闻平面媒体以及网络传播的及时性。所以我们前期不仅要熟悉当事人的经历、职业、专业特长、文化素养，还需要了解他的性格、爱好、家庭、语言表达状况等。"

我们都知道，访谈类节目主持人通常在节目录制之前是不与被采访的嘉宾见面的，而在节目的进行过程中主持人呈现出来的沟通状态是和被采访的嘉宾就如朋友一样聊天，这样的交流才可以引起受众的共鸣同时也可以让采访者进入一个非常好的聊天状态。访谈类节目可以体现主持人的风格，面对同一件事，同一个采访对象，不同的主持人会根据不同的角度提问，假如人云亦云，那就会完全失去访谈类节目中主持人的重要作用。当然，有时候我们也会看到一个热点问题被不同媒体的主持人问来问去，不过这其中许多问题都是重复的。有的主持人，只不过是换了一个演播厅，重复以前提问的套路而已。

如何问出新颖的问题呢？

对此，这位著名的主持人说道："主持人要对自己搜集的资料进行广泛地了解，然后通过不同的角度的分析得出自己的见解。即对各种材料不应满足于现象的罗列、堆积，而要消化材料、研究材料，可以保持清醒形成观点，这是资料准备中更关键的一步。主持人通过大量的搜集材料对所要采访的对象做到心中有数，与采访对象就有了共同话题，有了沟通心灵的基础，有了平等对话的位置，这样就可以避免在实际访谈中泛泛而谈，而访谈的内容也更深入、更新颖。当然，唯有如此，才能使人物专访重在对人物内心世界的关注，其精神品格、人生感悟、取得成就的心路历程、人物的独特风貌都将给所有的观众以生动感人的启迪。”

在生活中，许多人有这样难堪的经历，有时候一些问题不是出于本心，但偏偏一不留神就问了出来。然后就开始后悔自己为什么口无遮拦，紧接着给对方道歉。举个例子，某位女士在一次同学会上，明明知道同学的公司因金融风暴陷入了危机，但她却这样提问：“你的公司最近还顺利吗？”真是哪壶不开提哪壶，尽管话一出口，她就后悔了，但是却使同学的情绪因此很低落。

所以，我们在提问之前，一定要多想想，应该问些什么，不应该问些什么。事先做好准备，就不会发生案例中这样的事情。其实，只要我们在提问之前做好充分的准备，那你会问得更好。

那么，在日常生活中，我们应该如何做好提问准备呢？

1.你想问什么

首先我们需要明确自己的提问目标，包括最大的目标、期望目标以及可以接受的目标。比如这次沟通你准备向对方提出什么问题，同时思考从哪个角度切入这个问题。先提问什么，后问什么，这两个问题怎么衔接起来。

2.层次提问

提问是有先后顺序的，要逐层深入，由表及里，这样我们的提问才能做到胸有成竹，并成功将对方的思路导入我们所希望的方向。假如你东问一句，西问一句，那不仅使自己毫无头绪，也会使得对方摸不着头脑，这就会影响整个沟通过程。

3.搜集对方的详细资料

资料搜集是双方的，既要搜集对方的资料，也要搜集自己的资料。比如销售员在推销产品的时候，需要更为详细地了解自己产品信息、介绍资料、评估资料以及各种文件等等，掌握好了产品的相关信息，才搜集客户的性格、爱好等基本信息，这样就可以做到有的放矢地提问了。

4.选择合适的时间和地点

在日常沟通中,假如我们需要向对方提问,尽可能避免选择对方心情不佳或繁忙的时候提问,当然,自己也要保持良好的精神状态。此外,还需要选择合适的地点,因为每个人在自己熟悉的环境里会感到更舒适、更坦然、情绪更好,所以地点要选择双方或者自己比较熟悉的地方。

如何设计起承转合的问题

在实际沟通过程中,问题设计需要有一定的技巧,我们应该避免问过大的问题,有的问题一问出来,估计可以写一两篇论文也未必能说清楚。所以,在有限的时间里,对方会不知道从何处说起。有的问题不必问得太过于详细,这样对方已经感到无话可说,只好说:"对,是这样,你说的对。"好的提问是让自己与对方产生一种"回合感","回合"的境界是美妙的,但"回合"只产生在对话中,只会产生在好的提问所诞生的好的对话中。

杨澜是著名的节目主持人,当然,在其著名的节目《杨澜访谈录》中,她将各种提问技巧发挥得淋漓尽致。

2012年11月23日的《杨澜访谈录》中《小冯和小刘的苦乐二十年》,在冯小刚的新贺岁片《一九四二》即将上映之际,把导演冯小刚与原著作者、编剧刘震云请到了演播室。二人都有着丰富的与电视媒体打交道的经验,因此在开篇语之后,杨澜也就开门见山,单刀直入:"两位最初认识的时候,据说是王朔介绍的,那是什么时候,就是20世纪90年代初吧?"冯小刚也依据提问,开始了访谈。

冯小刚曾经发微博声称:"拍了三个多月,每天风里土里,咬不完的牙着不完的急,渐渐度日如年。对电影的爱越来越淡,对这样的生活也开始感到厌恶,也许真的到了要和它说分手的时候了。"曾经在社会上引起很大争议。在《小冯和小刘的苦乐二十年》中,杨澜就抓住这个问题,委婉但又直接向冯小刚发问:"你在微博上有时候也写,说这个太艰苦了,然后甚至我对电影的这种爱,已经越来越淡了,也被人认为是在撒娇,你现在回头看自己当时拍的时候这心态是?”由于杨澜十分亲和的态度，冯小刚也把他的感受娓娓道来，节目推进得很顺利。

在这个案例中，杨澜善于切入话题，在对话中找准兴奋点，使访谈节目得以顺利进行。在沟通中，我们要善于寻找兴奋点，使双方情绪达到一个高涨的状态。另一个被引为经典的，是白岩松采访潘虹的经历。采访时潘虹已经十分疲惫，也就一边放松自己，一边漫不经心地让白岩松随便问。白岩松见此情形，为了把潘虹的情绪调动起来，如此问道：“过去你与刘晓庆是中国影坛的双子星，现在她靠经商继续保持知名度，巩俐异军突起，一颗新星冉冉升起。你却是默默的，你打算东山再起呢？还是默认现状?”这个问题如此具有挑战性，让潘虹一下子从疲惫中兴奋过来，在节目中进入了状态。

1.善于切入话题

不管是自己还是对方，在沟通正式开始之前，都有一个逐渐进入沟通状态的过程。自己作为提问者，是发起提问的一方，必须把握好切入话题的技巧，以形成与对方的良好关系，让对方快速从陌生感中出走，进入语言沟通的和谐情景。当然，由于不同的沟通对象有不同的经验和感受，这种策略必须视对方而定。

2.找准兴奋点

我们在日常沟通过程中，需要根据自己对整个背景、当前局势的把握，以及对方心理的把握，找准兴奋点，提出具有足够话题性和关注度的问题，从而推动沟通的深度，使自己与对方建立和谐的关系。

3.善用多种提问方式

语言中有多种提问方式，如正问、反问、设问、侧问等，都可以在实际沟通中采用，而且应当综合运用。这些提问放松的综合运用可以建立并发展良好的谈话氛围，使谈话变得有趣、有立体感。正问就是直截了当地对对方进行提问，这是一种直接、坦诚，不乏思想交锋的提问方式。

侧问就是讲究策略，在不便于直接发问的情况下，迂回作战，以得到提问对象的回应。这在对方没有进入沟通情境时显得紧张，或是有意回避事实真相时可以采用的提问方式。综合采用各种提问方式，能使沟通更深入，从而达到我们预期的目的。

问得多不如问的巧

在生活中,有的人自诩很会提问,他们通常会问这些问题:“你目前最满意的作品是哪一部呢?”“你目前的作品都偏向文艺,你觉得自己可以尝试一下喜剧吗?”“目前你还是单身吗?”“那么,你对爱情有什么打算呢?”“目前有没有比较欣赏的异性?”“除了工作,你还有什么爱好呢?”……问题是不少,但其中有的问题得到了答案,有的提问却得不到对方的应答,或者说根本不理会。为什么会造成这样的情况呢?假如你用废话提问,那问得再多,所得到的也是废话。正所谓,问得多不如问得巧,假如你问到了点子上,那三两个问题就解决了所有问题。

唐朝宰相杜佑巡游江南的时候,拒绝接见任何人。但是有一位叫张祜的书生却偏不信邪,一心想结识他。张祜写了一个署名叫做“钓鳌客”的名帖让人送给杜佑。杜佑看到之后,觉得很奇怪,就破例召见了他。

杜佑问张祜道:“你自称钓鳌客,那么请你告诉我,你用什么东西做钓竿呢?”张祜回答说:“用长虹!”杜佑又问:“那么吊钩又是什么呢?”张祜说:“用新月!”杜佑再问:“用什么作钓饵呢?”张祜向他深深地做了一个长揖,说道:“用我作钓饵,当然就能钓到鳌鱼了!”杜佑听后抚掌大笑,对这个年轻后生刮目相看,于是就高兴地命手下人设宴款待他。

一人之下万人之上的宰相和一个青衣秀才的距离何止是十万八千里,别说是结交,哪怕是能够看上当朝宰相一眼也是三生有幸。张祜却用短短的几句话让杜佑迅速地认同了他,并和他结成了忘年交。与此同时,杜佑在提问时仅仅用了三个问题就判断出对方是可造之材,问对了所以非常省力。

秦穆公有一匹千里马丢失了,被山上的野人逮住杀掉并美餐了一顿。秦穆公带人寻找马匹的时候,正好看见他们在大吃大嚼。随行的将领感到很气愤,就把他们抓了起来,要杀掉他们。秦穆公却阻止了他们的冲动,走上前去,解下了那些野人身上的绳索,拍了拍他们的肩膀说:“我听说吃马肉如果不来点酒的话,就有些暴殄天物了,这样吧,每个人赐给一坛酒,让他们吃饱喝足吧。至于惩罚就免了，我怎么能为了一匹马而伤害人的性命呢？”

几年之后，秦国与晋国之间展开了一场战争。在战斗中秦军处于不利地位，秦穆公被晋军将领一枪刺落马下，正在这紧急关头，斜刺里杀出一支几百人的野人队伍，将没有防备的晋军打得落花流水，不但救了秦穆公的性命，还将晋惠公俘虏，秦军大获全胜。

秦穆公回朝之后，要对这些野人进行赏赐，但被他们拒绝了。原来，他们就是当年那些吃马肉的人。当时秦穆公的一句话让他们感动不已，这次出手相救，只是为了报答当初秦穆公的恩德。

好的口才是一种力量，更是一种资产。一个拥有好口才的人，擅长提问，仅仅通过一个问句来彰显自己的个人魅力。“我听说吃马肉如果不来点酒的话，就有些暴殄天物了，这样吧，每个人赐给一坛酒，让他们吃饱喝足吧。至于惩罚就免了，我怎么能为了一匹马而伤害人的性命呢？”好的提问能够帮助一个人在人群之中更好地凸显出自己的个性，在无形之中对别人产生深刻的影响，让一大批志同道合的人围聚在他的周围，心甘情愿地为他做前驱，共同去创造美好的事业。

公元198年，曹操率部下攻下徐州，俘虏了号称有万夫不当之勇的吕布。吕布为了求生，表示愿意作为曹操的将领，为他东征西讨。曹操对这位武艺高强的将领也有些看重，觉得留下他对自己十分有用，心下也有意饶他不死。因此，他征求刘备的意见，问是否可以留下吕布。刘备对吕布素来十分忌惮，生怕吕布成为曹操的手下之后对自己以后争霸天下起到不利的作用，自然要劝曹操处死吕布。按照一般人的思维，刘备应该发表一番长篇大论，历数吕布的种种劣迹，表明杀他是顺天行事，替天行道。

但是刘备只说了一句话：“难道您没有看到丁原和董卓的下场吗？”曹操听后，顿时醒悟，知道把吕布这个反复无常的家伙留在身边是个祸害，因此就十分爽快地采纳了刘备的建议把他杀了。

假如刘备站在道德的角度，费尽口舌声讨吕布的不仁不义不忠不孝，或许能够过一把嘴瘾，但却未必能够达到心中所要的效果。“难道您没有看到丁原和董卓的下场吗？”但刘备仅仅用了一个问句就达到了自己想要的结果，正可谓“问得多不如问得巧”。

1.了解对方

在实际交际中,我们在面对不同的人要选择不同的提问方式,比如对方性格直爽,那提问就应该豪爽点;对方比较内向,那提问需要注意言辞;假如所面对的是专业人士,那就要使用专业词汇,否则就落了个在行家面前“班门弄斧”的笑话。对内向者,可以问“这个产品性能怎么样呢?”、对外向者提问“这个产品性能还不错,是吧?”

2.摒弃废话式提问

在提问的时候,假如言辞单调、词语匮乏,那很容易成为一个废话式问题。假如我们不确定自己的提问是否是废话式问题,那不妨将自己当作提问对象,问自己这个问题,然后站在对方的角度来回答这个问题,假如是废话式问题,那就坚决摒弃。因为假如你用这样的问题提问,那你所得到的答案也将是废话。

巧提问,与对方形成有效的互动

为了提醒、强调讲话内容,引起对方注意,增强语言表达效果,有时需要在沟通中进行自问自答,巧妙运用设问、反问,与对方形成互动,调动他们的积极思考问题,并点燃其激情、热情。

设问能够产生悬念,引起人的注意力,引发对方思考。如果设问运用得好,就会使说话极具说服力和感染力,产生让人无法辩驳的说理效果。常用设问,还能帮助讲话者抒发情感,曲折含蓄地表达出某些不便言明的信息。比如,有人在说话时这样说道:什么是龙头?龙头就是标杆,就是参照系,别人都要服从,都要以此为标准,必须将认识进一步统一到这个总的指导思想上来。

设问的问话,切忌提一些无关紧要、众人皆知或者缺乏震撼力的问题,也不需要问得太过频繁。设问的运用,关键就在于为说话内容设计几个比较醒目、巧妙而又有分量的问题,给听众一种好奇感,激发他们对答案的兴趣,然后自己作答,娓娓道来。

反问则是不需要回答的问题,答案就在问话之中,就是对问话的否定。

反问的运用，可以表达出非常强烈的情感，在热情奔放、情绪激昂的场合最适合运用。一连串设计巧妙的反问句，能使话语具有非常大的气势，具有极大的震撼力与感染力，让听众听了之后情绪高涨，热血沸腾。

卡耐基曾经说过，如果想说服别人，最好的办法就是举出例证反其问之，因为反面的例子比正面辩驳更具有说服力。所以，有时候，我们需要说服别人的时候，你不妨采取反问的手法，举出一个反面的例子来进行有力的说明。

有一次，拿破仑对他的秘书书："布里昂，你知道吗？你也将永垂不朽了。"

布里昂开始不解拿破仑的意思，拿破仑解释说："你不是我的秘书吗？"

布里昂明白后，笑了笑说："请问，亚历山大的秘书是谁？"

拿破仑回答不上来，赞扬道："问得好！"

布里昂明白了拿破仑的意思，虽并不寄予希望依靠拿破仑的名气扬名，但是他仍不忘作为秘书对主帅的尊重，所以采用表明请教，实际上采用了反问的方式："请问，亚历山大的秘书是谁？"证明了大前提的不可靠性，也使拿破仑的结论不攻自破。

美苏关于限制战略武器的四个协定刚刚签署，基辛格就在莫斯科一家旅馆里，向随行的美国记者团介绍了这方面会谈的情况了。当时已经是5月27日凌晨1点，他毫无倦意。

"生产导弹的速度每年大约二百五十枚，"基辛格微笑地透露道，"先生们，如果在这里把我当间谍抓起来，我们知道该怪谁啊。"

敏捷的记者们于是接过话头，开始探问美国的秘密。

"我们的情况呢？我们有多少潜艇导弹在配置分导弹头？有多少民兵导弹在配置分导式多弹头？"一个记者问道。

基辛格耸耸肩："我不确切知道正在配置分导式多弹头的民兵导弹有多少，至于潜艇，我的苦处是，数目我是知道的，但我不知道是不是保密的。"

记者说："不是保密的。"

基辛格反问道："不是保密的吗？那你说是多少呢？"

记者傻了，只好"嘿嘿"一笑，不再追问下去了。

其实，反问是用疑问的形式来表达所确定的内容。运用反问能够增强语势，把原来肯定的意思表达得更鲜明，不容置疑，所以，也更容易集中听众的注意力，给听众造成强烈的印象，容易唤起听众的想象和激情，这样的表达方式比正面更能产生力量。反问把答案寓于问句之中，而它所表达的思想内容与句子的表面意思相反：如果语句表面意思是肯定的，那么思想内容则是否定的；反之亦然。

在日常沟通中，如何用好设问呢？

1.利用设问激发听者的兴趣

即提出一个设问句，紧跟着说一个答句。这种设问，可以快速集中对方的注意力。富有趣味性的设问，往往可以引起听者的兴趣，使其情绪保持愉快的状态。在实际沟通中，所提问题应角度新颖，富有启发性，可以引起听者的兴趣和注意。

2.典型的设问句式

除了一问一答，还有几问一答，连续问答。其中，几问一答，即先集中提出一连串设问句，然后集中加以回答，这种设问，可以增强论辩力量，引人深思。比如，啊，是谁，这么早就把那亲爱的令人心醉的乡音送到我的耳畔？是谁，这么早就用他那吱吱哇哇的悦耳动听的音乐唤来了玫瑰色的黎明？是一个青年人。

连续问答，即连续使用一问一答的方式。这种设问，可以造成一种步步紧逼、势不可当之气势，具有强大的论辩力量。

提问不宜过多，照顾对方的感受

每个人天生就有一种欲望，那就是喜欢说话，喜欢表现自己，好像自己无所不知，上知天文下知地理，他们以为这样就可以起到震慑作用，就可以成功地说服对方。实际上，现实情况完全是相反的，没有人会喜欢一个喋喋不休的人，他们所喜欢的都是表现自己。所以，那些擅长提问的人，总会小心翼翼地提问，毕竟他们明白自己说得越多，问得越多，那自己暴露的信息就越多，就越让人不喜欢。所以，在某些不必要的时候，他们总是通过简单的提问来促使对方多说。

心理学家曾经做过一次调查，那些推销员在推销过程中，说得比客户还多的，他们的成交率远远低于那些让客户多说的推销员。而且，说得越多，你的弱点有可能暴露越多，正所谓言多必失，假如提问者滔滔不绝，势必会出现一些过错。甚至有时候因话多了，暴露一些信息，使对方有所获得。所以，提问者要善于将说话的时间留给对方，自己只负责简单地提问，这样我们才可以了解更多的信息。

原一平是日本著名的推销员，他刚开始从事推销工作的时候，是一个话多的人。每次一见到客户就忍不住滔滔不绝、长篇大论地说开了，完全忽略了客户的感受。以致原一平的业绩一直上不去，他开始回忆自己与客户的沟通过程，寻找问题。后来，在心理医生的建议下，他决定自己要少说多听，多提问。

有一次，原一平眼看上班就快要迟到了，而公交车还没来。于是，他决定坐出租车去公司。他上车之后，发现司机是一个微胖的中年人。于是，原一平问："师傅，每天开车很辛苦吧？"司机回答说："非常辛苦，特别是下班后这腿和腰都发酸。"原一平问："师傅，您应该多注意休息。"司机回答说："有什么办法呢，生活所迫啊，假如不努力多挣钱，那生活就过不下去，我这样辛苦，也是希望一家人能过上好日子。"原一平似乎找到了与师傅聊天的共同话题了。

原一平继续问："能给我说说您的家庭生活吗？"司机心情非常愉快："我有一个十分可爱的女儿，每次看到她，我都觉得多吃点苦并没有什么。还有我的妻子，自打年轻时跟我就没好好过日子，我觉得很对不起她，我很爱她们。"

原一平："您女儿上学了吗？"司机回答说："是的，她上小学三年级了，学习成绩一直很不错，每学期都能拿回奖状。"就这样，原一平一路上不断用简单的问题发问，司机不停地回答，最后，司机说："我看你是卖保险的，能介绍一下什么保险适合我吗？"就这样，原一平成功地获得了一个订单。

美国成功学大师卡耐基曾说："在所有的一切烈火中，地狱魔鬼所发明的狰狞的毁灭人际关系的计划，滔滔不绝是最致命的。它就像是毒蛇的毒汁般，永远侵蚀着人们的生命。"列举一个生活中常见的例子，假如你去商场买一双鞋子，这时售货员在旁边不停地说这个牌子怎么样、销量如何、质量如何、如何受人欢迎等,相信这时你尽管表面上假装在听,但心里却恨不得早点离开这个嘈杂的地方。

1.善于倾听

我们在倾听对方的过程中,要善于找出对方回答里的重要信息,然后将这些重要信息用自己的语言整理后再去问对方,并从对方的回答中再找出重要信息,询问,然后形成一个良好的循环。

2.提出相关的问题

比如我们询问"你所面临的最大障碍是什么?"对方回答"资金不足。"这时我们可以接着询问"有解决资金不足的办法吗?"对方回答:"可以银行贷款。"然后我们就可以问:"银行贷款很难贷下来吧?"

3.保持真诚的态度

除了倾听,适时提问,最重要的是保持真诚的态度。那么,当你的问题不断提出而对方又心甘情愿回答的时候,这时我们就可以给对方留下非常良好的印象了。

学学苏格拉底有效提问法

苏格拉底,著名的古希腊思想家、哲学家、教育家,他和他的学生柏拉图,以及柏拉图的学生亚里士多德并称为"古希腊三贤",更被后人广泛认为是西方哲学的奠基者。而苏格拉底创立的问答法被世界公认为"最聪明的劝诱法"。具体方法是:最初提出一系列的问题让对方连连说"是",同时,尽力避免让对方说不。因为一开始让对方作出肯定的回答,会使整个心理趋向于肯定的一面。这时对方的组织都呈放松状态,情绪轻松,可以保持谈话间的和谐气氛,取得彼此的完全一致条件之后,自然地转向自己的主张。

有一天,苏格拉底为了教育一位狂妄自负的青年尤苏戴莫斯,与他进行了一次机智的谈话。当他知道尤苏戴莫斯雄心勃勃,想去竞选城邦的领袖时,苏格拉底就对他说:"虚伪应当归于哪一行?"尤苏戴莫斯回答说:"显然应该放在非正义一行。"苏格拉底继续问:"偷盗、欺骗、奴役等应归于哪一行?”尤苏戴莫斯回答说:“应归于非正义一行。”这时苏格拉底问道:“一个希望当领袖的人必须有齐家治国的本领,但是,一个非正义的人能掌握这种才能吗?”

“当然不能。一个非正义的人甚至连做一个良好的公民都不够格。”尤苏戴莫斯坚定地回答。

“那么,你知道什么叫正义的行为,什么叫非正义的行为吗?”苏格拉底继续提问并拿出羊皮纸,把“正义”和“非正义”分开写在羊皮纸的两边,要尤苏戴莫斯一一列举。于是,尤苏戴莫斯把虚伪、欺骗、奴役、偷窃、抢劫都放在“非正义”的一边。对此,苏格拉底运用相反的具体事例,把这些看起来是“非正义”的行为一一予以推倒。

他问道:“作战时,潜入敌方军营,偷窃其作战图是非正义行为吗?为防绝望中的朋友自杀,把他藏在枕头底下的刀偷走,难道不应该吗?生病时儿子不肯吃药,父亲就骗他,把药当饭给他吃,使儿子很快恢复了健康,这种欺骗行为又应该放在哪一边呢?……”

这一连串的问题,使尤苏戴莫斯如堕五里雾中。苏格拉底在破除了对方的成见后,就正面进行诱导,并使尤苏戴莫斯接受了自己的观点。

在日常沟通中,当我们与人就某个问题作讨论的时候,需要对于某些选择性的东西摆明,不要给对方太多的选择。你所给出的选择太多,那对方给出的答案就很容易脱离于自己掌控的范围之外,那我们就无从回应了。当然,这是基于人们的一个微妙心理。我们都知道,当我们在问对方“是不是?”这个问题的时候,对方的回答一定只有两个,要么“是”,要么“不是”,除了此外,别无其他的选择。但如果我们表示“你觉得怎么样”,那这样的答案就太宽泛了,我们根本无法估计对方想说的答案是什么。

一位客户到银行要求开户,当出纳员让他填写一些家庭信息材料时,他只写出了一部分,而对另一些却讳莫如深。按照银行的规定,信息不全是不能开户的。

我们来看看这位出纳员是如何让客户乖乖就范的呢?

银行出纳员开始这样问:“你想一想,你把钱存到银行,在你去世之前,你希望银行把你的存款转移到有权继承你财产的亲属账户里吗?”客户回答说:“当然,是的,我会这样做。”

出纳员继续说:“然而,如果我们银行没有你亲属的材料信息的话,一旦在你去世之后,那些财产是不是就会无法按照你的意愿转到你的亲属手里呢?”客户点点头:“是的,会出现这种结果的。”

出纳员慢慢引导:“难道你现在不认为,将你最亲近的亲属材料给我们银行,这样就更能永久地保护你的财产呢?”客户认可了:“是的,我也这样认为。”

这时,已经不需要那位出纳员继续问下去了,客户已经主动起来,笑着将自己亲属的信息告诉了出纳员。

所谓的有效问答术,简单地说就是开始就要让对方说“是”,而应尽量避免对方说“不”。这样的交谈不会引起争吵,甚至会让你们成为良好的伙伴。因此,我们在与人谈判的时候,千万不要一开始就说那些意见分歧很大的事情,争得面红耳赤,这样做得不到任何结果。不妨从双方都同意的地方开始提问,这才是最好的办法。

1.摆明道路

在正式沟通中,我们要善于摆明道路,一条或两条,给出明确的指向,不要给对方太多的选择。想必,我们都做过选择题,下面只有几个答案,不是选这个就是选那个,除此之外,我们别无选择。在沟通中也是一样,如果我们将选择权交给对方,那其心理的变化也是我们不容易捕捉到的。

2.适时提问

苏格拉底往往可以在合适的时间提出问题,使对方不感到突然,非常自然,且容易接受。或者,在对话过程中,苏格拉底可以根据对话者产生困惑的原因,在合适的时候提出具有针对性的问题,使对方跟着自己的话题走下去。

3.具有层次的提问

苏格拉底在表明自己的观点和思想,并使对方接受它的时候,非常注重内容的层层递进,一步一步由表及里、由浅入深,循序渐进地启发对方,逐步接触问题核心并得到最后答案。

4.向对方提出一些易于掌控的话题

在沟通过程中,当我们需要向对方提出一些问题的时候,需要注意应选择一些自身易于掌控的话题,对方的回答也在我们意料之中,这样我们才能根据对方的回答进行下一步的谈判策略。

第8章

商量，不用绕圈子直接说重点

商量，是双方为了某个共同的目的坐下来协商，在这个过程中，也许会因为利益冲突而产生矛盾；也会因为说对了而达成最后的目标。当然，商量最忌讳的就是话题在原地绕圈子，说了大半天，对方连你说的是什么都不清楚，那就糟糕了。所以，在商量的时候，不用绕圈子直接说重点，更有胜算。

在协商中挖掘对方的利益点

投射效应是指将自己的特点归因到对方身上的倾向,即以己度人,认为自己具有某种特性,对方也一定会有与自己相同的特性,于是,他们把自己的感情、意志、特性投射到对方身上并强加于人的一种认知障碍。比如,一个善良的人认为对方也是善良的,一个敏感多疑的人,则往往会认为别人都是不怀好意的。投射效应使我们对他人的知觉产生失真,我们在对他人形成某种印象时,有一种强烈的倾向就是假定对方与自己有相同之处,但实际上对方所具备的特性却是全然不同的。由于投射效应更倾向于自己是什么样的人来揣测他人,而不是按照被观察者的真实情况进行知觉,因而,投射效应是一种严重的认知心理偏差,它会给正常的人际交往带来严重的负面效应。所以,在日常交际中,我们需要克服这样的心理,善于从言谈比较中挖掘对方的欲望点,继而影响其心理。

1964 年,刚从海军学校毕业的吉米·卡特,遇到了海军上将里·科弗将军。当将军让他谈谈自己的事情的时候,吉米·卡特为了博得里·科弗将军的赞赏,骄傲地谈起了自己在海军学院的成绩,他说自己在全校 820 名毕业生中,名列第 58 名。他自认为将军听了他的成绩后一定会对他刮目相看,没想到将军却没有任何反应地问道:“你尽力了吗?为什么不是第一名?”这句话让吉米·卡特不知道如何回答。

吉米·卡特与将军的对话验证了错误投射效应带来的负面影响,心理学研究发现,在日常生活中,人们总是不自觉地把自己的心理特征强加到对方的身上,认为自己是这样想的,对方也应该有同样的想法,并试图通过这样的想法去影响他人,最终却适得其反。

投射效应主要有两种表现形式:一是感情投射,也就是认为对方的喜好与自己有相同之处,继而按照自己的思维方式,试图来影响其心理;二是缺乏客观性的认知,他会以自己的价值判断去过度地赞扬喜欢的人,或者贬低厌恶的人。其实,投射效应告诉了我们一个道理,即每个人的心理都是不同的,我们不要以己度人,需要在言谈比较中挖掘出对方的欲望点,准确投射,这样才能有效地影响对方心理。

1.自己的喜好无法正确衡量别人

俗话说:"物以类聚,人以群分。"这就是人们心理活动的一种折射,在投射效应的驱使下,人们的行为常常有失偏颇,继而不能更好地影响他人心理。比如,你自己很喜欢吃西餐,并不代表对方也会喜欢吃西餐。因此,我们在交际中不要以自己的喜好来衡量别人,这样造成的结果只会适得其反。

2.通过言语比较洞悉其心理

如果自己喜欢吃火锅,你可以试着询问:"你觉得火锅怎么样?"假如对方回答:"火锅还行吧,我倒觉得牛排挺不错的。"通过言语比较,对方所中意的应该是牛排而不是火锅;假如对方回答:"我最喜欢火锅了。"那么,他的喜好应该和你差不多。

3.利用惯性思维

税务员假装不相信地问道:"唉,据我所知你没有这个肚量。"店主有点生气:"什么!我没有那个肚量,这算什么呀!自从今年以来,我哪个月不卖个两万多呀。""那好,你先把这几个月所漏的税额补交了吧!"税务员说道。这里,税务员所使用的就是惯性思维,利用其欲望点洞悉其心理。

适时抓住对方软肋,令其不得不服

软肋原指胸腔的肋骨,这一部位容易被他人攻击,后来用作形容事物的缺陷、弱点等容易发生问题或遭受破坏的地方,同时,也指一个人的痛处、小辫子、脆弱点,等等。事实上,每个人都有致命的弱点,有可能是贪图金钱,有可能是刚愎自用,有可能是曾经的痛处。假如我们能够在沟通时用言语适当地触碰对方的这些"软肋",他就会因为心理防线被瓦解而降服于你。"软肋"是一个很好的利用工具,任何人都不想自己的软肋被击中,一旦最薄弱的地方被击垮了,那他还有什么不能答应的呢?当然,"软肋"这样地方并不是随便触碰的,需要拿捏好一个"度",适当地触碰会令其心理发生变化,相反,稍微过分,对方就有可能会被逼急而"跳墙"。

某广告公司策划了一次宣传活动,为了给宣传活动造势,他们打算请一位明星来代言。但是,明明已经签订了合约的明星人却以档期已满为理由拒绝出席此次宣传活动,眼看宣传活动马上就开始了,广告公司不得不放出狠话:"如果现在咱们不能达成协议,新闻界就会坚持把整件事情的内幕刊登出来,到了那个地步,我也不知道怎么样才能合法地把新闻压制下去,对此,你有什么高见呢?"

利用对方的"软肋"给予适当的压力,这会令对方更容易作出决定,他会在压力之下不得不答应你的请求。如果我们想影响他人的心理,我们必须首先了解对方这个人。最关键在于了解其软肋所在,在他们心中有何种欲念,有怎么样的性格特征。然后,我们再根据对方的对方的性格,寻求其弱点,用他们的喜好去引诱他们,这样就我们就可以支配其意志,达到影响其心理的目的。

20 世纪 80 年代,我国曾与突尼斯 SIAP 公司的商务代表技术代表关于在我国兴办化肥厂的有关事项进行谈判。中突双方都非常重视这个建设项目,双方完成了可行性研究报告经有关人员的反复论证,选择了具有优越港口条件的秦皇岛市作为建厂地点。可行性研究报告刚刚结束,科威特石油化学公司得此消息,便立即表态,愿参与此项目,与中方合资办厂,并派出了谈判代表。

可是,出乎意料的是,在谈判中一开始,对方听了我方介绍完该项目的前期工作,就断然表示:"厂址选在秦皇岛不合适,你们所做的一切工作都是毫无用处的,要从头开始!"这话无异于晴空霹雳,一时难以提出反驳意见,谈判陷入僵局。我方一代表却猛地起身发言:"我们为了建设这个化肥厂,安置了……看来这事项要无限地拖延下去了,那我们也只好把这块地让出去!对不起,我还有别的事情需要料理,我宣布退出谈判,今天下午我等候你们最后的决定!"三十分钟后,情势急转直下,对方表态:"快请代表先生回来,我们强烈要求迅速征用秦皇岛的厂地!"

谈判最终取得成功的秘诀在于,我方代表抓住了对方的"软肋",他不敢真正地舍弃秦皇岛这个占据优势的地理位置,当我方代表说"那我们只好把这快地让出去了"的时候,一下子击中了对方的要害,令其不得不降服于自己。

在人际交往中，我们要善于抓住对方的“弱点”，即软肋。在某些时候，只要抓住了对方的这些弱点，就会使他们不得不听命于你的安排。当然，当我们想办法抓住对方软肋的时候，还应该避免让对方抓住自己的软肋。

1.用语言巧妙暗示

即使你清楚对方的软肋在哪里，也不要直接说出来，而是通过语言巧妙暗示，否则有可能会激怒对方。

2.“如果你不怎么样，那么后果将会很严重。”

既然已经抓住了对方的软肋，就要向对方施加一定的压力，这样才会有效地影响对方心理。换句话说，你应该说清楚如若不答应将产生什么样的后果，比如“如果你不及时采取行动，到时候我可控制不了事态的蔓延”，施加一定的压力，达到操控其心理的目的。

3.孤注一掷，发出最后警告

有时候，对方希望通过威胁来达到自己的目的，但事实上，他并不能真正地割舍那部分利益。面对对方这样的心理，我们应该将计就计，孤注一掷，发出最后警告“那我们实在没有办法，看来只好与下面一家公司签约了，今天我有事先告辞了，希望你尽快给我答复”。如此将计就计，他难道还不降服吗？

一步步协商，对方欣然接受

登门槛效应，也称得寸进尺效应，是指一个一旦接受了他人的一个微不足道的要求，为了避免认知上的不协调，或想给他人以前后一致的印象，就有可能接受更大的要求。这种现象，犹如登门槛时要一级台阶一级台阶地登，这样能更容易更顺利地登上高处。其实，每个人都有一种在他人面前保持形象一致的心理需求，他们不希望自己被看作反复无常、莫名其妙的。基于人们这样的心理，我们需要巧妙利用登门槛效应，一步步说理，会令对方欣然接受。

美国社会心理学家弗里德曼与弗雷瑟在1966年做了这样一个现场实验:实验者让助手到两个居民区劝人们在房前竖一块写有“小心驾驶”的大标语牌。在第一个居民区向人们直接提出这个要求,结果遭到很多居民的拒绝,接受的仅为被要求者的17%。在第二个居民区,先请求各居民在一份赞成安全行驶的请愿书上签字,这是很容易做到的小小要求,几乎所有的被要求者都照办了。几周后再向他们提出竖牌的要求,结果接受者竟占被要求者的55%。

同样都是竖牌的要求,却产生了截然不同的两种结果,为什么呢?原因在于当你向对方提出一个微不足道的请求时,对方难以拒绝,否则,就显得太不近人情了。于是,一旦接受了这个请求,就仿佛跨越了一道心理上的门槛。当再次提出较高的请求时,这个请求和前一个请求有了继承的关系,对方就容易顺理成章地接受。

在钟表店里,一台组装好的小钟,放在了两台老钟的中间,其中一台老钟对小钟说:“天啊,这么小的钟等你一年走完3200万次恐怕便吃不消了”,小钟吃惊地说:“要走那么多次,我可办不到”,另一台老钟说:“别听他胡说,你只要每一秒‘滴答’一下就可以了”小钟将信将疑说:“啊。这么简单吗?”就这样,小钟很轻松地在每秒的“嘀嗒”声中,不知不觉走完了一年,他回过头一算,果然摆了3200万次。

登门槛效应给我们的启示就是,当我们需要向对方提出一个比较高的要求时,可以先不直接提出,因为这个高要求很容易被对方拒绝。在这时,你可以不妨先提出一个微不足道的要求,一旦被答应,再提出那个较高的要求,这时候才会有更大的被接受的可能性。当我们在说服对方的时候,也需要灵活运用这一效应。

豆豆早晨喜欢赖床,每天早上到了八点才起床,爸爸向豆豆提出了要求:“以后每天早上提前两个小时起床读书。”豆豆听了立即表示抵触,妈妈见此情景,用商量的语气说道:“那先每天提前十五分钟起床好吗?”豆豆听了马上就答应了,过了一段时间,妈妈又提出再提前十五分钟起床的要求,豆豆也很爽快地答应了。就这样,用了不到两个月的时间,豆豆完全做到了每天提前两个小时起床。

在这里,妈妈所使用的口才心理策略,就是典型的登门槛效应。比如,对一个推销员来说,当他可以令顾客打开门,跟顾客展开交谈时,其实,他就取得了一个小小的进步。在这样的情况下,假如他能够说服顾客看一看他的产品的话,那么,他就可以再提出"购买产品"的要求,而且,这样的要求很有可能被满足。

1.降低要求的"门槛"

如果你想要顾客购买自己的糖果,需要降低自己要求的"门槛",不妨先说"这是我们店刚进的新品种,清甜可口,甜而不腻,请您随便品尝,千万不要客气",对方在"恭敬不如从命"的心理状态下品尝了糖果,这时候你再提出"购买"的要求,对方一定不会拒绝的。

2.先提出一个微不足道的要求

一般情况下,男生都是这样"追求"女孩子的"这道题我不是很理解,你能帮帮我,给我讲解一下吗?"之后呢,紧接着:"顺路,我送你回家吧"……就这样一步步"说服"对方成为自己的女朋友,而且,由于是遵循了"登门槛效应",在整个过程里,对方不会有不安的感觉。

3."哪怕一分钱也好……"

心理学家D.H.查尔迪尼代替某慈善机构做一次募捐活动,他对一些人说了一句话"哪怕一分钱也好",结果这些人的募捐要远远高于另外一些人。当我们再向对方说出"哪怕……也好"的时候,就会产生登门槛效应,使得对方欣然接受我们的请求。

以真情说话,打动对方

在与人相处的过程中,真情是最能触动人心的,正所谓"欲晓之以理,必先动之以情"。一般情况下,当我们与他人展开交谈的时候,彼此都会产生一种防范心理,双方都不为所动。这时候,你要想说服对方,就需要消除对方的防范心理。从一定程度上说,防范是一种潜意识里的自卫心理,也就是,当我们把对方当作假想敌时产生的一种自我保护。而消除对方这种防范心理最有效的方法就是以真情动人,通过那些充满真情的话语使对方感到你是朋友而不是敌人，用真情去瓦解对方筑起来的“防范墙”，继而有效地影响其心理。真情，可以是嘘寒问暖，可以是予以关心，可以是予以帮助等。所以，我们在日常交际中，要善于用真情说话，使对方无法抗拒。

罗斯福是美国第26任总统，他是一位善于用真情说话的人。有一次，他仆人的太太问总统：“鹌鹑长得是什么样子？”仆人太太从没有见过鹌鹑，于是，罗斯福总统详细地描述了一番。过了很长一段时间，罗斯福却突然亲自打电话给仆人太太说：“在你窗口外面恰巧有一只鹌鹑，你这时候往外看，可能还看得到。”每次，他经过仆人的小屋，就算是看不到人，也会轻声地叫出：‘呜，呜，呜，安妮！’或‘咆，咆，詹姆斯！’这是他路过时一种友善的招呼。

实际上，罗斯福总统之所以能成为美国伟大的领导人之一，就在于他在运用语言时善于以真情动人，而不是以权压人。他们在作报告或者讲话的时候，运用朴实无华的语言，亲切入耳，具有较强的感染力，能赢得人们的喜爱。

当“的姐”把一男青年送到指定地点时，对方掏出尖刀逼她把钱都交出来，她装作害怕样子交给歹徒200元钱说：“今天就挣这么点儿，要嫌少就把零钱也给你吧。”说完又拿出30元钱。见“的姐”如此爽快，歹徒有些发愣。“的姐”趁机说：“你家在哪儿住？我送你回家吧。这么晚了，家人该等着急了。”见“的姐”是个女子又不反抗，歹徒便把刀收了起来，让“的姐”把他送到火车站去。见气氛缓和，“的姐”不失时机地启发歹徒：“我家里原来也非常困难，咱又没啥技术，后来就跟人家学开车，干起这一行来。虽然挣钱不算多，可日子过得也不错。何况自食其力，穷点儿谁还能笑话我呢！”见歹徒沉默不语，“的姐”继续说：“唉，男子汉四肢健全，干点儿啥都差不了，走上这条路一辈子就毁了。”火车站到了，见歹徒要下车，“的姐”又说：“我的钱就算帮助你的，用它干点正事，以后别再干这种见不得人的事了。”一直不说话的歹徒听罢突然哭了，把200多元钱往“的姐”手里一塞说：“大姐，我以后饿死也不干这事了。”说完，低着头走了。

在上面这个案例中，“的姐”的话语里充满了真情，感动了那个穷凶极恶的歹徒，最终达到了说服对方的目的。心理学家指出：“情感如同肥沃的土地，道理好比种子。没有情感的沃土，道理的种子再好，也发不了芽”。我们在说服对方的时候，更需要以真情动人，否则，即使你说再多的道理，对方还是会不为所动。

1.话语中注满真诚

谚语说:“真诚贵于珠宝,信实乃人民之珍。”要想自己的话语能够打动对方,就需要让话语里充满真诚,只有真诚才能打动人。如果你仅仅是几句花言巧语或者虚情假意地表达,反而令对方厌恶。

2.把话说到对方的心里

人都是有感情的,说话能做到动之以情,晓之以理,就是最完美的沟通。我们在说话时要注意对方的反应,学会从对方的反应中修正自己的话语,尽可能把话说到对方心里。把话说到对方心里,才能真正地打动人。

3.站在对方的立场说话

如果你在说话时总是想着自己,光顾着自己,这样说出来的话是不会有感情的。因此,我们应该处处为他人着想,让自己站在对方的立场说话,这样说出的话才有感情,才能打动对方。

言语暗示,引导对方按照自己的想法走

语言是我们用来表达、交流思想的工具,我们在传递信息、直抒胸臆、交流感情,几乎都是通过语言行为去完成的。于是,在我们运用语言进行交际的过程中,可以根据自己的意图、语言的环境以及其他各方面的因素,使用藏而不露的话语,也就是俗称的“暗语”。虽然,在一般情况下,我们并没有办法去操控他人的想法、语言以及行为,对方的心理变化完全在我们控制之外。但是,暗语却可以巧妙达到操控他人心理的目的,比如通过藏而不露的语言给予对方一定的心理暗示,引导对方按自己的思路走。

在美国经济大萧条时期,17岁的莉莎好不容易找到一份在高级珠宝店当售货员的工作。在圣诞节的前一天,店里来了一位三十岁左右的贫民顾客。他衣着破烂不堪,一脸的悲哀、愤怒。莉莎要去接电话,一不小心,把一个碟子碰翻,六枚精美绝伦的钻石戒指落在地上,她慌忙捡起其中的五枚,但第六枚怎么也找不着。这时,她看到了那个三十岁左右的男子正向门口走去,顿时,她醒悟到了戒指在哪里。

当男子的手将要触及门柄时，莉莎柔声叫道："对不起，先生！"那男子转过身来，俩人相视无言，足足有一分钟。"什么事？"他问，脸上的肌肉在抽搐。"什么事？"他再次问道。"先生，我是头一回工作，现在找个事做很难，是不是？"莉莎神色黯然地说。男子长久地审视着她，终于，一丝柔和的微笑浮现在他脸上。"是的，的确如此，"他回答说，"但是我能肯定，你在这里会干得不错。"停了一下，他向前一步，把手伸给她："我可以为您祝福吗？"莉莎立刻也伸出手，两只手紧紧地握在一起，她用低低的但十分柔和的声音说："也祝您好运！"他转过身，慢慢走向门口。莉莎目送着他的身影消失在门外，转身走向柜台，把手中握着的第六枚戒指放回原处。

本来是一起盗窃案，但莉莎却巧妙利用暗示的含蓄方式达到了自己的目的。"对不起，先生！"莉莎首先用了礼貌用语，向对方传递了友好的信息，如果口气过重就有可能造成男子逃跑。同时，莉莎也传达了两层言外之意：你有偷盗戒指的嫌疑；你放心，我不会用粗暴的方式对待你。"我是头一回工作"，暗示我和你也一样"同是天涯沦落人"，借以引起情感上的共鸣；"现在找个事儿做很难"，言外之意是你把这枚戒指拿走，我可就丢了工作；"是不是"，通过非疑问句，借以男子进一步思考，同时扩大的暗示效果。在整个沟通过程中，莉莎都是通过语言暗示，引导男子按自己的思路走，最终说服了男子，也达到了自己的目的。

有一次，秦王和中期发生了争论，结果中期赢了，而秦王却输了。中期若无其事、大摇大摆地走出了皇宫。秦王大怒，暴跳如雷，决心要把中期杀掉，以解心头大恨。这时，在秦王身边有个和中期要好的人对秦王说："中期这个人实在是个暴徒，一点也不懂规矩。他幸好遇到大王这样贤明的君主才能活命。如果遇到桀纣那样的暴君，早就没命了！"秦王一听，也就不好再加罪于中期了。

中期的朋友简单的几句话，却暗示了几个含义，其中既有对中期的指责，又暗示了若杀中期就是暴君，相反的意思就是不杀中期就是贤君，如此引导秦王这样一想，也就不好再对中期下手了。

1.传递友好信息

在刚开始的交谈中，我们有必要通过语言暗示出自己的真诚与友好，比如"您好"等，这样对方才会愿意听你说话，而你才能够开启顺利引导对方的思路的第一步。

2.站在对方的角度

在叙述事情的过程中，需要站在对方的角度上，先认同对方的观点，博取了他的好感，再把自己的意见传递给对方，这样他更容易接受，也更容易顺着你的思路去想。比如“正如你所说的那样，他一点也不懂规矩，幸好遇到你这样的老板，否则早就被炒鱿鱼了”。

3.“我和你一样。”

在交谈中，没有什么比“我和你一样”更能引起对方情感上的共鸣了。当对方认为与你是情感相通的时候，他对你已经消除了戒备心理，甚至愿意被你说服，同时，你也成功地操控了其心理。

让对方站在自己的角度看问题

孙子兵法云：“知己知彼，百战不殆。”“知己”与“知彼”相比较，“知彼”就显得更为重要。伟大的斗士都是不会随便轻视他的对手的。要做到“知彼”，最好的方法就是莫过于站在对方的角度看问题。人与人之间的交往，由于思想上的不同，总会产生许多分歧。我们总希望与人交流时能够尽快达成共识，缩短与对方沟通的时间，但在这时往往双方存在着不同的意见，说不到一块，不但浪费了大量的时间，有可能还会造成一些不必要的误会。让自己的意见容易得到他人的认同，那么就要让对方站在自己的角度看待问题，增加别人理解自己的可能性。

伊丽莎白·洛亚科是一位澳大利亚人，她采用了分期付款的方式买了一部车子。但是由于种种原因，她已经有六周的时间没有按合同交款了。一个星期五的上午，负责洛亚科买车付款账户的一名男子给洛亚科来了电话，他在电话里愤怒地告诉洛亚科，如果下周一上午不把钱交上的话，他们将采取进一步的行动。刚好又是周末，洛亚科没有筹到钱。于是这名男子又在星期一给洛亚科的电话里说了更多难听的话。当时洛亚科首先真诚地道歉，说真的是给他带来了很大的麻烦，而且因为自己六周没有付款，一定是客户中最让他头疼的。这名男子听了洛亚科这一番话后立即改变了态度,说洛亚科并不是最让他烦心的,并且还举了几个例子来说明。他说有一个客户经常撒谎,有心躲着不见,还有的非常不讲理。洛亚科没有说话,只是静静地听,让他把心中的不快都发泄出来。最后,还没有等洛亚科提出什么要求,这名男子就主动说如果洛亚科不能马上交还欠的钱也可以。只要洛亚科在本月底先付给他20美元,然后,在她方便的时候再把其余的钱交给他就可以了。

洛亚科真诚的道歉后,双方谈话的气氛开始发生了变化,洛亚科开始并没有为自己争辩什么,而是从对方的立场考虑问题。那位男子语气也开始变化,他发了自己的牢骚后,居然也没有继续追问付款的事情,而是同样地站在洛亚科的角度上,再给洛亚科宽限数日,这样,双方都愉快地结束了谈话。

如果我们做任何事情的时候,都能站在对方的角度去想,站在别人的立场分析事情,就能够得到对方的认同和信赖,并拥有良好的人际关系。由于换位思考,可以感同身受地体会他人的难堪、苦恼,因此,在人际交往中,我们希望得到他人的支持,希望别人能感受我们所感受的,最好的办法就是让对方站在自己的立场看待问题。这样,他就能真切感受我们所面临的难处,自然而然就会全力支持我们。

孔子曰:“己所不欲,勿施于人。”人应当以对待自身的行为为参照物来对待他人,人应该有宽广的胸怀,待人处事应宽宏大量。因为人生在世除了关注自身的存在以外,还得关注他人的存在,所以需要我们在生活中学会站在别人的立场看问题。同样的道理,让对方站在自己的角度看待问题,这实际上是一种换位思考。对方站在我们的角度,就会设身处地地为我们着想,即想我所想,理解之上,那么他人与我之间就会多一些谅解。人与人之间最难的就是不被人理解,如果他能忧我所忧,能够深入体察我们的内心世界,就会彼此谅解。这时候,谅解就是一种爱护,一种体贴,一种宽容,一种理解!

1.心平气和地思考问题

我们与人相处,在遇到困难的时候,不要抱怨,不要气馁,心平气和地思考问题。向对方倾诉的时候,不漏痕迹地让对方站在我们的角度看待事情,使他们觉得自己是处于我们的境地,这样,他们就会思我们所思,那么一切的问题都会迎刃而解了。

2.让对方站在自己的角度看问题更容易达成协商

当个人的问题变得极为严重的时候,从别人的观点来看事情,也可以缓解紧张。人们往往愿意站在自己的角度上思考问题,如果对方能站在我们的角度去看待问题,那么,人与人之间的关系就不会那么紧张了。有些时候,人们很难用简单的对与错来衡量某一件事情。看问题的角度不一样,结果也就不一样。当我们面对严重的难题时,巧妙地让对方站在我们的角度上看待问题,原本疑惑不解的问题可能就变得豁然开朗了。

巧妙向他人灌输思想

我们会遇到这样的情况,当我们想给别人一些建议或者忠告的时候,总是为用什么样的方法而冥思苦想。如果我们直言相告,会担心他的自尊心受不了,而且我们的意见也不容易被接受。这时候,就应该选择用间接的方式告诉他,既让他察觉不出来这个思想是你的,又能让他接受。“润物细无声”,在他不知不觉的情况下,用自己的思想影响着他的思想。

真正聪明的进谏者会顾及他人的自尊,会在闲谈中的轻松氛围就巧妙地进谏,这样的进谏看似“不谏”,实际上已经进谏成功了。有时候,正面的言辞往往让对方的自尊心受不了,所以采用潜移默化的方法,把自己的思想在闲谈之中表达出来,这样既不伤对方的自尊,又可以影响到他的思想,以至于使自己的意见和观点被采纳。

莱芬维尔是著名的管理工程师,有一次,他想说服一个在分部负责人更换一种新式指数表,而这个负责人是个刚愎自用的人,他拒绝在自己的部门做任何的改变。

于是,莱芬维尔夹着一个新式的指数表去找他,手里拿着一些文件去征求他的意见。当他们在讨论文件的内容时,莱芬维尔不断地把指数表从左腋换到右腋,如此反复。终于,他问莱芬维尔:“你夹着什么东西?”

莱芬维尔随意地说:“哦,是这个吗？这只是个指数表而已。”

“我看看行吗?”那位负责人问道。

莱芬维尔假装要走,对他说:“你不会看这玩意儿的,这是专门给其他部门用的,你们用不着。”

“但我确实想看看。”

于是,莱芬维尔故意装作很勉强的样子,给他看那个指数表。在那位负责人仔细端详那个指数表时,莱芬维尔随便但十分详尽地向他介绍了它的功用。

终于,负责人大喊一句:“谁说我们用不着？见鬼！我找这东西可找了好长的时间了!”

莱芬维尔故意掩盖了自己的真实意图,巧妙地使那位刚愎自用的负责人自己接受了意见。如果他一开始就把新式指数表给负责人,以负责人的自尊心,那么一定会遭到拒绝。所以他巧妙地在谈话中,无意地说到这上面来,激起对方的好奇心,最后让他自己愿意接受他。虽然,让他相信你的建议时没有什么报酬,也谈不上什么愉快的。聪明的人经常愿意牺牲自己的可以得到的好名声,而使自己的主意能够执行下去。只要对方能完全信任自己的建议,他就会十分满足。

1.委婉建议,更容易促成协商

向别人提出正确的建议时,如果你怕遭遇拒绝,怕伤了对方的自尊心。那么,你不妨试试巧妙地向他灌输你的思想。可能是无意的一次闲聊,会让他不经意间受你思想的影响。从而轻易地采纳了你的建议,他心里也会明白这是你的建议,也会对你充满感激。

2.把自己的意见融入平常的谈话中

巧妙地向他人灌输思想,就是一个绝佳的好办法。把自己的意见藏入平常的谈话中,让对方不知不觉地受到启发,并渐渐地接受他。这样很好地维护了他的自尊心,又能让自己的建议、忠告得到采纳。古往今来,很多大臣或者下属,都是采用这样的方法,向自己的上级提出建议,并且会让他接受,达到“谏而不谏”的目的。

第9章

道歉，还是少辩解为妙

做错了事情怎么办？是虚心接受批评、诚恳道歉，还是到处辩解、为自己寻找借口呢？人生在世孰能无过，我们都需要学会道歉，且掌握道歉的艺术。尤其是在道歉这件事上，一切的理由与借口都是徒劳的，有时候你说得越多，反而越惹对方生气。

诚恳致歉,化解矛盾

俗话说:“智者千虑,必有一失。”一个人再聪明,再能干,也总有失败犯错误的时候。著名军事家孙子曾说:“过也,人皆见之;更之,人皆仰之。”在日常生活中,我们都不可避免地会做错一些事情,但是,做错了事情并不可怕,只要能够及时认识到错误并改正错误,及时向对方诚恳地道歉,这样就会化解矛盾,缓解积郁在彼此之间的怨气。与人交往,有可能会说错话,有可能会做错事,这就难免会得罪到他人,使原有和谐友好的人际关系有了裂痕。但是,在错误发生之后,如果我们能及时道歉,主动承担责任,一般情况下,是能够得到对方的原谅的。当然,假如你发现自己错了,却不愿意道歉,甚至处处找借口为自己辩解,这样的结果不仅得不到朋友的谅解,反而还会受到道德上的谴责。因此,我们不能小看了道歉的作用,而且,我们还需要学会有技巧地道歉,这样才能赢得对方的谅解。

从卡耐基家步行一分钟,就可以到达森林公园。因此,卡耐基常常带着一只叫雷斯的小猎狗到公园散步。因为他们在公园里很少碰到人,又因为这条狗友善而不伤人,所以卡耐基常常不替雷斯系狗链或戴口罩。

有一天,他们在公园遇见一位骑马的警察,警察严厉地说:“你为什么让你的狗跑来跑去而不给它系上链子或戴上口罩?你难道不知道这是违法吗?”“是的,我知道。”卡耐基低声地说,“不过,我认为它不至于在这儿咬人。”“你不认为!你不认为!法律是不管你怎么认为的。它可能在这里咬死松鼠,或咬伤小孩,这次我不追究,假如下次再被我碰上,你就必须跟法官解释了。”警察再次提出了警告。

卡耐基照办了,可是,他的雷斯不喜欢戴口罩,他也不喜欢这样做。一天下午,他和雷斯正在一座小坡上赛跑,突然,他看见那位警察大人正骑在一匹棕色的马上站立在他面前。卡耐基想,这下栽了!他决定不等警察开口就先发制人。他说:“先生,这下你当场逮到我了。我有罪。你上星期警告过我,若是再带小狗出来而不给它戴口罩,你就要罚我。”“好说,好说,”警察回答的声调很柔和，“我知道没有人的时候，谁都忍不住要带这样一条小狗出来溜达。”“的确忍不住。”卡耐基说道，“但这是违法的。”“哦，你大概把事情看得太严重了，”警察说，“我们这样吧，你只要让它跑过小山，到我看不到的地方，事情就算了。”

在这个案例中，卡耐基使用了一个口才心理策略，那就是先发制人，率先批评自己，这使对方有一种被尊重的感觉。因为，当卡耐基一个劲儿地责备自己的时候，警察已经流露出谅解的神态。如果我们免不了会受到责备，为什么不自己先认错呢？至少，谴责自己总比挨别人批评好受得多。当你清楚地知道对方将准备责备你的时候，不妨先把对方责备你的话说出来，这样一来，对方一定会以宽大、谅解的态度来对待你。

诚恳而巧妙的道歉，能够挽救友谊危机，化解尴尬气氛，继而巩固友谊，推进新的人际关系的发展。不过，在这其中，道歉也是需要技巧的，如温斯顿·丘吉尔对亨利·杜鲁门的第一印象十分不好，后来他告诉杜鲁门，自己曾一度严重地低估了他。他仅用了一句高明的恭维话表示出了自己的歉意。

1.道歉用语

诚恳的道歉需要适宜的道歉用语，如“对不起”“请原谅”“很抱歉”“请你转告王先生，就说我对不起他”“对不起，是我的错”“我错怪你了”“不好意思，给你添麻烦了”，等等。

2.把握道歉的最佳时机

当你发现自己说错了话或者做错了事情的时候，就需要及时地道歉，道歉是越及时越有效果，我们很难想象在几十年后才说“对不起”会发生什么事情。当然，道歉的最佳时机还应该选在双方都心平气和的时候，在对方情绪比较好的时候，他更容易接受你的道歉。

3.先批评自己

道歉并不是等对方的责备已经来了再道歉，这时候你已经激起了对方的怒火，因此，我们需要先发制人，率先批评自己，这样对方就不好意思再责备你了，而且，也会宽容地谅解你的错误言行。

4.巧借物传情

如果直接道歉不太适合，可以选择打个电话或写封致歉信，也可以请一位彼此信任的朋友或同事代为转达歉意。等对方心情平复之后,再登门致歉赔礼。

主动认错,让自己进步

2001年,沃尔玛首次位列世界500强榜首,据德国《商报》报道,这个世界上最大的连锁商进入德国市场四年来连遭败绩,损失超过了1亿美元,而且,它还在财务上遮遮掩掩,这一切都没能逃过德国法律的处罚,于是,沃尔玛不得不对外公开了自己2000年和2001年两年度的财务状况。当时,沃尔玛在德国拥有了十几万员工,有几十家分店,但是,沃尔玛并没有因在德国受挫而灰心丧气,而是积极采取整顿措施,在德国市场上继续拼搏,后来,终于获得了成功。

美国田纳西银行前总经理L.特里曾说:“承认错误是一个人最大的力量源泉,因为正视错误的人将得到错误以外的东西。”由这句话引申出来的就是著名的心理学法则——特里法则,俗话说:“金无足赤,人无完人。”谁都难免会犯一点小错误,而且,每个人都存在着这样的心理:犯错误的时候,脑子里总是想隐瞒自己的错误,害怕自己承认错误之后会觉得没有面子。其实,有这样的心理是正常的,但是,为了能够从错误中获得另外一些有用的东西,我们应该克服这样的心理。承认错误并不是什么丢面子的事情,相反,在一定程度上,这是一种勇敢的行为,因为,对每一个犯错的人来说,错误承认得越及时,那么这个错误就越容易得到改正和补救。

布鲁士·哈威是公司财务部的一名员工,有一次,他错误地付给一位请病假的员工全薪。就在他发现这个错误的时候,他就及时地告诉那位员工,解释说必须要纠正这个错误,他要在下一次的薪水中减去多付的薪水金额。然而,那位员工说这样做会给自己带来严重的财务问题,因此,他请求分期扣回多付的薪水。但是,这样的话,哈威必须首先获得上级的批准。哈威心想:我知道这样做,一定会使老板十分不满。不过,在哈威考虑如何以更好的方式来处理这种情况的时候,他了解到这一切的混乱都是由自己的错误造成的，自己必须在老板面前承认错误。

于是，哈威找到了老板，说了事情的详细经过，并承认了错误。老板听了大发脾气，指责人事部门和会计部门的疏忽，然后，开始责怪办公室另外两个同事。哈威反复解释："这是我的错误，跟别人没有关系。"最后，老板看着他说："好吧，这是你的错误，现在把这个问题解决吧。"哈威解决了问题，纠正了错误，没有给任何人带来麻烦，从这以后，老板更加器重哈威了。

哈威敢于承认自己的错误，从而赢得了老板的信任。其实，如果一个人有足够的勇气来承认自己的错误，那么，在认错之后，其内心可以获得某种程度的满足感。承认错误，不仅可以消除内心的罪恶感，而且，有助于解决错误所制造出来的问题。

1.任何改正都是进步

在营救驻伊朗的美国大使馆人质的作战计划失败后，美国总统吉米·卡特在电视里郑重申明："一切责任在我。"当时，仅仅因为这句简单的话，卡特总统的支持率上升了10%。并不是犯错误了，就永远不能改正；不是失败了，就永远不能成功。如果我们能够勇于承认自己的失败与错误，自己才能取得成功。达尔文曾说："任何改正都是进步。"勇于认错，让自己不断地进步。

2.与其等别人来寻错，不如主动承认错误

如果我们犯了错误，而又免不了受责备，何不自己先承认错误呢？毕竟，自己谴责自己比挨别人的批评好受得多。因此，很多时候，需要主动承认错误，这样比别人提出批评后再认错更容易得到别人的谅解。承认错误是一个人的最大力量源泉，同时，正视自己的错误将得到错误以外的东西，其实，敢于认错本身就具有很大的价值。

3.主动认错更容易获得原谅

另外，更为关键的是，自己主动承认错误远比别人提出批评后再承认更容易得到他人的谅解。哲人告诉我们：一次错误并不会毁掉以后的道路，真正会阻碍你的，是那不愿意承担责任，不愿意改正错误的态度。

失言后，少辩解多补救

俗话说："人有失足，马有漏蹄。"在日常交际中，无论是凡人还是名人，都免不了随时发生一些言语失误。虽然，这其中的原因各有不同，但失言造成的后果却是极为相似的，有时会贻笑大方，有时会纠纷四起，有时甚至不堪收拾。当然，失言并不是有心的过错，不过，却是交际失误，那么，失言后该怎么办呢？千万不要觉得话既已经说出去了，就这样，不补救，不承认错误，这是极为错误的方法。失言后，我们应该谨慎、坦然地面对，虽是无心之过，但也要诚恳地承认自己的错误，以求得他人的谅解。然后，再寻思一些方法进行补救，挽回失言带来的局面，这样才能最大限度地降低失言带来的严重后果。

有一次，纪晓岚光着膀子与几人在军机处聊天，正巧乾隆带着几个随从突然到访，其他人一见皇帝来了，连忙上前接驾，躲在后面的纪晓岚心想：如果自己就这样光着膀子接驾，岂不是犯下亵渎了万岁之罪？可能，皇帝并没有发现自己，还是先躲一下为好。于是，急忙之下，纪晓岚钻到了桌子底下藏了起来，其实，这一举动被乾隆看在眼里，他故意装作没看见，却在椅子上坐了下来。

纪晓岚在桌子底下缩成一团，大汗淋漓，却不敢出声，过去了很长时间，他没听见乾隆说话的声音，以为他走了，就问身边的同僚："老头子走了没有？"这话被乾隆听见了，他厉声问道："纪晓岚，你见驾不接，我且不怪罪于你，你叫我'老头子'是什么意思？你要一个字、一个字地给我说清楚，否则，别怪我无情！"纪晓岚吓得半死，连称："死罪！死罪！"接着，慢慢解释道："万岁不要动怒，奴才所以称您为'老头子'，的确是出于对您的尊敬。先说'老'字，'万寿无疆'称'老'，我主是当今有道明君，天下臣民皆呼'万岁'，故此称您为'老'。"

乾隆听了，点点头，纪晓岚继续说道："'顶天立地'称为'头'，我主是当今伟大人物，是天下万民之首，'首'者，'头'也。故此称您为'头'。至于'子'字嘛，意义更明显。我主乃紫微星下界，紫微星，天之子也，因此天下臣民都称您为天‘子’。”乾隆听了,笑了,这事就这样过去了。

对皇帝失言,这可是大事,弄不好是要掉脑袋的,知道自己失言后,纪晓岚却不慌不忙,慢慢解释,补救自己的失言,在整个回答过程中,他言辞诚恳,态度谦逊,而且,又以灵敏的应变能力巧妙地圆了场,这些都获得了乾隆皇帝的认同。

失言本是一时之过,却往往能一失足成千古恨。因此,在日常生活中,一旦自己失言了,哪怕你没有想到补救的办法,但是,只要你能承认自己的过失,诚恳地道歉,想必也能获得他人的原谅。有的人在失言后不仅不追悔自己的过失,反而为自己辩解,这样就让人讨厌了,而你的言行也得不到对方的认同。

司马昭与阮籍正在上早朝,忽然有侍者前来报告:“有人杀死了你的母亲!”放荡不羁的阮籍不假思索便说:“杀父亲也就罢了,怎么能杀母亲呢?”此言一出,满朝文武大哗,认为他“有悖孝道”。阮籍也意识到自己言语的失误,忙解释说:“我的意思是说,禽兽才知其母而不知其父。杀父就如同杀禽兽一般,杀母呢? 就连禽兽也不如了。”一席话,竟使众人无可辩驳,而阮籍也因此避免了杀身之祸。

在意识到自己失言后,阮籍及时补救了自己的言语失误,以借题发挥,巧妙地平息了众怒。采取一定的补救措施或者矫正之术,去避免言语失误带来的难堪局面,这是失言后首要做的工作,如此,也才能获得他人的认同。

1.坦率道歉

如果因为自己无心之说,而伤害了对方,或者造成了尴尬的局面,我们应该坦率地道歉,补救失误,我们可以说:“说那样的话我深感遗憾,我愿意向你道歉。”以一份坦率的胸襟来面对自己的过失,以诚恳的态度赢得他人的认同。

2.及时补救

失足了可以再站起来,失蹄了可以重新振作,而我们失言后依然可以用语言进行弥补,只要我们懂得随机应变,就能弥补自己语言的过失。比如,将错话加在他人头上“这是某些人的观点,我认为正确的说法应该是……”又或者,将错就错,干脆重复肯定,然后巧妙地改变错话的含义,将本来的错误变成正确的说法。

面对领导批评，少说多听

在办公室，我们经常会遭遇这样的不幸事件：明明不是自己的错误，可是，上司却无缘无故地批评了自己，心里感到十分委屈。这时，我们该怎么办呢？极力申辩，还是从容虚心地回答上司的问题？如果我们对上司说："我没有错。"结果，可想而知，或许上司正在发怒，但你的辩解却无异于火上浇油，最终，只会让事情变得越来越糟糕。对此，我们唯一的做法从容虚心作答，并承认自己的错误。

最近，组长交了一个很急的稿子给小菲，没过多久，组长又打电话叫小菲立即到他办公室去，说是出了问题。当小菲赶到了组长的办公室以后，麻烦就来了，组长满脸不悦，似乎终于找到挑剔的机会了。组长当即责备了小菲一顿，面对批评，小菲从容地回答："组长，如果你的话不错，我的失误一定不可原谅，我为您工作这么多年，应该知道怎么做，我觉得十分惭愧。"小菲继续说："我应该更小心一点才对，您平时很看重我，照理说我的工作应该使你满意，这件工作我会重新再来的。"组长似乎有点过意不去，站起来说道："不用，不用！我不想那样麻烦你，你只要稍微修改一点就可以了，不值得为这点小错担心。"

如果我们能够从容虚心地回答，并且，适当承认自己的过错，那么，即使上司再生气，这样谈话的结局都是比较愉快的，而且，主动承认错误的一方并不见得就是失败的一方。懂得主动承认错误，可以减少一些不必要的争执，同时，也给自己留下了后路。

1.虚心接受批评

面对上司的批评，聪明的下属应该虚心接受，适当点头回应上司的怒火，如"不好意思，给您造成了这么大的损失，下次我一定注意""实在对不起，这个计划我会重新去做"。

2.不要为自己找理由

林肯说："凡事最大限度发挥自己作用的人，决不会把时间花费在与别人争论的事情上,因为他花不起时间去承担后果。在大事的决策上,如果你不能够比别人正确,那你就放弃;在小事的决定上,即使你是正确的,也要适当放弃。"在职场中面对上司的批评,我们要以平和的态度接受别人的意见,这是职场的生存法则。

3.主动承认错误

如果自己真的犯了错误,那么,与其被动挨批,不如主动认错,这样,一方面减少了一些不必要的争执,另一方面,自己的错误也更容易得到上司的原谅。如果错误不在于自己,但在上司发怒时也不要选择争辩,因为争辩只会使事情变得越来越糟糕。

对家人,也要诚恳说"对不起"

有时候,我们难以想象,对自己说出那些尖刻、伤感情话的人,却是自己最亲近的人。似乎每个人都有这样的习惯:我们总是很容易原谅别人,却往往不肯原谅自己身边的人。大多数的人认为,结婚了彼此都成为了一家人,就不需要那么多的繁文缛节,似乎"对不起""没关系"在他们的字典里消失了。事实上,即使面对家人,我们也应该学会道歉与原谅,这既是一份爱的表现,同时,也使彼此都能够释怀。

小丽在一家大公司上班,平时工作压力就大。这不,最近接手了一个很棘手的新客户。她第一次提案就被狠狠地打了回来。要求重做,时间又紧迫,客户要求很刁钻,令她情绪很差。

晚上下班回到家,一进家门,就看见儿子爬在地上玩耍,手里拿着的是自己公司里的阅读资料。她急忙从儿子手中抢过资料,再看老公,正悠闲地坐在沙发上看电视。小丽火气腾的一下就上来了:"你回来就像个大爷一样? 儿子也不管? 晚餐也不准备? 都打算叫我回来吗? ……"小丽怒气冲冲地数落起丈夫来,声音也是最高分贝的。一下子就把儿子吓哭了,老公赶紧把儿子抱在怀里,无辜地问:"你今天怎么了? 没有招惹你吧。简直莫名其妙。"说完,带着儿子到书房去了。小丽还想说几句,可是感觉已经没有力气了，瘫倒在沙发上。

第二天早上，小丽就意识到了自己昨晚的失误，自己实在不应该将工作上的怨气带回家，于是，她早早地起床弄了早餐。在餐桌上，小丽郑重地向老公和儿子道歉，老公抱着儿子，低下头问儿子："宝贝，你说，原谅妈妈不？"懂事的儿子点点头，一家人都笑了。

其实，所谓的婚姻之道就是两个人的相处之道，聪明的人，一旦自己犯了些错误，就会及时地道歉，弥补伤痕，这样一来，大家心中都能够释怀，同时，也把伤害降到了最低。如果事情发生了，大家都只生闷气，互不理睬，觉得道歉是很丢脸的事情，那么，有可能只是一件小小的事情，也会造成巨大的伤害。在家庭中，我们不能忽视道歉和原谅的作用。

秋生是独生子，年轻时执意去社会上闯荡，父亲却觉得他是初生牛犊不怕虎，于是父子之间爆发了激烈的争吵。最后，秋生一气之下离开了家，整整三年的时间都没回家，一直在外面生活。尽管在外面非常自由，但秋生偶尔也会感到孤独。偶然的机会，他到一家社会福利机构做义工，每天与孤寡老人的相处让他想起来自己的父母。

经过一段时间的思想斗争，秋生决定回家向父亲道歉，请求父亲的原谅，并希望重新与父母一起生活。他以为父亲不会原谅自己，不过，没想到父亲只是抚摸了他的头，眼里全是泪。

现在，秋生跟父母生活在一起，他感到由衷的幸福。他很庆幸自己鼓起勇气向父亲道歉，重拾了家庭的温暖。

有时候，歉意是维持爱情、亲情、友情最坚韧的纽带。在生活中，关于爱的伤害经常会发生，毕竟爱是有缺憾的，每个人也存在着各种不同的缺点，所以我们需要学会道歉，尤其是对家人，不要认为都是一家人，不用道歉。很多时候，你的歉意将会挽回一段珍贵的亲情。

1.家人也需要道歉与原谅

两个人相处，最重要的是包容，谅解，当一个人感觉到自己被理解的时候，他会莫大地感激身边的人，彼此之间的感情也会逐渐升温。甚至，我们可以说，两个人之间的相处之道就是理解和包容。既然爱上了一个人，就包括了他的缺点和优点，如果对方在某方面犯了错误，我们应该怀着宽容去原谅他，帮助其改正错误，还家庭一个和谐温馨的环境。

2.不要对身边人太苛刻

有人说:“我们最大的缺点在于,对他人太宽容,对身边的人太苛刻。”在很多时候,的确是这样,聪明的人,当他们想对家人生气的时候,不妨把他当作自己的朋友或者客人来对待,然后,你会发现,那些所谓的事情其实并不值得生气。

父母错了,也需要向孩子道歉

著名心理学家罗达曾说过,“当父母错了,或违背了自己许下的诺言时,如果能向孩子真诚的说一声对不起,可以使孩子建立自尊,同时能培养孩子尊重人的好习惯。”俗话说,人非圣贤,孰能无过?知错能改,善莫大焉。父母毕竟只是普通人,在日常生活中,难免有时候会误解孩子,甚至伤害了孩子。其实,父母做错了事情不要紧,重要的是,一旦发现自己做错了,就要勇于向孩子承认错误并真诚地道歉。但在实际生活中,许多父母都没有在孩子面前认错的想法,有的父母非但不会认错,反而会无理地斥责孩子,以批评孩子的方式来掩盖自己的错误,这样的父母做法是极为不妥当的。即便是父母做错,也要勇于认错,并向孩子真诚地道歉。

妈妈有点洁癖,她每天上班前都会把家里收拾得整整齐齐,平时她也不允许孩子把家里弄得很脏。一天下班回家,妈妈看到书柜被翻得乱七八糟,地上到处都是书,而孩子正坐在地上翻书。妈妈很生气,她想当然地便以为是孩子乱翻书的,对着他就发一顿脾气,孩子也生气了,死活不承认是自己弄乱了。孩子说自己一进来就是这样。妈妈更生气了,孩子错了竟然还不肯承认,于是,妈妈命令孩子半小时内把书整理好。孩子满脸委曲,气呼呼地开始收拾地上的书籍,妈妈离开了,想给孩子独立的时间,冷静一下,让他好好反省自己。

不一会儿,爸爸回来了,说上去找文件把家里翻乱了。这时候,妈妈才知道,原来是孩子的爸爸弄乱了书橱,自己真的误会了孩子。不过,妈妈还是说:“我进来时你爸爸又不在这儿,而只有你一个人在房间里,所以我才认为是你，再说趁着这次让你学着整理整理书房也是应该的。”孩子听了，默默地回到了自己的房间。

每个人都不可避免地会犯一些错误，其实，犯错并不可怕，可怕的是用一个错误来掩饰自己所犯下的错误，不断地掩饰，最后作为孩子的反面教材。如果父母真的做错了，也要真诚地向孩子说：“对不起。”父母这样勇于向孩子承认错误是用行动告诉孩子，知错就改这才是正确的选择。孩子从父母身上学会了这些，就会以相同的态度来对待身边的人，从而奠定了孩子良好的品质。

1.真诚地向孩子道歉

父母如果真的做错了，那就要给孩子真诚地道歉。如果愿意向孩子说声“对不起”，这样不仅不会降低父母的身份，反而会提高父母在孩子心中的形象。因为，家庭是孩子人格形成的最重要的场所，良好的家庭环境，特别是父母以身作则的正面行为，能给孩子一个良好的示范作用。当父母犯错了，就必须向孩子说明这件事过错的原因，自己为什么做错了，这也是一种间接教育的方法。

父母应该以真诚地态度给孩子道歉，而不是为自己的错误找借口，这样会让孩子觉得很失望。时间长了，如果孩子犯错了，他也会为自己的错误而找借口。所以，当父母犯了错，就要以真诚地态度向孩子道歉。父母对孩子道歉的时候，态度诚恳，对任何一个错误，都不应该漫不经心地说：“对不起。”这样坦率地承认自己的错误，以赢得孩子的信任。

2.认错要落实在实际行动上

父母当着孩子的面人认错道歉，这并不是表面功夫，还需要落实到实际行动上。如果父母在认错之后，遇到了同样的问题还是不会改变，这种行为就会大大地伤害孩子，甚至比道歉还伤害孩子的心。所以，父母自己说了就一定要做到，不会再犯相同或类似的错误，以实际行动告诉孩子，自己改正了错误。

第10章

教导，最忌讳泛泛而谈无重点

教导，最忌讳泛泛而谈无重点。空洞的说教缺乏事实根据，毫无说服力，看似长篇大论，却抓不住丝毫的重点，说了一大堆，完全是做无用功。有的人往往因为自己地位比别人高，潜意识里有一种居高的优越感，所以带着说教的意味，这也是最忌讳的。

空泛说教最令人厌

很多人在自己潜意识里都有一种优越感,以为自己地位比别人高,年龄也比别人大,就觉得自己比别人有经验,比别人懂得多,所以他们在讲话的时候,往往就容易带有一种说教的腔调。当然,我们不否认,某些人在见识、眼光、韬略上自有他的过人之处,高于常人。假如你对别人是正确的忠告,那么也是一种说教。所以,我们不能完全否定说教,但是这些忠告也往往因带有说教腔而易于引起谈话对象的反感,而不被对方所接受。你说教的目的就是要说服别人、教育别人,那么你就更应该注意怎么来让别人更容易接受你的意见,这时候,你要避免高高在上、目空一切地以自己高姿态向对方说教,而是需要你拿出鲜明、形象、生动的事例让别人心悦诚服地接受你的忠告。更会出现那种情况,你的一些观点、想法明明是错误的,但是自认为资历很高,反倒对他人灌输一些你自认为正确的忠告,这样,往往会铸成大错。

三国时期,关羽、张飞的离世让刘备痛心疾首,于是他决定讨伐吴国。他带领几十万大军一路披荆斩棘,杀入吴国境内。眼看吴国就要败了,可是在这关键时刻,孙权力排众议重新起用陆逊。刘备亲自在猇亭布列军马,直至川口,接连七百里,前后四十营寨,白天的时候,旌旗多得可以遮蔽太阳,夜晚的时候军营发出的火光把天都照亮了。

这时候忽然细作来报说:“东吴用陆逊为大都督,总制军马。逊令诸将各守险要不出。”刘备问道:“陆逊是何人?”马良上奏说:“逊虽东吴一书生,然年幼多才,深有谋略;前袭荆州,皆系此人之诡计。”刘备立即大怒:“竖子诡计,损朕二弟,今当擒之!”便传令进兵。马良马上进谏:“陆逊之才,不亚周郎,未可轻敌。”刘备不禁失笑:“朕用兵老矣,岂反不如一黄口孺子耶!”于是亲自率领着前军,攻打诸处关津隘口。

刘备自恃自己用兵已经多年,深知兵法,他在一开始就对陆逊有了轻视之心,面对来自马良的建议,刘备不禁失笑:“朕用兵老矣,岂反不如一黄口孺子耶!”这样的自恃雄才直接导致了后来“火烧连营八百里”,大败于陆逊,在白帝城郁郁而终。

很多人往往以为自己资历很深,就通常带着不可一世的腔调给下面的人说教。在生活中,我们见到的说教者常常如此说:“你要知道我并不是在干涉你的作为,而是为你着想。”“现在我不喜欢继续再在这件事上纠缠下去。”“我觉得有许多话不得不同你讲。”“我也许不应讲这些话,可是我想你会明白这些话的好处的。”他们总是一副高高在上的模样,好像大千世界都被他们踩在脚下。于是,这样一种说话的腔调往往让被说教的一方心里产生逆反心理,他们会想“你不就是个领导吗? 凭什么说话就这样”,甚至还会故意跟你对着干。

1.说得精彩才有人听

说教,首先你就把你所讲的道理完全搞清楚,搞明白,消化吸收并且深信不疑,然后才能够娓娓道来,晓之以理,动之以情,旁征博引,并且联系实际,讲的鲜活生动,声情并茂,极富有感染力。听者也会聚精会神,把你的教诲牢记于心。而有的人居高临下,板着面孔,老生常谈,自己官话套话连篇,对听者进行填鸭式灌输,不管对方愿意与否,照讲不误,这样的说教不但难以引起共鸣,而且还使人生厌。

2.慎用空泛的理论

一些领导在作报告、演讲、讲话中,都习惯于说教,用空泛的理论、生涩的语言、缺乏活力的腔调,强行听者去理解和接受他的观点,以示他比别人高一筹,把本来可以让人接受的东西,变成让人生厌之事。其实,说教者说的这些话,更应该考虑站到被说教者的角度去想想,应该在别人接受观点的时候,自然而然地从心里产生的想法。而如果只是凭着说教者的腔调想去说服别人,你说得再多也只是空洞的说教而已,收不到任何效果,反倒让被说教者生出抵触情绪。因此,我们一定要注意自己的言行举止,避免对其他人空泛的说教。

教导对方,勿以审判者自居

无论是处于什么样的团体,当下属或员工犯下了不可原谅的错误的时候,我们就会无可避免地对他加以指责、批评、教导。但是,每个人都有自尊心,教导应该是在平等的基础上进行的,我们不应该以审判者自居,去任意地批评下属。

1.就事论事,不揭人伤疤

教导时,是在双方平等的基础上进行的,有时候态度上的严厉并不等于语言的恶毒,很多无能的人却习惯在批评的时候,去揭人伤疤,那绝对是教导中的一大禁忌。你在揭人伤疤的时候,可能只是发泄了自己的愤怒情绪,但是这样的做法对你的工作一点作用都没有。因为揭人伤疤的做法对问题的解决毫无帮助,它只会让人勾起一些不愉快的记忆;另外,当你在揭他人伤疤的时候,除了使对方感到寒心之外,也会造成一种恶性循环,或许旁观的人听了也会觉得你这个人说话太恶毒了。

2.以朋友的口吻

我们应该使用恰当的教导方法,而不是以审判者自居,你可以站在与他同一立场,以朋友的口吻去询问对方:"发生了什么事?""我能为你做些什么?"或者"为什么会这样?怎么回事?"这样的方式,可以帮助你详细了解情况,更为有效地解决问题。当然,你也可以直接告诉他你的要求,但是千万不要说:"你这样做根本不对!""这样做绝对不行。"你可以试着说:"我希望你能……""我认为你会做的更好。""这样做好像没有真正地发挥你的水平。"用提醒的口吻与他说更好,私下再与他交换意见,委婉地表达自己的想法,跟他讲道理、分析利弊,他就会心悦诚服,接受你的教导和帮助。

3.不忘补上一句安慰或鼓励的话语

我们要特别注意的是,在教导对方之后,一定不要忘了要补上一句安慰或鼓励的话语。这是因为,任何一个人在接受教导之后,一定是垂头丧气,而且对自己缺乏信心。在这恰当时机,如果你不及时对他进行安慰或鼓励,他就会更加自暴自弃,自甘堕落。

所以说,我们在教导对方之后,要适时用一两句温馨的话语来鼓励他,或者是在事情过后,私下对他说,自己之所以对他严格要求,是因为看重他的前途。这样的话,受到教导的对方就会深深体会"爱之深,责之切"的道理,也会在你的安慰或鼓励下,更加发愤图强。这样的教导方式,使对方不仅会牢记自己所犯的错误,而且还可能提高积极性和自觉性。

4.忌言辞尖刻,恶语伤人

每个人都有自尊心,即使是犯了错误的人也是如此。我们在教导的时候,要考虑到对方的自尊心,千万不要随意践踏他人的自尊心。因此,在教导对方的时候,自己一定要保持心平气和,自然轻松的态度。而不是大发雷霆,横眉怒目,很多人以为这样才能显示自己的威严。实际上,你这样的批评方式,最容易伤害对方的自尊心,甚至会导致矛盾激化。因此,你在教导对方的时候,要戒言辞尖刻、恶语伤人。当你正处在怒火中烧的时候,最好先别教导人,等自己心情平静下来之后再去批评人。切忌讽刺、挖苦,恶语伤人。虽然对方有过错,但是在人格上与你完全平等,所以不能随便贬低对方甚至污辱对方。

5.忌吹毛求疵,过于挑剔

当对方犯了错误,你适当的教导是很有必要的,但是不要随便一件事情都要教导。在对于那些鸡毛蒜皮的小问题、小毛病,只要是对全局没有造成大的影响,你应当采取宽容的态度,千万不要斤斤计较、过于挑剔。如果你针对一件小事情也进行大肆地教导,就只会使对方开始谨小慎微,让他无所适从。甚至在他的心里还产生了"不求有功,但求无过"的想法。对于有的事情,只要指出对方的过错就行了,不要"鸡蛋里面挑骨头",全盘否定他的成绩。

6.忌婆婆妈妈,无休无止

我们的教导并不是靠批评的次数多而取胜,有的批评只能点到为止。教导别人的时候,他的心里已经很不自在了,如果你再婆婆妈妈,重复地教导,更加重了他的心理负担。并且他会在心里想,你是故意跟他过不去,把他当成反面的典型了。所以,聪明的人在教导对方时就会点到为止,剩下的可以让对方慢慢反省。因为多一次教导,就会在他心里多一分反感,最终不利于问题的解决。

艺术性教导方式

对于每一个人来说，对一些人的过错进行教导，这是很有必要的，教导与赞扬是相辅相成的。但是，教导也要讲艺术性，教导本身有一种指责的意味，如果运用不当，对方就只会记住你的教导而不是自己的错误。在需要教导的时候，你应该尽量减少教导带来的副作用，尽可能地减少对方对教导的抵触情绪，从而达到一种较为理想的教导效果。我们在教导对方之前，要正确认识自己和对方。如果对方犯了错，那或许自己也有一些责任，这就需要你在对他人进行教导的时候，也要看到自己的不足之处。同时，我们需要理解对方所犯的过失，你可以换个角度思考问题，考虑一下如果是自己在同等条件下是否也会出现过失，而不是用一贯的口吻去教导对方。尤其是当你细细想起来，原来在这件事的背后，自己也存在或大或小的过错，那就应该先诚恳地自我检讨。

所以，我们在教导对方的时候，应该学会用一些艺术性的教导，换一种方式，或是私下与他交换意见，或是比较委婉地表达自己的想法，这样对方才会易于接受你的教导。

下面有四种比较艺术性的教导方式，你可以稍微借鉴。

1.启发式

我们教导对方的目的就在于使对方能够认识自己所犯的错误，并且能够及时地改正。但是，要想使对方从根本、从内心认识到自己的错误，这就需要我们从深处挖掘错误存在的原因。“欲晓之以理，必先动之以情”，你要用一些简单的道理慢慢启发他/她，循循善诱，帮助对方认识并且改正错误。

某厂员工小李快要结婚了，工会主席询问他：“小李，你们的婚礼，你打算怎么办呢?”小李显得很不好意思：“我的意思其实就是一切从简，可是岳母说，她只有这么一个独生女……”主任说：“哦，咱们厂里独生女可多了，小王、小张都是独生女!”

对于小李说的隐语中，工会主任理解小李的意思：婚礼需要办得隆重点，但是主席并没有马上就给他泼冷水，而是启发式表达了自己的看法：别人也是独生女，怎么可能照顾到你一个呢？这样的话既没有直接表示出教导，而是通过启发，让小李慢慢去体会。

2.幽默式

幽默式的教导就是在你教导的过程中，善于使用一些富有哲理性的故事，或者是双关语，或者是形象的比喻等。这样幽默式的教导方式，可以更加有效地缓解被教导者的紧张情绪，也可以使双方之间处于一种愉快的氛围，启发被教导者自己思考，从而增进相互间的情感上的交流。这样一种幽默式的教导方式，不但能够达到教育对方的目的，还可以营造出轻松的气氛，使对方更容易接受。

辛亥革命胜利后，孙中山当了临时大总统。有一次，他身穿便服，到参议院出席一个重要会议。然而，大门前执勤的卫兵，见来人衣着普通，便拦住他，并厉声叫道：“今天有重要会议，只有大总统和议员们才能进去，你这个大胆的人要进去干什么？快走！快走！否则，大总统看见了会动怒，一定会[illegible]你的！”孙中山听罢，不禁笑了，反问道：“你怎么知道大总统会生气的？”[illegible]道这个普通着装的人竟是大总统。惊恐之下，卫兵扑倒在地，连连请罪。孙中山[illegible]兵起身，并幽默地说：“你不要害怕，我不会打你的。”

孙中山巧用幽默的语言教育了卫兵，化解了尴尬的气氛，增进彼此情感上的交流。如果他厉声呵斥他、命令他，就不会有这么好的效果了。

3.警告式

如果对方所犯的错误并不是原则性的错误，或者没有在犯错误的现场，我们就没有必要对他进行严厉地教导。你可以用比较温和的话语，只是巧妙地点明问题所在；或者用某些事物进行对比、影射，只要点到为止，对他起一个警告的作用就可以了。

4.委婉式

委婉式的教导其实就是间接式的教导，不要当面直接地进行教导，而采取间接的方式对他进行批评。你可以采用借此说彼的方法，这样让被教导者有一个思考的余地，而更容易接受，委婉式的教导特点就是比较含蓄，不会伤害对方的自尊心。

战国时期的官员黄喜微服私访，路过田间，看到农夫驾着两头牛正在耕地，就大声问："这两头牛，哪一头更棒？"农夫一言不发，到了地头，农夫才在黄喜耳边小声说："边上的那头牛更棒些。"黄喜很奇怪，问他为何这么小声说话？农夫回答："如果我大声说这头牛真棒，它们能从我的眼神、手势、声音里分辨出我对它们的评价，那头虽然尽了力但不够优秀的牛心里会难过。"

人的自尊心都是很强的，我们如果在公开场合点名批评，就会让人们感觉没面子，深感汗颜，更有甚者会对我们怀恨在心，有的干脆"破罐子破摔"。所以我们在对人进行教导时，要采取委婉的教导方式，这样既不伤害对方的自尊心，又可以更容易让人接受。

用激励式教导代替批评

史金纳教学的基本观点就是"用激励代替批评"，史金纳是伟大的心理学家，他用动物和人的实验来证明：当减少批评，多多激励对方的时候，他所做的好事就会增加，而那些比较不好的事情就会因为受忽视而逐渐萎缩。激励富有一种强大的力量，它可以让人重新改变自我，发愤图强，把自己的所有精力投入到工作之中。所以，我们在面对对方出现的一些小问题、小错误的时候，要少一些批评，多一些激励，这样才能够让他全身心地投入工作，而那些他身上的小问题、小缺点就会因为你的忽视而逐渐消失不见。

很多年以前，一个 10 岁的小男孩在一个工厂里做工。他从小就喜欢唱歌，并且梦想着当一个世界闻名的歌星。当他遇到他的第一位老师的时候，他满怀自豪地把自己的梦想告诉老师。可是老师非但没有给他鼓励，反而使他泄气，老师表示怀疑地说："你根本不适宜唱歌，你五音不全，简直就像是风在吹百叶窗一样。"

他很伤心地回到家里，但是他的母亲，一位穷苦的农妇却不以为然，她搂着自己的孩子，激励他说："孩子，你能唱歌，你一定能把歌唱好。瞧，你现在已经有了很大的进步了。”于是，母亲在生活中节省下每一分钱，送她的儿子上音乐课。正是这位母亲的鼓励，给了孩子无穷的力量，也从此改变了他的一生。他的名字就叫恩瑞哥. 卡罗素，他成为了那个时代最伟大、最著名的歌剧演唱家。

如果这位小男孩没有得到来自母亲的激励与赞许，只是沉浸在那位老师无情打击的痛苦中，那么，这个世界上也许就失去了一位著名的歌剧家。

他人少一分指责，多一些赞扬，不仅让事情做起来得心应手，也会给予对方愉悦的心情，又何乐而不为呢？我们不应该因着自己的私心或自己对某些事物不感兴趣，就对他人的行为采取贬低或者批评的态度。少一些批评，多一些激励，也许就是你那一句微不足道的激励，就给了那些需要动力的人以无穷的力量，给那些身处逆境的人奋勇向前的信心。

李先生是一位成功人士，他在回忆自己的成长经历时充满深情地提到以前的一位老师，很感慨地说如果没有老师当年讲的话，可能就没有自己的今天。

李先生说，自己从小调皮捣蛋，无心学习，整天打架，总之是劣习成性，没有哪个老师能把他驯服。后来有位年轻的女老师当了他的班主任，在一次他把邻班同学的头打破以后，老师找他到办公室，温和地对他说：“我一直认为你是个聪明的学生，你看你这次考试又有进步了，老师希望你能够继续努力学习，把自己的聪明劲用到学习上来……”

他说老师的话对年少的他触动很大，他没想到老师会真诚地夸奖他，认为他很聪明。于是，他决心改掉所有的劣习，好好学习，最后，他终于成功了。

如果没有那位女老师的激励的话语，也许李先生就不会拥有现在如此成功的人生。可见，对一个人的激励远比批评来的效果更大，用激励代替批评，无疑是最好的选择。

世界上拥有巨大成就的伟人，他们或多或少都是因为来自身边的人一句激励的话语，所以才会取得举世瞩目的成绩。没有爱迪生母亲为儿子孵鸡蛋的行为的肯定与赞许，也许爱迪生就没有今天的辉煌成就；英国作家韦斯特若没有得到老校长的激励，可能就没有今日无数本畅销书，英国文学史上就缺少了不朽的一页。在生活中，给对方多一些激励少一些批评，这样才能激发他的内在的潜能,更好地为企业效力、为社会做出贡献。

指出错误,委婉而有力更有效

有时候,我们会对身边的人所说的话,或者所做出的事情感到不满,抑或是我们因着朋友的情谊而需要指出对方的错误。这时候,很多人选择以直接的方式说出,更有甚者,他们会选择一个公开的场合指手画脚"你这里做错了,我认为该怎么样",完全不顾及别人的感受,这样直接的做法只会伤害到对方,而且也不容易让对方接受。虽然,我们经常说"忠言逆耳,良药苦口",但实际上又有谁愿意听忠言、喝苦药呢?每个人都有自尊心,他们骄傲的内心不允许来自别人的当面批评、直接指出错误。如果你偏偏要走"直路",直接指出对方的错误,那么就会伤害到对方的自尊心,使对方处于一个难堪的境地,而他在愤恨之余也不会接受你的建议。所以,当直路不能畅通的时候,你不妨舍弃直接的方式,选择委婉地方式,当你用委婉代替了直接,巧言暗示对方所犯下的错误,那么他一定会聪明地领悟到你的用心良苦。直接只会让忠言被排斥在门外,良药被倾倒在垃圾桶里,而用委婉代替直接,让良药不再苦口,让忠言也能顺耳,以巧言语惊四座,指出对方错误、达到劝告对方的目的。

传说,郑板桥早年的时候,家里很贫穷,有一天春节,因为没有食物过年,他在除夕向屠户赊了一只猪头,刚下锅,又被屠户要了去转手卖了高价。为此他一直记恨在心。直到后来到山东范县做官,还特别规定杀猪的不准卖猪头,自己吃也要交税,以示对屠户的惩罚。郑板桥夫人听说此事,感到不妥。一天她捉到一只老鼠,吊在房里。夜里老鼠不住地挣扎,郑板桥一宿没睡好觉。郑板桥埋怨夫人,夫人说她小时候好不容易做了件新衣裳,被老鼠啃坏了。郑板桥听后笑了:"兴化的老鼠啃坏了你的衣裳,又不是山东的,你恨它是何道理?"夫人说:"你不是也恨范县的杀猪的吗?"郑板桥恍然大悟,随即吟诗一首:贤内忠言实难求,板桥做事理不周。屠夫势利虽可恶,为官不应记私仇。

郑板桥因为贫穷时的遭遇,一直对屠户怀恨在心,因而等到他做了官之后,就规定杀猪的不准卖猪头,自己吃也要交税,以示对屠户的惩罚,实际上他的这一行为就是公报私仇。这时候,夫人看不下去了,但如果直接指出郑板桥的错误,那么就会损伤他的自尊,也会使他陷入难堪的境地,所以,夫人运用类比的方法,巧用譬喻,旁敲侧击,聪明的郑板桥立即领悟到了夫人话里蕴含着的言外之意,自己也醒悟过来,明白了自己的错误。在这里,夫人就舍弃了直接的方式,而采用委婉的方式,达到了劝说的目的。

王太太为一整修房屋而请来了几位建筑工人。起初几天,她发现,这些建筑工人每次收工后都把院子弄得又脏又乱。可他们的手艺却让人无法挑剔,王太太不想训斥他们,便想了一个好办法,一天,建筑工人收工回家后,她便偷偷地和孩子们一起把院子收拾整齐,并将碎木屑扫好,堆到院子的角落里。到第二天工人们来干活时,她把工头叫到一边大声说:"我真的对你们在收工前将我的院子扫的这么干净而高兴,对此我很满意。"之后,每到收工时,工人们都自觉地把碎木屑扫到角落里,并且让工头做最后的检查。

如果王太太直接指出工人的错误,肯定使工人们大为恼火,而这种情绪会影响其工作效果,也会破坏他们与王太太之间的友好关系。所以,聪明的王太太舍弃了直接的指出错误,而是委婉地表达出自己的想法,聪明的工人们一下子就明白了王太太的意思,也认识到了自己的错误。因而,每次完工之后,工人们都会自觉地把碎木屑扫到角落里,并且让工头们做最后的检查。

1.委婉且要说出重点

哲人说:条条大路通罗马。很多人愿意选择畅通无阻的罗马大道,但正因为一望无际的道路,在途中免不了跌跌撞撞,寻找不到前进的方向,还很容易摔倒在那坚硬的大道上。这时候,人们忽视了旁边的曲径小道,虽然途中多了些曲折,但更容易到达目的地。说话也是一样的道理,直言快语的勇气值得称赞,但并不容易让人接受,也达不到预期的效果;委婉的表达方式虽然有点麻烦,但你会发现只要转个弯,曲径更好走,会更容易达到成功的目的。当然,在这个过程中,我们应该说重点,而不是啰里啰嗦。我们需要指出对方的错误,实际上就是一种批评,而成功的批评方式就是需要对方能够愉快地接受批评,以及时地认识到自己的错误,并做出改正。所以,我们需要委婉地指出对方的错误,这样要比直接说出来显得温和,而且不会引起对方的强烈抵触情绪。

2.委婉教导更容易接受

比起直接的说话方式,委婉更加容易让人们接受。所以,当我们在指出他人错误的时候,要善于舍弃直接的方式,选择能曲径通幽的小径,以委婉的方式来提示他人的错误。这样的"曲径"不但能把我们的意思准确地表达出去,而且还能使对方成功地接受你的建议。因为要对方能虚心地接受你的建议,就要注重说话的技巧,一定要委婉地指出他人的错误,切勿直接批评。

父母的唠叨是最愚蠢的教导

唠叨,基本上表现为机械的重复陈词滥调,类似的话需要反复说很多遍,而且几乎是每天都在说,就好像一只讨厌的苍蝇一般。对于父母的唠叨,直听得孩子耳朵"磨"出老茧,身心也被折磨得焦躁不安,容易使孩子心烦意乱,没办法进入正常的学习状态。而且,父母唠叨的内容大部分指向孩子的弱点和缺点,没玩没了的数落和冷嘲热讽,大多是"不许这样""不要那样"等,让孩子感觉到不受尊重。而且,父母过分的唠叨会让孩子产生自我保护式的逆反心理,他们会采取消极对抗、沉默不语,甚至与父母针锋相对。心理学家认为,没有十全十美的孩子,也没有十全十美的父母,假如父母苛求完美,唠叨个没完,让孩子感到厌烦,结果父母说什么,孩子根本没听进去。

妈妈早早地起来,一边收拾房间,一边为孩子准备早餐。6:30,牛奶、鸡蛋、面包准时端上桌,妈妈就开始一遍一遍地叫孩子起床。不知妈妈叫了多少遍,一直到快7:20了,孩子才懒洋洋地起来。胡乱刷刷牙,洗两把脸,孩子坐到饭桌前用最快的速度对付着这顿早餐。这时妈妈在为他叠被子,收拾零乱的衣服、物品,嘴里还不停地唠叨着:"看看你,老是把房间弄得乱七八糟,总让妈妈给你收拾。每天让你起床都得喊很多遍才动,早饭都凉了吧？总吃凉饭，还这么狼吞虎咽的，胃要坏的，天天跟你说也没用。要是妈一叫你就早点起来，不是就不用这么紧张嘛，也不会老是迟到挨批评了……"

孩子对妈妈的话充耳不闻，只顾把吃的、喝的填进肚子，用手背抹抹嘴，抓起妈妈早已经为他放到客厅沙发上的书包，转身就往外走。妈妈追在孩子的身后喊着："急什么呀，就吃这么几口呀，一上午的课呢，会饿的。哎，上学的东西都带齐了吗？别又落点儿什么，每天都得让人提醒……"

心理学家认为，父母总反反复复说同样的话，会让孩子产生一种习惯性的模糊听觉。即明明在听，却怎么也听不进去，这是长时间重复听同样的声音而产生的一种心理上的不在乎。重复性的唠叨只会让孩子心烦，同时对父母的唠叨产生依赖感，渐渐地，父母不唠叨，孩子的事情就做不好；而批评性唠叨容易加重孩子的心理负担，让孩子对自己越来越缺乏信心，甚至产生强烈的逆反心理；随意性的唠叨会让孩子养成注意力不集中的习惯，孩子对需要记住的事情也经常当成耳边风。

尽管父母有责任对子女的不当言行及思想进行批评教育，不过一定要注意形式，不要没玩没了地唠叨。因为唠叨不仅起不到效果，反而会产生许多负面的影响。

1.切忌言而无信

父母在对孩子进行教导时，切忌言而无信。比如，规定孩子做好作业再开饭，不过有的父母尽管讲出去了，但心里又担心孩子肚子饿，就会言而无信地说："你饿不饿？""快吃快吃，饭都凉了。你到底还想不想吃饭？"这样自相矛盾的话，反映了父母"说话不算数，没有威望"的特点。所以，父母在开口前要经过一番理智的思考，不能言而无信。

2.不要每件事都唠叨

尽管父母喜欢对孩子讲话，不过许多并没有说到点子上。正所谓事无巨细，如果对每件事情都反复强调叮嘱反而搞得家庭上下不得安宁，父母为孩子不听话而生气，孩子在繁杂的语言环境中安不下心来做功课，结果往往会适得其反。

3.不要命令式唠叨

父母多和孩子说悄悄话，语言尽量低声，这是家庭关系和谐的一个重要因素,同时利于避免气氛恶化。假如让孩子做什么事情,可以用亲切的语言在他身边轻轻地告诉他,特别是对于年纪较小的孩子,这不是命令,而是感情的信任。事实上,悄悄的一句话比大声呵斥的作用大得多。

4.孩子需要指导,而不是唠叨

父母的指导是言简意赅的,亲切的,这是一种促进,鼓励孩子独立处理问题,被指导的孩子情绪稳定,心情愉快。而唠叨带有责怪、警告的成分,经常对孩子表现出不尊重和不信任。唠叨让孩子厌倦、反感、苦闷,会让孩子形成儿童行为惰性,不说几次,孩子就不会去做,这是一种恶性循环。

动之以情,是最好的教导

人都是有情感的,情感是每个人都存在的一种心理活动,正是由于人们都有情感,才产生了人与人之间的相互影响和交流。人的某些行为都是在情感的支配和影响下产生的,情感也起着重要的桥梁作用,它可以促进人们之间的交往,协调和改善人际关系,维持彼此关系的稳定与和谐。交往中,时刻保持亲切的话语、温和的笑容、善良的调侃,都是以情动人,使人心悦诚服。“动之以情,晓之以理”,就是用充满感情的方式打动别人,用讲道理的方式告诉别人。教导一个人,最好的办法就是用情去打动他。

吴起是春秋战国时期一位有名的将领。他身为主将,却跟最下等的士兵穿一样的衣服,吃一样的食物;睡觉不铺垫褥,行军不乘车马;亲自担草背粮;和士兵们同甘共苦。

有一次,一个士兵生了毒疮,吴起居然亲自替他吸吮流脓。这士兵的母亲听说后,放声大哭。有人责备:“你儿子只是个无名小卒,将军却替他吸吮流脓,你怎么还哭呢?”那位母亲说:“你有所不知啊,往年吴将军替他父亲吸吮流脓,他父亲勇往直前,战死沙场;如今吴将军又给他吸吮流脓,我不知道他又会战死在什么地方。我怎么不哭?”

吴起是何等聪明的将军,不需要威逼利诱,不需要如何教导,就可以让士兵心甘情愿地为他在战场上奋勇杀敌,勇往直前,甚至不惜牺牲自己宝贵的生命。他的秘诀就是“动之以情”，他身为主将，却没有高高在上的架子，而是与士兵们同甘共苦，时刻让士兵们觉得将军是和他们同在一起。吴起亲自为一小卒吸吮流脓，更是深深打动了小卒的心，在一个普通的士兵眼里，将军对自己的关心让他觉得没有什么比这更好的殊荣了。士兵在那刻已经暗暗下决心，为了将军不惜肝脑涂地，于是才有士兵母亲的放声大哭。

当鸡蛋掉在石头上时，鸡蛋很容易破碎；当皮球掉在石头上时，它会弹起而保持完好无损。为什么会出现这么大的反差？是因为皮球面对强大的外力能以柔韧化之，而鸡蛋却不能，所以才有“以卵击石，自不量力”的说法，而其中蕴含的就是以柔克刚，以情动人的道理。所谓以情动人，就是耐心、信心、恒心、毅力的比较。在这些方面，谁占了上风，谁就是真正的胜利者。做到“虚怀若谷”，对自己充满信心，胜不骄、败不馁。

一大师某日问其徒弟，曰：“棉与石同为实物，二者各有其用，但若比攻守之道，谁更胜之？”众徒皆曰石头较之刚硬，攻守俱备，当然石也。然大师却言差矣，众徒百思不得其解。

棉所特有的就是柔软，它能比石头还刚硬，用的就是以柔克刚之道。而石头是坚硬的，如果以硬碰硬，石头也算不上最具有攻击性的。而棉却不一样，无论怎么发力，它都能以力还力，使自己毫发无损，这不能不说是它的过人之处。当然，人亦如此，最能攻入他人心里的，无疑是情，情亦可动人，又可伤人，杀伤力都是巨大的。我们不妨学一学棉物以柔克刚之道，巧妙的以情动人，以情感化他人，这样，教导他人就显得容易多了。

“四两拨千斤”这个成语说的好，它讲的正好是以情动人的道理。俗话说：“百人百心，百人百性。”有的人性格内向，有的人性格外向，有的人性格柔和，有的则性格刚烈。古往今来，我们不难发现，大凡刚烈之人容易被柔和之人征服利用。人与人相处，以己之长，克彼之短。面对刚烈火暴之人，我们最好的方式就是以情以柔之姿去面对避其锋芒。这就恰似细雨之于烈火，烈火熊熊，细雨蒙蒙，虽然说不能当即将火扑灭，但是却很有效地控制住了火势，并一点一点地将火灭去。生活中，以情动人无疑是最好的教导他人的方式。

第11章

初次见面:开口见心

每个人都渴望友谊,希望拥有更多的朋友。朋友是由陌生人发展而来,很多友谊的建立都是从萍水相逢中开始的。但在这个过程中,尤其重要的初次见面,好口才会给对方留下美好的第一印象,为友谊的建立打下坚实的基础。

大方开口,加点自己的特色

中国有句古话叫作:“乐莫乐兮新相知”,每一个朋友都是在陌生中逐渐熟悉的,忠贞不渝、肝胆相照的朋友也多数是在陌生中建立。由陌生到熟悉是需要一个过程的,而这个过程是和说话分不开的。好的口才能够迅速地引起对方的兴趣,拉近彼此间的距离,最终形成伟大的友谊。因此,在我们和陌生人见面的时候,除了在服装和仪表上注意一下之外,还要懂得如何说话,给第一印象加点“特”色,从而为以后的交往打下良好的基础。

王熙凤作为荣国府的总管依靠的并不仅仅是和王夫人之间的姑侄关系,最重要的是在嘴巴上的功夫,迎来送往中,所说的每一句话都让人感到亲切和随和,初次见面,短短的几句话就可以拉近彼此间的距离,很快就能和人成为莫逆之交。比如在林黛玉进贾府的时候,王熙凤短短的几句话就征服了这位孤傲清高的冷美人:

“这熙凤携着黛玉的手,上下细细打量了一回,仍送至贾母身边坐下,因笑道:‘天下真有这样标致的人物,我今儿才算见了!况且这通身的气派,竟不像老祖宗的外孙女儿,竟是个嫡亲的孙女儿,怨不得老祖宗天天口头心头一时不忘。只可怜我这妹妹这样命苦,怎么姑妈偏就去世了!’”

如此亲切而又热烈的话一说出口,哪怕林黛玉下车之前有过多少的戒备心理,哪怕她的性格是目下无尘,此时此刻心中也必定有一股暖流流过,即便没有太多的感动,至少也不会对这位表嫂产生反感。王熙凤的话不多,但是却传出了很多重要的信息,第一是夸林黛玉长得漂亮,第二则是在传达认同的情感:我们是不会把妹妹当成外人的,这里就是你的家,不用那么客气和生分。第三又巧妙地赞美了贾母:老祖宗深仁厚泽,对这位素未谋面的外孙女同样有着极深厚的感情。第四,又对贾府的几名小姐进行了一番见解的夸奖“这通身的气派,竟不像老祖宗的外孙女儿,竟是个嫡亲的孙女儿”,让在座的迎春探春熙春们听了,觉得能和林黛玉并驾齐驱,从而心里美滋滋的。第五,又含蓄地称赞了王、邢两位夫人,夸奖她们教女有方。这位

"琏二奶奶说话"的功夫，确实达到了炉火纯青的地步，难怪能够在尔虞我诈的荣国府中坐稳管家的交椅。

1.语言反映内心

语言不仅仅是表达信息的手段，还见证了一个人的气质、精神状态和心理特征。特别是和陌生人在一起，美丽的语言所起到的作用是十分重要的，它能够给你的事业以及交际上带来意想不到的收获。

2.避免紧张的情绪

生活之中我们免不了要一次次地和陌生人打交道。很多人在和陌生人第一次见面的时候，心里就会感到紧张和畏惧，面红耳赤不知所措，让本该高兴热烈的场合变得十分冷清和尴尬，这样不仅让人感到扫兴，还会影响到自己在对方心中的形象。

3.说得好印象才深刻

在社交活动中，人们经常会通过一个人的容貌来产生第一印象。容貌所产生的印象是直接的，却并不是最重要的。事实上，一个人优雅的谈吐，得体的举止，漂亮的外在形象往往能让人在对你的印象上打一个较高的分数，也会很自然地在心里去赞赏和认可你。

初次见面，说好第一句话

萍水相逢的两个人，要想短时间内在心灵上擦出火花，产生共鸣，关键的是说好第一句话。第一句话是初次见面时打开对方心扉的金钥匙，也是让素不相识的人一见如故的关键所在。在交往中，有的人经常能用一句话就能抓住对方的心理，让对方有了继续交谈下去的兴趣，对其产生知音般的好感，从而愿意将谈话继续下去。一句话能够让双方倾心和投机，就会开创一个融洽、热烈的交谈局面，并将这种气氛从主观意识中愿意维持下去，就能顺理成章地达到沟通和交流的目的。能够拥有这种本领的人，他在朋友中也会有着吸引人的魅力。他的交际面也会越来越广。

小赵经常坐火车回家探亲，每次探亲十几个小时的旅途中总是十分愉快的。因为他经常主动和周围的人打招呼交谈，“您好，您也是回家探亲吧。”或者说：“您好，能不能把您的杂志借我看一下。”于是原本陌生的人聊了起来。别人眼里的枯燥路途，却成了小赵结交新朋友的一种方式，在和一些旅客们分手的时候互相留下电话，以便经常保持联系。

两张陌生的面孔要想在短时间内消除心理的生疏和尴尬，说好第一句话是最关键的。漂亮的第一句话能够给人亲热、友善、贴心的感觉，很快地产生心灵上的共鸣。

三国时期，为了联合抗曹，鲁肃和诸葛亮进行了以此会谈。在两个人见面的时候，鲁肃第一句话就说道：“我，子瑜友也。”诸葛亮的哥哥诸葛瑾字子瑜，是孙权帐下的谋士，和鲁肃是好朋友。鲁肃这句话字数不多，却很快拉近了双方的心理距离，让诸葛亮对他产生了信任感。鲁肃这种初次见面就攀亲的谈话方式在生活中是十分常见的现象，它能够很快地就让两个陌生人之间搭起一座互相沟通的谈话桥梁，让对方在顷刻之间就产生一见如故的感觉，从而给对方留下了深刻的印象。任何一个人都不可能离开人群而独自生活，只要彼此都留意，不难发现双方存在的那层“亲戚”关系。

常见的方式有如下几种。

1.让第一句话拉近双方的距离

其实，任何一个人都不可能孑然一身地生活在这个世界上，只要是彼此留意，就很容易发现双方中存在的那层“亲戚”关系。比如，“你是山东大学1996年毕业的，我是1998年毕业的，你还是我的学长呢”“原来您是河北人啊，我老家是承德的，咱们两个算得上是老乡了”，这样的谈话方式就会让对方感到亲切，很自然地把你当成了自家人，接下来就能和你进行深入而愉快的交谈了。

2.对人表示敬仰的谈话能给人贴心的感觉

每个人都希望别人关心自己，当你在和陌生人谈话的时候能够以对方为中心，以对方的特长和成就为话题，就能够引起对方的兴趣，获得对方的好感。对对方表示敬重和仰慕，属于热情有礼貌的表现。当然，用敬仰的方式并不是之一味的奉承和言不由衷，而是要掌握好分寸，做到恰到好处，不能够给人以虚情假意的感觉，说话的内容和方法也要因人因地而异，灵活掌握。例如“我在画展上看到过您的艺术作品,收获很大,没想到今天竟然能在这里一睹您艺术家的风采,真是三生有幸啊。”“桂林山水甲天下,我很高兴能在这里见到您——尊敬的山水画家!”

对准度越高,你的交谈所取得的效果也就越好,受到对方的欢迎。为了能够自如地应对不同性格和不同职业的人,应该多学习一点心理学知识,更要注意增加一下对各方面知识的了解。

3.问候式的谈话给人亲切的感觉

交际其实很简单,和陌生人相处更是如此,通过一句简单的问候,表现出自己的热情涵养和风度,让对方乐意和你进行交谈。

面对陌生人并没有任何值得害怕的地方,可怕的是羞怯和内向的性格导致结交新朋友机会的丧失。只要是能够主动积极地同对方聊天,就能够擦出火花来。有时候我们觉得那些攀亲戚、问候式的话可能是废话,但正是这些废话的存在,才能开创一个良好的交谈局面,很容易地拉近彼此间的距离,为建立深厚的友谊而打下良好的基础。初次见面,只要是第一句话抓住了对方的心,也就抓住了结交朋友的一个重要步骤,让它成为一见如故的敲门砖。

设计好自己的“开场白”

卡耐基曾经说过,“开场白是讲话者向听众最先发送的信息,它如戏曲演出前的开场锣鼓,直接影响到听众的心态”。很多正式场合下的讲话都是经过精心准备的,比如开会时的侃侃而谈,之前都会在准备上下一番功夫。但是,有很多时候,充分的心理准备并不代表着开场白中的精彩,毕竟,万事开头难,要想很快进入话题,引起别人的兴趣,就需要一个漂亮的开场白,短短的几分钟之内引起别人的兴趣从而能够保证将会议和谈话进行下去,取得理想中的圆满效果。开场白往往最能体现一个人潜在的口才水平。

在和别人说话的时候,第一句话是最关键的。如果说得好,就能够给对方的心理留下十分深刻的印象,甚至还能终生铭记。假如说得差,就很有可能让别人产生厌恶的情绪,甚至会产生老死不与之相往来的思想。因此,我们在说话的时候,一定要注意多动脑筋,仔细想想第一句话该怎样说,短短的几分钟,该设计一个怎样的开场白。

有一次,国画大师范增应邀参加国际数学大师陈省身执教五十周年的纪念会。在会上。范增做了一份别开生面的发言。他说:"你们知道今天参加这个大会的人谁的数学最差吗?不自谦地说,那就是我!数学是什么,我搞不懂。它无声、无香、无味、无触、无法,它摸不着看不见说不清却无处不在,——纤维丛是什么?我曾经就这个问题请教过胡国定教授,他告诉我纤维丛这个东西很难说清楚。于是我又请教了杨乐,杨乐对我说'它到底是什么,你还是不要问了吧,我给你说你也听不懂'。"是在国际数学大师陈省身执教五十周年的纪念会上,应邀出席的范曾,曾作过一次别致的发言:

台下的观众们听了,纷纷大笑起来。主席台上的陈省身先生笑的竟然连眼泪都流出来了。

范增先生是一个大画家,虽然在数学方面是个十足的门外汉,但是也没有影响到他的社会地位和绘画艺术。不过,他却能够用在数学上的不足来作为开场白。在讲话中,他用自己对数学的一窍不通来和陈省身的博大精深故意做了一下比较,风趣的话语里一方面表达了对陈老的尊敬,一方面又赞扬了陈老在数学领域中的造诣,从而给在场的每一个人都留下了一个深刻的印象,获得了观众们热烈的掌声。

1.不妨聊聊天气

曾经有人说过,天气是一个永不过时的话题。在和陌生人见面交谈时,不妨用天气作为切入点,做一个比较漂亮的开场白,以摆脱初次相识的客套和生疏。利用天气创造出一种自然放松的谈话氛围,犹如写文章时候从大处着眼,小处入手,进行一个自然的衔接和过渡,就会起到很好的效果。

2.从对方的兴趣爱好入手

我们须知,独具特色的开场白并不是轻易之间就能形成的,它不仅需要一个人的聪明才智,更需要对对方的细心观察和了解。这就要求者我们在社交场合要多动一下脑子,了解听者们的兴趣和爱好,寻找一个可以吸引人的话题来做开场白。

3.灵巧的开场白会使你成为受欢迎的人

无论是与一个陌生人进行交谈还是去参加一个由陌生人组成的聚会,我们都应该细心观察,用心思考,精心设计出一个漂亮的开场白来,做到了这一点,我们就能够成为一个比较受欢迎的人。

好口才令人顿生相见恨晚之感

俗话说"酒逢知己千杯少,话不投机半句多"。在我们的生活中,免不了要和形形色色的人打交道。每个人都想在对方的眼里留下十分美好的印象,从而建立起一份珍贵的友谊。面对一些素昧平生的人,仅仅靠个人的外貌、举止、服装等外在的东西来展现自我是远远不够的,最重要的还要用出众的口才来提升你的凝聚力,让别人对你产生欣赏和赞美之情,愿意和你在一起交谈,做朋友。好的口才是一个人最大的优点,不仅能够体现个人的气质,更重要的,是能够让别人感觉眼前一亮,在兴奋、温暖,惬意等心情下对你有一种相见恨晚之感。

赵新是一家小公司的负责人,虽然他的资产并没有多么雄厚,在同行当中的实力也不是最好的,但是他却能够在商海之中屡战屡胜,不仅为自己赢得一份份的订单,还和不少人成为了好朋友。

有一次他去一个老板的家里谈生意,正好碰见老板父子们在吵架。只听老板骂道:"赌博赌博,越赌感情就越薄!你和你那一帮狐朋狗友整天在一起赌钱,早晚会出事不可!我到赌场里去,十次就有九次能看见你在那里赌钱!"老板的儿子听了,反唇相讥:"你去十次,九次看见我,说明我比你还少一次!你这不是'乌鸦掉在猪身上——只看见人家黑吗?"老板听了,气得敲桌子,大骂儿子没有规矩,又向赵新道歉说:"让谢总见笑了,这孩子都让他妈给惯坏了。"赵新说:"您这是说哪里话呀,其实这位小兄弟并没有你说的那么坏,我倒觉得他是个能成大器的人,别的不说,就这份机智一般人是比不了的。"这一句话就说到了老板的痒处,老板又是谦逊又是炫耀地说:"赵总过奖了,俗话说'玉不琢,不成器'。我这个儿子,鬼聪明还是有的,只不过不愿意经受磨炼罢了。这件事我们以后在细谈，先喝酒，先喝酒。”结果，当天晚上，宾主三人频频举杯，最后尽欢而散。临别时，老板一直把赵新送了很远。

拜访别人，却赶上了对方的父子正在争吵，这本来是一件十分尴尬的事情，但是赵新却轻松地化解了这份尴尬，既维护了那位老板的家庭和睦，又给了老板一个台阶下，让那位老板对他不胜感激，也因此对这位素昧平生的人产生了好感。

在社会交往中，每个人都愿意让别人对自己产生好感。那么，我们就应该从说话开始做起，用漂亮得体的语言来使对方的眼睛为之一亮，同时也给自己在对方心中的形象加分。那么怎么样做才能够让别人感觉眼前一亮，对你产生好感呢？我们可以在说话的时候可以从以下几个方面来注意一下：

1.偶尔说点俏皮话

如果一个人整天的不苟言笑，讲话也只注重信息的传达，对所谓的“废话”“套话”没有丝毫兴趣，那么他所说的话就会是干巴巴的，听他讲话简直就像走进了坟墓一样，没有丝毫的情趣可言。如果一个人在交际场合中能够适当地插科打诨或者讲一些无伤大雅的笑话，那么别人就愿意去接近他，把他当成可以交往的好朋友。

2.说话勿以自我为中心

我们在和别人进行交谈的时候，一定要注意对方的存在，讲出来的话要让双方都能有兴趣去听，只有这样才能完成和别人思想沟通。如果在讲话的过程中，涛涛不绝地向别人讲述自己的性格爱好、人生历程之类的话题，有耐心的听者还能维持一种必要的礼貌去摆出倾听的姿势，没有耐心的人说不定早就转身离开了。假如我们说话太以自我为中心的话，就会给别人留下一个轻浮、自大、自私的印象，从而认为没有保持和我们继续交往的必要性，那么加深印象、提升人气的话，就只能成为空想了。

3.多说亲切的话

如果你说的话净是一些枯燥无味的大道理，或者满脑子充斥着“阳春白雪”的思想在作怪，经常说一些文绉绉的话，就会让别人觉得你过于喜欢伪装，从而在内心里就疏远了你。比如，在和别人寒暄的时候，说一些“路上没有堵车吧?”“最近还好吧”之类的话,就会让对方觉得你把他当成了朋友,对你产生亲近感。

4.热情诚恳地说话

美丽的语言是需要一定的感情做基础的,如果失去了热情和诚恳的铺垫,任何美妙的语言在别人听来都会感觉味同嚼蜡,毫无滋味可言。你不妨试想一下,当一个人板着面孔说些“你今天的穿的衣服颜色挺漂亮的”时候,将会是一种什么样的情形?因此你在对别人说话的时候,一定要在言语之中传递出你的真诚,这样在对方的心中就会觉得你是一个十分重视感情的人,对你的印象自然而然地也就加深了。

亲切的称呼让聊天变得更自然

称呼,是人与人之间在交往中一方对另一方的称谓。虽然,在平日的生活中,我们并没有过多地重视称呼的变化,但实际上,善于称呼才能为你赢得好感。在我们日常交际中,称呼是一种很友善的问候,也是人与人之间交往的开始。中国自古就是一个文明的国家,逐渐形成了一种文明规范的礼貌称呼,当然,也有朋友之间的昵称或者绰号。因而,在某些时候,怎么称呼别人,成了一件很讲究的事情。如果你能够称呼恰当,会让对方感到很亲切,也能够帮助你在人际交往中如鱼得水,事半功倍,给对方留下一个良好的印象。相反,如果你称呼不恰当,往往会惹对方的不快,甚至产生恼怒情绪,这样也会使双方的交流陷入尴尬的境地,导致交流失败。

“伟明,我们班明天上午第一节课需要教导处安排一下,谢谢你了!”

“海大哥,明天我试教,麻烦你来听一下,多提宝贵意见噢。”

“阿坤,我们班的阳光指数好像有些出入,我想和你讨论一下。”

“萍大小姐,今天下午1点,少儿频道来采访你们班的‘道德银行’,你准备一下。”

这些天来,不断地在办公室听到这样的称呼。被称为萍大小姐的方萍老师笑言:“刚开始时还觉得不习惯,可后来才发现这样的称呼挺有意思的,比以前的直呼其名亲切多了，我们在这样一种轻松的氛围中愉快地工作，连工作效率也提高了不少。”

在小学教育集团的校园里，出现了这样的现象，不论是打招呼，或者是公务往来，许多老师之间不再直呼其名，取而代之的是更显得亲切的别样称呼。这种变化自从新校长来了之后开始的，当校长亲切的称呼老师的时候，让老师们感觉好像一家人一样。老师们做起事情来也更显主动，增强了集体荣誉感，和谐了领导和下属、同事与同事之间的关系。

俗话说：一滴水里见太阳。当你置身于一个校园，听到下属与上司之间彼此的称谓，就可以知道这所学校的文化及员工之间的关系大概如何了。从直呼其名到别样称呼，看似不经意地改变，却让置身于其中的人感到无比的亲切，提高了工作效率，增强了集体荣誉感，也和谐了上司与下属、同事与同事之间的关系。

如何称呼他人，看似很简单，却是一门不简单的学问。有的人习惯以“请问是某某吗”或者客气地说“某某，您好”，这样直呼其名，一下子就拉开了彼此之间的距离，而且直呼其名也显得很不尊重。那么，这时候，我们就需要以别样称呼来代替直呼其名，如此恰到好处的称呼会让我们的聊天更贴切自然，而所产生的交际效果也是意想不到的。

1.不可直呼其名

一直以来，西方主要以直呼其名为称呼的方式，但对于一直主张文明礼仪的中国，这样的称呼方式并不恰当。也许，有的人觉得只要不是自己的父母长辈，只需要以直呼其名来称呼他人了，这样也给自己省去了不少麻烦。殊不知，即便是不怎么熟悉的同事，如果你以直呼其名的方式来招呼他人，只会让对方有不受尊重的感觉。所以，对于绝大多数人来说，他们都会在正式的拜访场合或者日常的交际场所，舍弃直呼其名而选取别样的称呼，这样反而会给对方一种特别的亲切感。

2.什么是到位的称呼？

有人会感到不解，什么是到位的称呼？顾名思义，也就是适宜的称呼，但是，这样的称呼首先必须是恰当的，还必须以亲切感为原则。除了我们日常生活中稍微正式一点的“某某先生”“某某小姐”，别样称呼不仅仅体现了尊重的意味，还有别于“先生”“小姐”带来的生疏感，以一种别样的亲昵缩短双方之间的距离。所以,舍弃直呼其名的称呼方式,选取别样的称呼,这样会让你在复杂的人际交往中轻松应对自如。

3.带点亲昵的称呼

以中国人传统的礼仪,许多人觉得"长幼有序",而彼此熟悉的同辈之间就可以"直呼其名",虽然这样的称呼也是无可厚非的,但是,却少了一份亲昵。所以,要想致力于在人际交往中建立融洽的人际关系,就不应该直呼其名,而是选择带点亲昵的称呼,这样在无形之中会拉近彼此的距离,增加亲切感,同时也让聊天变得更加自然。

优雅的谈吐,动人心弦

每个人的思维方式和说话形式经过一段时间的积累之后就会变成一种习惯,这种习惯也可以说是个人性格和素质的重要组成部分。不过,很多人形成的习惯并不是良性的,而是在里面夹杂了太多的负面因素。这种不好的谈吐习惯如果不加以及时纠正的话,就难免要在交际场合中处处碰壁。为了在交际场合上少吃一些苦头,我们在平日里的言谈中,就应该努力克服那些毛病,形成良好的习惯,让说话的方式走上健康的轨道上来。我们要想和别人成为朋友,就应该把美丽的语言,优雅的谈吐来作为推广自己的有力工具,让自己成为一个"有声有色"的推介高手。

在车站旁边,有两个擦鞋的孩子在高声而又热情地招徕着来往的客人。其中一个孩子说:"您好,请停下来让我给您擦皮鞋吧,一定能够擦得锃光瓦亮,保证让您满意。"另一个孩子则说:"在您约会和参加会议之前,请让我来给您擦一下皮鞋吧。"结果,很多的人都愿意来到第二个孩子的摊前接受他的服务,而第一个擦鞋童摊前的顾客却寥寥无几。两个人的擦鞋技术应该是不相上下的,但是为什么生意却不能同样不相上下呢?

原因很简单,因为第二个擦鞋童懂得如何推介自己。第一个擦鞋童说话自然是非常礼貌热情的,但是,却没有把话说到顾客的心坎上。因为,行走的人们觉得,花钱只是为了买一个锃光瓦亮是没有必要的。擦鞋童只是在为擦皮鞋而擦皮鞋,想到的只是自己的技术和敬业精神,却没有考虑到对方顾客到底需要什么。而第二个擦鞋童的话却抓住了人们的心理,使他们在意识上就由“为我擦”变成“我要擦”。擦鞋童的话提醒了每一位路人:在约会和开会前,必须要精心打扮一下自己,以免到时候失了礼数。因此,许多人纷纷走上前来,让这个擦鞋童把自己包装一下,把皮鞋擦得锃光瓦亮。

俗话说:“爱美之心人皆有之。”每个人都愿意和一个漂亮的人交往。不过,这里的漂亮并不仅仅是指漂亮的面孔,前卫的服装,性感的线条,更包括他的声音。我们称一个人的声音为音色,也就是在表明,声音是有颜色的,使用得当,就能够散发出独具特色的光芒来,从而让人们感受到美,也能在心情愉悦的情况下和你进行快乐的交谈,还能够爽快地接受你的意见和建议。

有一次,台湾著名的流行歌手王力宏来到香港,和出色的钢琴名家郎朗同台演出。在王力宏的眼里,一直觉得郎朗是一个沉默寡言的人,在交际场合中只是一个不善言辞的年轻音乐家。然而没想到,郎朗见到他之后,就笑着说道:“力宏,你是龙的传人,我是狼(郎)的传人。”这番话让王力宏感到十分惊讶,顿时改变了对他的印象。王力宏也很快地消除了心理的隔阂,在演出的过程中和郎朗的合作也非常愉快。这次合作,郎朗在王力宏的心里留下了十分深刻的印象。王力宏逢人便说:“郎朗是我见过最好相处,也最热情的古典音乐家!”

在一个比较重要的场合里,为了能给素不相识的人留下深刻的印象,吸引大家的注意,就需要在说话的时候精心设计一下说话的内容,用漂亮的语言来作为推介自己的手段。我们知道,在交际场合中,别人往往会因为一个人讲话而去评价他的为人和性格,也会因为他的讲话而考虑是否愿意和谈话以及是否需要更深一步的交往。

1.保持良好的谈吐习惯

良好的谈吐习惯,动人心弦的语言在人的一生中扮演着十分重要的角色。一个人“声色”素质的高低是决定成功与否的关键,有声有色的话语能够保证双方的交流顺畅,也能够让自己在别人心中的印象得到好的提升。在生活中我们应该注重沟通技巧的锻炼,为创造良好的沟通而打下坚实的基础。

2.呈现最甜美的声音

甜美的声音能够让人产生美好的感觉,如同欣赏一幅经典的图画心情感到舒畅。在别人疲倦的时候,甜美的声音犹如一杯清茶一阵清风,重新使人精力旺盛。富有活力的声音,会使你精神振奋。声音并不只是传递信息的工具,它还有传递激情的功能。你的话语中蕴含的激情越多,听众被激发的激情也就越多。那么,你所得到的友情也会越多。

第 12 章

赞美，立竿见影的小妙招

赞美是一门艺术，俗话说："一句话能把人说笑，也能把人说跳。"作为下属，更需要学会真诚的赞美，因此领导都爱听悦耳的话。赞美，会缩短人与人之间的关系，让你与对方的关系更亲近。将赞美的话说到对方心坎上，这是博得其好感的最佳途径。

赞美的语言要不落俗套

心理学家认为:"人类本质中最殷切的需求是:渴望被肯定。"在生活中,被人赞美是一件令人喜悦的事情,恰如其分的赞美,能使人感受到人际间的理解和温馨,能够打动他人,有效地增进赞美者与被赞美者之间的心灵交流。一个人若是学会了赞美,往往使他能够受益无穷。在日常交际中,我们经常感受到赞美的魔力,不仅能打动他人,也使自己获得了友情和帮助。人总是对自己最感兴趣、认为自己最重要,希望被人赞美,那么,在与他人的交往过程中,我们应该遵循一个原则:尊重他人,肯定他人,并真诚地赞美他人。不过,就赞美而言,也是需要有一定的技巧的。我们对他人的赞美不能太笼统,而是需要有针对性。

在生活中,我们经常听到"你这个人真是太好了",虽然,这听上去就是一句赞美的话语,但是,具体好在哪里呢?赞美者却没能说清楚,给人一种虚假的赞美,如此的赞美,不仅不能打动人心,反而令人生厌。因此,在赞美他人的同时,我们需要有针对性地赞美,比如,对男人你可以夸他帅气,对漂亮的女人你可以赞美她的打扮,对一个母亲你可以赞美她的孩子可爱,对上司你可以夸奖他的领导力。

王先生和夫人带着一位翻译同一位外商洽谈生意,外商见到夫人后,便夸赞道:"你的夫人真是太漂亮了!"王先生客气地说:"哪里,哪里。"翻译听到这话,心想可碰到难题了,这"哪里、哪里"怎么翻译呢,最后,他翻译成了:"Where,Where?"外商听了,心中感到疑惑,心想,说你夫人漂亮就是漂亮呗,还非要问具体漂亮在哪里?于是,外商笑着回答说:"你的夫人眼睛漂亮,身材好,气质好……"说完,大家都哈哈大笑了起来。

这个有趣的故事告诉我们,在赞美他人的时候,一定要在心里问自己"哪里、哪里",对方漂亮在哪里,好在哪里,这样,你的赞美由于有了针对性而打动对方,甚至,有可能会产生神奇的效果。我们要明白,当我们赞美对方"真好""真漂亮"的时候,他内心深处就立即会有一种心理期待,很想听听下文，到底“好在哪里”“漂亮在哪里”，这时，如果没有针对性的表述，对方该是多么希望啊。

这天，公司的职员小路心情特别好，她觉得公司特别温馨，觉得每个同事都很可爱，甚至，她主动承担了上司布置下来的工作任务。可能她自己都说不清楚这到底是为了什么，这不仅仅是因为她今天穿了新的裙子，更因为她在刚走进公司门口的时候碰到了同事小娜，虽然，她们平时话不多，但是，小娜看见穿着新裙子的小路，脱口就说：“哇，你的裙子真漂亮！款式很适合你。”可能，小娜也没想到自己一句最普通的赞美，会给小路带来好心情。

对于漂亮的女同事，就需要赞美其打扮，因为漂亮的外表是她们最在意的部分。小娜如此有针对性的赞美，自然会打动小路的心，而且，还给小路带来了一天的好心情。一般情况下，太笼统、太宽泛的赞美会给人一种虚情假意的感觉，而有针对性的赞美能让对方感觉到你是发自内心的赞美，当然，这样的赞美能很好地打动对方。

那么，如何能做到有针对性的赞美呢？

1.赞美对方的具体之处

在生活中，泛泛的赞美很快就让我们词穷了，除了真好，真棒，你是最棒的，超不过10个词，然后就没什么可说了。对于每个时刻来说，怎样才能做到针对性地赞美他人呢？其实，我们很有感触，比如，如果你见到一个人，不说你漂亮，而是说“今天的发型让你神采奕奕”，这样，对方会不会更高兴呢？因此，那些空泛的赞美不如说出最让你满意的具体之处。

2.针对不同类型的人

在赞美他人的时候，我们还需要针对不同类型的人作出恰当的赞美。比如，见到一个孩子，你不能说潇洒，而是聪明、可爱、懂事；见到漂亮的女人，就应该赞美其漂亮；见到男人就应该赞美其潇洒帅气。如果你对他们没有针对性的赞美，对方定会觉得你是虚情假意，又怎会被你打动呢？

不露痕迹的赞美

有人说:“世界上最华丽的语言就是对他人的赞美。”大量事实证明,适度的赞美不但可以拉近人与人之间的距离,更能够打开一个人的心扉。可是,如何才能不露痕迹地将那些赞美的话送给对方呢?在交谈过程中,你总不能一个劲地夸奖“你真棒”“你真优秀”“你们家装修得真漂亮”,在很多时候,为了能使赞美发挥出更大的力量,我们应该将赞美融入到话题中。简单地说,寻找到一个话题,再针对话题中所透露出来的消息,对他人进行恰到好处的赞美,这样的赞美不露痕迹,可谓是“水到渠成”,对方在不知不觉间就被几句赞美打动了。虽然这个世界上到处都充满了矫饰奉承的赞美,但是人们仍然非常愿意得到你发自内心的肯定和赞美。真诚的赞美没有经过矫饰,自然而真实,就好像在闲聊之中适时插了几句好听的话,从而达到打动对方的目的。

有一次,一个顾客在一款地砖面前伫立了很久,导购员小李走过去对顾客说:“先生,您的眼光真好,这款地砖是我们公司的主打产品,也是上个月的销售冠军。”顾客问道:“多少钱一块啊?”小李回答说:“这块瓷砖,打折后的价格是 100 元/块。”

顾客说道:“有点贵,还能便宜吗?”小李说:“冒昧地问一句,您家在哪个小区?”顾客回答说:“在东方明珠。”小李赞美道:“东方明珠应该是市里很不错的楼盘了,听说小区的绿化非常漂亮,而且,室内的格局都非常不错,交通也很方便,买这么好的地方,我看就不用在乎多几个钱了吧?不过,我们近期正在对东方明珠做一个促销活动,这次还真能给您一个团购价的优惠。”顾客兴奋地说:“可是我现在还没有拿到新房的钥匙,没有具体的面积和数量怎么办呢?”小李说回答说:“您要是现在就提货还优惠不成呢,我们按规定要达到 25 户以上才能享受优惠,今天加上您这一单才 15 户,不过,您可以先交定金,我给您标上团购,等您面积出来了,再告诉我具体面积和数量。”

就这样,顾客提前交了定金,两个星期以后,这个订单就算定下来了。

在这个案例中,我们不难发现,导购员小李善于发现赞美的话题,首先,他开口就以赞美引入了话题"您眼光真好,这款瓷砖是我们公司的主打产品,也是本月的销售冠军",虽然,这话不一定是真话,也可能导购所说的这款产品是本月最差的产品。但是,这赞美的话顾客就是喜欢听,一句"眼光不错"就可以打动对方。后来,导购员小李问道"您家在哪个小区?"其实,在这里我们应该明白,不管顾客说的是哪个小区,小李都会由衷地夸奖"你们小区是市里有名的小区",而这样具体的赞美需要融入到话题中,因此,小李才有那么一问。果然,小李说"东方明珠应该是市里很不错的楼盘了,听说小区的绿化非常漂亮,而且,室内的格局都非常不错,交通也很方便",一下子就打动了顾客,后面,再适时抛出促销的活动,顾客想不下订单都难了。

那么,在日常交际中,我们该如何寻找赞美的话题呢?

1.赞美对方得意的事情

每个人对于自己得意、骄傲的事情总是很热衷,他们更希望自己得意的事情得到别人的肯定与赞美。因此,在聊到一些话题,如果你发现对方总是骄傲地谈到某些事情,不妨顺势赞美。比如,一位母亲总是拿着儿子的照片给你看,那证明她对有这样的儿子是多么的骄傲,你可以说"这是你孩子啊,我现在才知道美女小时候长什么样,我以前只见过你这样的大美女,没见过小美女,瞧你这孩子,长得多好,眼睛多大,哎,还是双眼皮耶!"想想,这位母亲听了该有多高兴啊。

2.赞美对方感兴趣的事情

每个人都有自己感兴趣的东西,有的人喜欢画画,有的人喜欢练字,虽然,他们的水平并不怎么样,但是,他们对于那些东西就是喜欢。在言谈中,不妨将对方感兴趣的事情引入话题中,多谈论对方感兴趣的事情,顺势赞美几句,对方心里一定乐开了花。

从细节之处赞美对方

美国有一名学者这样提醒人们:"努力去发现你能对别人加以夸奖的极

小事情，寻找你与之交往人的优点，那些你能够赞美的地方，要形成一种每天至少一次真诚地赞美别人的习惯，这样，你与别人的关系将会变得更加和睦。”在日常交际中，要想建立良好的人际关系，恰当地赞美他人是必不可少的。事实上，每个人都希望自己能受到别人的赞美，得到他人的肯定，但是，由于人与人之间交谈的时间并不多，而且，人们普遍不善于去发现他人值得赞美的地方，于是，很多时候，就会出现一些问题：要么赞美不当，要么缺少赞美。其实，只要我们用心观察，就会发现每个人身上都有值得我们赞美的地方。有的人很聪明，有的人很友好，有的人善良，有的人漂亮，我们要明白，即使一个人浑身上下充满了缺点，但是，在他身上依然有闪光点，而我们需要做的就是去发现这些闪光点，再逐一去赞美对方这些优点，这样才能很好地打动对方。

这天，营业厅小李临柜，一位中年男性储户递上了一张5万元的国债存单，说道：“我的国债到期了，看能不能再买点国债，利息高，又保险，国家信誉嘛！”小李夸赞道：“先生，您的理财意识很强啊，很有经济头脑。现在，国债代理业务已经过期了，我们近期代理的是人寿太平保险，这个险种卖得可快啦。”中年男人问道：“我家五口人，爱人、女人、儿子、母亲，我特别惦记我60岁的老母亲，想给他买份保险，你给参谋参谋。”小李马上说道：“您这份孝心真难得，我给你推荐太平盈利保险，投保年龄是65周岁以下，正适合您的母亲，年利率2.25%，如果意外身故，可以获得两倍的保险金。”

说着，小李进一步介绍：“您的儿子、女儿将来要外出上学，您和爱人又年富力强，建议买分红型的，每月分红，如果发生意外身故三倍返还赔偿金，另外赠你一份学生平安卡。”中年男生有些顾虑：“我先回去想想，时间不早了，还要赶回学校做饭哩！”小李心想，如果客户临时变卦了，把钱转存其他银行了咋办。于是，小李赶紧问道：“您在哪家学校做饭？”中年男生回答说：“前面一点的市二中。”小李马上接话说：“我营业所主任的孩子就在你们学校，一直夸食堂饭菜好，原来是您的手艺呀！”中年人来了情绪，睁大眼睛非常兴奋：“真的吗？人人都夸老师好，我没想到还有人夸我这个做饭的，谢谢了，对了，你先给我说清楚吧，我现在也不着急走。”小李又详细解释了一番，中年男人笑了：“现在我明白了，买保险就好比买雨伞，平常不用，下雨有用。”小李夸奖道：“您的比喻可真恰当！”这时，那位中年人才决定填单，将5

万元全部投保。

在整个交谈过程中，小李的赞美可是一直没停歇：“您的理财意识很强啊，很有经济头脑”“您这份孝心真难得”“一直夸食堂饭菜好，原来是您的手艺呀”“您的比喻可真恰当”，而且，她的每一句赞美都是有根据的，并不是泛泛而说，这样的赞美之词顾客听了喜欢。而且，在这其中，小李可谓是一个善于发现别人优点的人，有的人同样是听顾客说这几句话，却没能想到这些恰恰是值得赞美的地方。小李正是凭着自己敏锐的眼光，发现了顾客身上那些值得赞美的地方，才如愿打动了原本犹豫不决的顾客。因此，在生活中，我们要善于去发现他人身边值得赞美的地方，发现了就要大声赞美，这样我们才能打动他人的心。

1.从细节处赞美

那些有经验的人常常会抓住某人在某方面的行为细节，巧言赞美，这样就很容易赢得对方的好感。因为细节的赞美，不仅给对方带来心理上的满足，而且，还会增进彼此的心灵默契程度。你能观察对方那些尚未被人发现的细节优点，那就表明那些赞美是发自你内心的，如此自然而又真诚的赞美足以打动人心。

2.挖掘他人身上的闪光点

每个人都有自己的长处，我们在赞美他人的时候，关键是你是否“慧眼识珠”，能否发现对方身上的闪光点。有的人常常埋怨别人身上没有优点，不知道该赞美什么，其实，这恰恰说明了你缺乏发掘闪光点的能力。

3.赞美的角度要新颖

每个人都有许多优点和长处，我们对他人的赞美要独具慧眼，善于发现对方身上的“闪光点”和“兴趣点”，从新颖的角度赞美，这样将起到事半功倍的效果。

谨慎使用夸张式赞美

在日常生活中，或许，我们每个人都曾得到过别人的赞美，赞美就如同润滑剂，可以和谐彼此之间的关系，让对方感受到话语里的温情。我们常说“赞美要真诚”，是否将意味着我们抛弃稍微夸张的赞美方式呢？事实上，生活中，偶尔来一些夸张的赞美方式，反而增加了不少情趣。比如，男人在赞美自己的女朋友的时候，通常会说“你真是上天赐给我的天使”“你真是美若天仙”，虽然，被赞美者明白自己并没有那种夸张的美丽，但是，心里却像是吃了蜂蜜一样甜。不过，我们要切忌，夸张的赞美方式不是所有时候都适用，换句话说，夸张的赞美方式应该慎用、少用。如果你对谁都是那么一句夸张的赞美，对方一定会觉得你是一个虚伪的人，有了这样的判断，你的赞美非但不能打动对方，反而会令其心生厌恶。

成功学大师戴尔·卡耐基曾做过二流推销员，那确实是一段难忘的经历。当时，卡耐基对发动机、车油和部件设计之类的机械知识毫无兴趣，这样一来，他完全无法掌控自己推销产品的实质。

有一次，店里来了一个顾客，卡耐基立即走上去向他们推销货车，不过，他说的话却往往连货车的边都沾不上。顾客觉得卡耐基是一个疯子，这时，老板气愤地走过来，大声吼道：“戴尔，你是在卖货车还是在演说？告诉你，明天再卖不出去东西，我会让你滚蛋。”这下，卡耐基着急了，如果丢失了这份工作，将意味着自己无法生存了。

于是，卡耐基立即说：“老板，你是最仁慈的老板了，有了你，我才吃上了面包。你放心，为了你让我可以吃上面包，我会好好干的，而且，瞧你今天穿得多精神啊，相信你今天的生意会一帆风顺的。”被赞美了几句，老板的气也消了，也再没说过解雇的事情了。

在这里，卡耐基的赞美有点夸张“老板，你是最仁慈的老板了，有了你，我才吃上了面包，你放心，为了你让我可以吃上面包，我会好好干”，话语里带着夸张的成分，好像如果没有了老板，自己就将无法活下去似的。虽然，这样的赞美是夸张了点，但恰恰体现出老板对自己的重要性，而这正是老板所希望听到的。于是，在这样一句赞美的话之后，老板的气也消了，再也不提解雇的事情了。从这里不难看出，在适当的时候，来一两句夸张的赞美也是很有必要的。

老婆买了一件衣服，小于就说：“这件真漂亮，你穿上就像明星一样。”老婆的工作项目在公司拿了奖，他就说：“你真棒，你真是美貌加智慧的未来女强人。”刚开始，老婆听得心花怒放，可是，几个月过去了，她听得耳朵都起了老茧。周末，小于去丈母娘家吃饭，一进门就说：“真谢谢你们生了这么一个好女儿，我娶了她，是我几辈子修来的福气。”老婆在一旁，眼睛瞪着老大，心想：这也太过了吧。从家里出来，老婆就对小于说：“我爸爸觉得你突然之间变得虚伪了。”小于愣住了：“这可都是赞美你的话，怎么嫌我虚伪了？”

本来，这些夸张的赞美语言偶尔来那么一两句，老婆肯定会心花怒放。但是，每次都是那些煽情、夸张的甜言蜜语，对方也会听腻了，而且，会觉得你根本就不是真心的赞美。果然，在丈母娘家，小于那“真谢谢你们生了这么一个好女儿，我娶了她，是我几辈子修来的福气”，这样夸张的赞美怎么听怎么给人感觉就是虚伪的。所以，夸张的赞美方式应慎用，否则，效果只会适得其反。

那么，在日常生活中，我们该如何选择夸张的赞美方式呢？

1.慎用

一般情况下，我们不提倡用夸张的赞美方式，因为夸张的语言缺少了真诚，被赞美者很难被打动。不过，在适当的时候，比如在恭维上司的时候，在遵循事实的前提下，我们可以稍微说得夸张一点，这样，上司也是可以接受的，而且，在心理得到满足的同时，他们会更容易被我们的赞美之词所打动。

2.少用

当然，在大多数的情况下，面对夸张的赞美方式，我们是少用或者根本不主张使用。毕竟，只有真诚的赞美才能打动人心，而真诚就需要自然而真实的语言，稍作修饰的夸张语言都会影响到赞美本身的效果。如果你有把握能使用好夸张的赞美方式，那是可以的；反之，如果你根本就没有驾驭的能力，那就少用为妙。

赞美他人的四大方式

卡耐基曾说过：“当我们想要改变别人时，为什么不用赞美来代替责备呢？纵然部属只有一点点进步，我们也应该赞美他，因为，那才能激励别人不断地改进自己。”赞美他人，绝对算得上是一件好事，但绝不是一件容易的事。我们在赞美别人的时候，需要审时度势，还需要掌握一些方法，否则，即使你是真诚的，也会将好事变成坏事。不同的人在赞美别人的时候，会用到不同的方法：有的人喜欢采纳直接的赞美方式，“你真是太漂亮了”；有的人喜欢使用比较出乎意料的方式，“今天的菜格外美味，你的厨艺越来越好了”；有的人喜欢背着别人的面赞美他人，等到这话传到了当事人的耳朵里，却没想到效果却是出奇的好。如何才能使赞美发挥出应有的效果，如何才能通过赞美来打动他人，这就需要我们在赞美他人时讲究一定的方法，方法对了，赞美的效果就会出来了，那时，你还会担心打动不了人心吗？

小王在与同事聊天的时候，随意说了几句上司的好话：“张经理这个人真不错，处事比较公正，我来公司一年多了，他在各方面对我的帮助都挺大的，能够有这样的上司，真是我的幸运。”没过多久，这几句话就传到张经理的耳朵里，令经理心中既欣慰又感动，就连那位同事在向经理传达这几句话的时候，都忍不住夸赞一番：“小王这人真不错，心胸开阔，难得啊。”

年底分发奖金的时候，小王觉得自己这一年表现很不错，想争取一下。对此，他敲开了张经理的门，经理满脸热情：“小王，有什么事吗？”小王有些不好意思：“张经理，又来麻烦你，真是不好意思，那个年底奖金的时候，我想争取一下，你看我合格不？”张经理笑了起来：“这事啊，好说，我老早就觉得你小伙子不错，放心，这件事我一定放在心里。”

有时候，在背后说人家的好话，赞美几句的功效比当面说似乎更有效果，小王那看似随意的几句话却是有意策划的，这样，自己在张经理心中的形象一下子就提高了，办事自然就容易多了。其实，背后赞美他人比当面恭维的效果好得多，如果当面赞美，有可能会被认为这是拍马屁，同时，对方脸上也会挂不住，会觉得赞美不够真诚。那么，趁着对方不在场的时候，赞美几句，总有一天，这话会传到对方耳朵里，心里自然是美滋滋的，这样一来，打动人心的目的也达到了。

有记者曾问史考伯：“你的老板为什么愿意一年付你超过100万元的薪金，你到底有什么本事？”史考伯回答说：“我对钢铁懂得并不多，我的最大本事是我能鼓舞员工的士气，而鼓舞员工士气的最好方法，就是表现真诚的赞赏和鼓励。”原来，史考伯就是凭着赞美他人，而达到了年薪100万的高薪。

不难想象,史考伯先生一定是精通了赞美的方法,否则,怎么能将赞美发挥出那样大的作用呢？下面,我们就列举几种简单的方法,以供你参考借鉴。

1.出人意料的赞美

赞美来得比较突然,也会令人惊喜。比如,丈夫下班回家后,见妻子已经摆好了饭菜,不妨称赞妻子几句,妻子本来看似应该的行为,却受到了丈夫的赞美,作为妻子来说,心情是愉悦的。而且,在生活中,如果你赞美的内容出乎意料,也会打动对方的。

2.直接的赞美方法

在生活中,我们常见的赞美方法就是直接赞美,比如下属与上司、老师对学生、长辈对晚辈等,这样直接的赞美方法比较及时、直接,能够很好地鼓舞他人。如果你发现了对方身上有什么优点,不妨直接告诉他"你最近工作业绩不错,快破了上个月的销售记录了,继续努力"。

3.夸张的赞美方法

夸张的赞美方法又称为激情的赞美方法,拿破仑曾这样赞美他的妻子:"从来没有哪个女人像你这样得到如此忠贞、如此火热、如此情意缠绵的爱。"在这里,赞美可以使你获得爱情,同时,还可以缓和矛盾。那些无法掩饰的赞美之情,使我们的另一半十分的受用和满足。

4.间接的赞美方法

有直接的赞美方法,就有间接的赞美方法。在日常生活中,如果我们想赞美一个人,不便当面说出或没有适当的机会向他说出的时候,你可以在他的朋友或家人面前,适当地赞美一番,而且,这样赞美收到的效果将会更好。比如,当着下属的面赞美另一位员工"我觉得小王挺不错的,工作很认真,踏实能干,我很欣赏他",等到这些话传到了员工耳朵里,他肯定会加倍努力工作来表达内心的感激。

用赞美表达自己的崇敬之意

在生活中,我们经常听到这样的赞美"你的手工做得太好了,怎么做出来的,能教教我吗?”如此别具一格的赞美方法就是请教式赞美,什么是请教式的赞美呢?顾名思义,就是赞美对方的某些方面,而话语中带着请教的意味,似乎对方的优秀程度已经让我们将其摆在了“老师”的位置上。而大多数人听到请教式的赞美,虽然表面上不做声,但其内心却早已经是兴奋异常了。另外,请教式赞美能更容易让对方接受,让对方体验到自己的价值,从而心中产生某种成就感。这样的赞美方式大多适用于下属对上级、学生对老师、晚辈对长辈,由于对方身上有自己不具备的一技之长,遂以请教的赞美方式表达自己的仰慕之情,在这个过程中,对方往往能在请教式赞美中答应自己的请求,或者,他们有可能会主动帮助你渡过难关。

美国的一家化妆品公司曾有一名优秀的“推销冠军”。有一天,他还是和往常一样,把公司里刚推出的化妆品的功能、效用告诉顾客,然而,他所介绍的女主人并没有表示出多大的兴趣。于是,他立刻闭上嘴巴,开动脑筋,并细心观察。突然,他看到阳台上摆着一盆美丽的盆栽,便说:“好漂亮的盆栽啊!平常似乎很难见到。”

女主人来了兴致:“你说得没错,这是很罕见的品种。同时,它也属于吊兰的一种。它真的很美,美在那种优雅的风情。”

“确实如此。但是,它应该不便宜吧?”

“这个宝贝很昂贵的,一盆就要花 700 美元。”

“什么?我的天哪,700 美元?那每天都要给它浇水吗?我一直很喜欢盆栽,但却对此一窍不通,我能向你请教,你是如何培育出这样美丽的盆栽的?”

“是的,每天都要很细心地养育它……”女主人开始向推销员倾囊相授所有与吊兰有关的学问,而他也聚精会神地听着。最后,这位女主人一边打开钱包,一边说道:“就算是我的先生,也不会听我嘀嘀咕咕讲这么多的,而你却愿意听我说了这么久,甚至还能够理解我的这番话,真的太谢谢你了。如果改天有空,我会乐意向你传授种植兰花的经验,希望改天你再来听我谈兰花,好吗?”女主人爽快地接过了化妆品。

通过向女主人请教关于盆栽的问题,打开了女主人的谈话兴致,而且,在交谈过程中,销售员一直以请教式赞美来夸奖女主人,使得女主人的心理获得了极大的满足。说到最后,没等销售员开口,女主人就主动掏钱购买了化妆品，而且，还发出了“希望改天你再来听我谈兰花”的邀请。足以见得，请教式赞美所产生的良好效果。

其实，请教式赞美不仅仅重在请教，还表现出一种鼓励的意味。当然，这样的一种赞美方式不止局限于下属对上级，很多时候，上级为了鼓励下属，也可以向下属发出“请教式赞美”。在日常生活中，还有许多家长更是将请教式赞美当作了一种很好的教育方式，以此来鼓励小朋友。有时候，我们在求人办事的时候，不妨放低自己的身价，虚心请教，再说几句赞美之语，说不定能取得良好的效果呢。

这段时间，小雨跟她的一个朋友学会了十字绣，她利用业余时间，绣了一对在丛林中飞舞的蜻蜓。同事看了她绣的十字绣，很惊讶，那形象的花草、舞动着翅膀的蜻蜓非常逼真，同事由衷地赞美：“哎呀，小雨，你太了不起了！你这是怎么绣出来的啊？”小雨笑了笑，看得出，她对自己花费了不少时间绣出来的作品很自豪，同事真诚地说：“看你绣得这么漂亮，我也想学习一下，你能教教我吗？”小雨点点头，开始手把手地教同事如何绣十字绣。

同事那几句请教式赞美，恰到好处地温暖了小雨的心灵，融洽了彼此之间的关系。可以说，请教式赞美，是一种非常有效的赞美方式。给他人戴上了一顶高帽，再虚心的请教，想必一个再倨傲的人也会被打动，这样一来，自己所请求的事情自然就能够办成了。

把握尺度，过分的赞美是虚伪

在这个世界，任何事情都没有绝对的好坏，这就告诉我们凡事需要掌握一定的分寸，比如赞美，不要将赞美变成了谄媚。赞美他人也是一种智慧，不偏不倚，不能太夸张，太虚假，让对方觉得你是在谄媚；也不能太随意，将赞美的话说得苍白无力，让对方感觉不到你是在赞美。即便是说好话，也需要掌握恰当的分寸，你所掌握的分寸不同，其产生的效果也是不同的。如果赞美恰当，那就是一种艺术，一种智慧；而过分夸张的赞美则很容易会给对方一种溜须拍马的感觉，这样的赞美反而会惹领导生厌。可以毫不夸张地说,赞美也是一门学问,尤其是拿捏赞美的分寸。对于我们来说,赞美他人,好听而不虚假,真诚而不夸张,最关键的是,让对方听了心花怒放。

小王去一家小公司的老板那里推销保险,刚刚进入办公室,他便开口赞美起了那位年轻的老板:"您这样年轻,就能当上了老板,真了不起,能请教一下,您是多少岁开始工作的吗?"那位老板回答说:"18岁。"小王声音一下子提高了:"18岁?天哪,真是了不起,在您这个年龄,很多人还在父母面前撒娇呢,那您是什么时候开始当老板的呢?"老板有点不耐烦地回答:"两年前。"小王又很惊奇地说:"哇,才做了两年的老板就已经有如此气度,一般人还真培养不出来。对了,您怎么这么早就出来工作了呢?"

老板脸色有点不悦,但还是礼貌地回答:"因为家里只有我和妹妹,家里穷,为了能让妹妹上学,我就出来干活了。"小王一时不知道该说什么好,就说:"你妹妹也很了不起啊,你们都很了不起啊。"就这样一问一句赞美,最后竟然将那位年轻老板的五姑六婶七舅妈都赞美了个遍,话题越扯越远了。本来,那位老板打算购买小王的保险的,但最后也决定不买了。

仔细看这个案例,我们会发现,小王最终推销失败,原因在于他的赞美没完没了。可能在刚开始的时候,那位老板听到几句赞美,心里还是高兴的,但小王越说越多,让那位本来的好心情老板不胜其烦。

有一次,领导亲自为一个重要的客户赶一个策划方案,完成之后,领导还是煞有介事地拿到大会上让下属头脑风暴一番,一来说不定还真的能发现好的建议,二来可以看看谁才是真正佩服自己的,谁能满足一下自己的虚荣心。

当领导的文案拿出来的时候,下属小李脱口而出:"到底是领导啊,真是技高一筹!领导走过的桥比我们走过的路还多,这次真是大开眼界了,我怎么没有想到呢?"听了这样一句话之后,老板满是得意的表情,嘴角还挂着骄傲的表情。

赞美领导若是能恰如其分,恰到好处,会让对方感到很舒服。但是,赞美太过了,往往会造成过犹不及的感觉,会让你的赞美没有新鲜感,会让对方有些吃不消,从而会质疑赞美的真诚度。

1.赞美不可过度

赞美是一种满足他人心理需要的行为,是尊重对方的一种表现。但是,赞美也是需要把握分寸的，太多的赞美会变成谄媚。因此，在赞美对方时，我们需要发自内心，态度真诚；而且需要有充分的理由；不仅如此，还需要在必要和适当的时候去赞美，这样的赞美，对方才乐意接受，才会报之以微笑。

2.过分的赞美听起来很虚伪

试想，假如你在赞美一位清洁工人，这样说："你真是一位了不起的成功人士啊，你身上具备着非凡的气质。"那么，对方一定会觉得你的话是虚伪的，听了令人恶心。真正赞美，会把握好分寸和火候，张弛有度，收放自如。相比较恰当的批评，好的赞美更像是一门艺术，而那些过分的赞美，听上去像是谄媚一样，如此糟糕的赞美还不如不赞美，因为赞美已经失去了它应有的效果。

下篇

实践篇

有了勤奋的练习，总会有一个情境中施展口才的诀窍。生活中，那些往往开口就能说重点的人口齿伶俐，语气得当，发音准确，而这些技能都是通过在实践中训练而形成的。当然，好的口才并非滔滔不绝之能，擅长社交的人，需要拥有驾驭语言的功力，且会自如地运用丰富多彩语言表达方式。

第 13 章

甜言蜜语，开口就赢爱情

在爱情的世界里，有时候往往是因为我们没有用恰当的方法，所以才会无法敲开他的心门。而相爱的两个人，最重要的是来自心灵的交流。作为爱情中的一方，要善于发挥自己的爱恋蜜语，巧用自己的妙语滋养婚姻爱情。

几句话语给予对方莫大的鼓励

每个人都有低迷的时候，他也不例外，有可能是工作上进展得不够顺利，有可能是遇到了一些困难与挫折，有可能正处于人生的低谷时期。当他出现低迷的时候，你是否做了应该做的，那就是给予他几句话的鼓励。一些女人习惯了啰唆、指责，面对他工作中的失败，不仅不给予安慰，反而变本加厉地指责起来，说一些伤人的话语："你真是没出息""纯粹是一个窝囊废，早知道当初就不嫁给你""自从跟着你，我就开始倒霉了"……这些杀伤力无穷的话语，无疑是雪上加霜，而你也成了落井下石的那一位。当面对他遭遇困难的时候，即便是陌生人也会递上一份问候，更何况是你。所以，即使他事业没有什么成就，也不要乱加指责，更不要随意怒骂起来，这只会使你们之间的感情越来越疏远。不妨拿出女人的本色，给予他几句话的鼓励，用你柔弱的双肩为他支撑起坚实的大后方，给他信心，让他从困境里走出来。这是一个女人的智慧，更是一个女人的骄傲。

小路和老公都来自农村，因为共同的家境让他们有了许多共同语言。认识两年之后，他们就在领证结婚了，虽然没有房子，也没有车子，甚至连婚纱照都没有拍，可是小路觉得自己很幸福，因为爱是任何物质都换不来的。

结婚后，老公工作更努力了，虽然没有较高的学历，但他用自己点点滴滴的勤奋努力拼搏，只是为了当初许下的承诺：小路，我会给你一个美好的将来，相信我。小路的爱让他坚信自己一定会成功的，小路也经常鼓励老公："你就是最棒的，总有一天，你会有自己的公司，我相信你，一直，甚至是永远。"其实，并没有等到永远，过了两年，辛苦拼搏的老公赚回了人生的第一桶金，开始自己经营了一家小公司，虽然，看起来似乎并不起眼，但小路说："有一天，你会把公司做大的。"在小路的不断鼓励下，老公的公司发展越来越好，没过几年就自己买了房子，买了车子，公司也做成了大公司。

但是，好景不长，可能是因为经营不善，一些管理方法出现了问题，公司陷入了困境，老公焦虑得晚上睡不好，白天还要去公司处理事情。小路看着着急的老公，心里也很担心，但她还是一如既往地鼓励他："这只是暂时的困难，很快就会过去的，现在可比我们才来城市的时候好得多了，那时候那样艰难我们都熬过来了，何况是现在呢。"老公看着小路认真的脸，笑了。

小路在任何时候都没有指责老公，而是一如既往地支持他、鼓励他，不断地给他坚持下去的勇气。在小路的鼓励下，老公取得了一次又一次的成功，从一次次的失败中重新站了起来。每个人的人生路途中，都会遇到种种困难和挫折，面对有的突如其来的打击，很多人都防不胜防，心理也即将崩溃了。这时候，正是需要你帮助的时候，没有指责，没有质问，只是一句轻轻的鼓励，或者只是一个拥抱，只是一个善意的微笑，都足以燃起他心中的希望，给予他强大的力量，那是重新站起来的力量，是重新获得成功的力量。

1.他也需要被肯定、被鼓励

也许，有人认为男人那么坚强，是根本不需要鼓励的，只有弱者才会需要鼓励。事实上，无论是强者还是弱者，他都有最脆弱的时候，在那低迷的时候，最需要有个人能给他勇气、信心，能够不断地给他打气，成为他最坚实的后盾。对于男人来说，他们的自尊同样是异常的脆弱，假设你给正处于困境的他一顿责骂，他有可能就真的一蹶不振，甚至破罐子破摔，最终毁了自己的一生。

所以，请在他最需要帮助的时候，用力地拉他一把，用你的语言行动告诉他，无论他成功还是失败，你永远支持他，陪伴着他。如果你真的付诸于实际行动了，那么他会用一生来回报你的爱情。或许，在你的鼓励下，他真的就成功了，重新找回了自己，他的重生证明了你的伟大，因为你的鼓励，让他对自己的工作充满了信心。

2.成为男人最坚实的后盾

男人在外工作已经够累了，如果遇到了工作中一些问题，再强大的他也会感到沮丧。这时作为女人，应该适时说几句安慰人的话，虽然这些话并不会提供实质性的帮助，但可以让他对工作重新充满信心，从而为明天的成功打下基础。

偶尔激怒对方，保持神经敏感度

两个人相处的时间太久了，虽然彼此很恩爱，却有说不出来的熟悉。就像有人说的，牵着爱人的手，就像左手牵右手。日子就是四平八稳地躺着，相处的时候，总是感觉少了什么东西。有时候，我们彼此已经感觉到自己对他（她）好像不是那么重要了。可是，两个人的感情还是那么好，有时候也找不到什么办法来改变自己的现状。有人说，有时候，爱情被时间打败了。难道真的是这样吗？其实不尽然，每一段感情都需要我们自己去努力，只要你愿意去尝试，就会让自己的感情神经开始敏感起来。

两个刚开始相处的时候，我们总会因为太爱对方，而不愿意向他（她）生气。就连一句重话都不敢说，总是怕伤了他的心。于是，我们愿意忍耐对方的一些坏脾气、缺点，甚至在怒火来的时候，还强压住。而当我们在一起了，又会习惯了他（她）的那些脾气，看不下去的，自己懒得看，有时候欲言又止，也懒得说。事实上，偶尔的生气，表达一下自己的想法，可以调节一下生活的平淡，发泄自己心中积累的怨言，可以加强两个人之间的理解和沟通，也可以保持彼此感情神经的敏感度。

阿杰和梅在一起有3年多了，两个人居然从来没有吵过架。原因在于阿杰的脾气太好了，什么事情都迁就着女友梅。梅是一个生长于家庭条件优越的女孩，从小被父母惯着，有一些大小姐的脾气，而阿杰从来就是顺着她。可是梅却觉得两个人这样待着不是个回事，总感觉少了点什么。

有一次，梅终于忍不住了，她开始无理取闹，要起大小姐的脾气。那段时间，阿杰正为工作的事情闹心。一开始，阿杰还哄着，劝着。到最后，阿杰也开始忍不住发怒了："我的工作这么辛苦，你怎么就这么不体谅我？"梅哭着跑开了。

第二天，梅主动找到阿杰向他道了谦，两个人又和好如初了。

梅会认为他们俩人之间少了点什么，其实就是另一种沟通。如果彼此都是平平稳稳的，倒像觉得是生活缺了点调味剂，感情的神经也开始松弛了下来。平时在两个人相处，偶尔激怒一下对方，既是另一种沟通方式，也是一种把自己的怨言说出来的发泄方式，而且能够增进彼此的感情，让原来比较平淡的生活变得有点色彩，无疑是件美事。但是，只是偶尔，却不能经常的生气。偶尔的一次生气能保持感情神经的敏感度，但是经常的生气就会伤害彼此的感情。

1.故意激怒对方

有时候，我们都变得懒了。对自己的感情变得也不显得那么热心。这时候，就需要我们适时的有所改变。哪怕是故意地激怒他，也会给我们的感情带来转机。以前，我们或者是对对方有不满的地方，但是因为爱他，所以一再的忍让，自己心里却憋屈着。这时候，何不释放出来？真实地说出自己心里的想法，或许短时间会惹对方生气，但是长远来说，却是一种感情的疏导。同时，也会让彼此的感情开始敏感起来，而不复往日的如白开水一样的无味。

2.感情需要保鲜期

太久没有波澜的感情就像是一潭死水，激不起半点波澜。我们何不向水里扔进一颗石子呢？学会为自己的感情找点兴奋剂，让不温不火的两个人重新开始燃起激情。偶尔的一次生气，让对方觉得原来你还是很在乎他(她)的，他(她)也会重新开始重视这段感情，重新重视你。当感情已经没有往日激情的时候，学会为自己的感情找点新鲜的东西。偶尔激怒对方，保持神经的敏感度，他又会重新开始重视你。

适时示弱，打动对方的心

两个人在一起，总会遇到意见不合、想法不一致的时候。这时候，彼此双方都觉得自己是正确的，谁也不想让别人来控制自己的行为。两个人为一些事情起争执：小到穿什么颜色的衣服，在哪里去吃饭；大到工作的定向，房子的选择。这些看起来很琐碎的事情，都会在无形中影响我们的感情。怎么样来减少彼此的争执？怎么样让对方愿意按自己的想法来决定事情？

那就是适时的示弱,来打动他的心。

小张是个脾气很倔的女孩,只要是她认为的事情就是对的。平时,在家里,父母都让着她,身边的朋友都顺着她。自从她交了男朋友,她就显得有点苦恼了。刚开始的交往的时候,她不好在男朋友面前使性子。可是日子久了,那性子就渐渐显露了出来。她男朋友却是个有自己想法的人,不愿意受小张的摆布。

后来,小张在朋友那里借鉴来的一个小主意,终于让她男友乖乖就范。她的主意就是:当两个人需要意见达成一致的时候,小张先是把对方的想法称赞一番,在关键决定的时候,她会说:“我有点不舒服。”甚至有的时候,为了让男友同意自己,憋红了眼睛。男友见状,不得不依。

小张就是懂得在合适的时候,向男朋友示弱,以此来换的自己的胜利。就算他男朋友了解小张平时的倔性子,但是每次看见她眼睛红红的样子,就不忍拒绝。平时在生活中一样,两个人吵架的时候,女人大多是会处于胜利的一方。为什么呢?因为女人会巧妙地示弱,当他正在火气上的时候,看见她眼眶都红了,就不忍心责备你了。

1.适时示弱

当遇到意见不合时候,我们都像针尖对麦芒一样,互不相让,那么彼此心里就会受到伤害。学会在恰当的时候示弱,引起他心里对你的疼爱,才能够打动他的心。世界上最难得到的是别人的心,但是,最易打动的也是别人的心。每个人在心灵深处都有最柔弱的地方,只要你触摸到他的内心深处,再是铁石心肠也会被打动。

2.智取而不蛮争

在恰当的时候示弱,更多的是表现在智取而不是蛮争。很多时候,我们会突然发现,由于种种原因,两个人陷入了某种僵局。这时候,两个人彼此都很生气,你说你有理,我说我有理,互不相让。如果继续下去,就会愈演愈烈,甚至不可收拾。如果你在这个时候,向对方示弱,引起他的怜悯之心,那么,就会适时地把场面控制住。其实,你示弱的打动了他的心,这从另外一个角度讲,你已经取得了胜利。

3.示弱可以有效地化解一场战争

两个人在一起,发生矛盾是常有的事情。适时地向他示弱是一种智慧的表现,示弱并不是妥协,而是一种理智的忍让。俗话说:退一步海阔天空。有时候,正是因为你恰当的时候向他示弱,结束了一场争执,也打动了他的心。其实,示弱也不是弱者的表现,而是为了更好、更坚定地在他面前站立。当你示弱的时候,你柔弱的样子激起了他想保护的欲望,同时引起他的怜爱之心,让他会忍不住地心疼你。他知道如果他再坚持下去,就显得一点都不怜香惜玉了,这时候,他一般都会大度一点,把原本属于他的胜利让给你。

有时候,学会在恰当的时候示弱,是为了打动他的心,为了取得自己在这场争论中的胜利,也是为了彼此在意见不合的时候,多一点和谐,少一点争执,更多的是为了不伤害两个人的感情。

适时的沉默其实是最大的支持

女人天生就喜欢说话,但作为妻子,应该明白喋喋不休的说话,对于正在烦闷中的男人是最不能忍受的。有时候,他们只是希望待在一个安静的环境里,思索一些事情,整理一些思绪,在这时女人就需要学会察言观色,适时闭上嘴巴,给男人一个安静的环境。或许,有的女人会担心,他到底出了什么事情呢?为什么不告诉我呢?有时候,男人喜欢把事情藏在心里,他不说有他的理由,并不是怕这些事情被你知道,这时你的安静就是对他最大的支持。愚蠢的女人经常会做出这样的行为:在男人越是烦心的时候,自己越是不省心地唠叨这唠叨那,结果气得男人摔门而去,她总算停下来了。难道一天都张嘴说话不累吗?当某一天看到男人脸上表情不对劲的时候,适时闭上嘴巴,让自己休息的同时,也给男人一个安静的环境。

有时候,女人并没有真正地理解男人,了解他们心中的所思所想。女人总是一厢情愿地觉得做什么事情才是为男人好的,但结果是做了这些事情,男人并不会领情,他所需要的是来自心灵的关怀。因为不了解,女人无法把自己内心的关怀恰到好处地送到男人的心里,这样也很容易让俩人之间产生矛盾。

小萌是一个善解人意的女人,她懂得在什么时候安静,什么时候说话。

随时掌握好分寸，以给予老公最细致的关怀。

老公最近在忙着创业，这是老公辞职之后第一次下海，虽然，在之前做了充分的准备工作，但事情还是不怎么顺利。小萌没有过问过老公创业的事情，只是表示了自己的支持："不管你做什么，我都支持你，如果你累了，就回到家，我给你做好吃的。吃饱了睡一觉，什么事情都没有了。"正因为小萌的善解人意，老公才得以放手去开拓自己的一片天地。

这两天，小萌明显注意到老公的脸色阴晴不定，好像出了什么事情。到底是什么事情呢？小萌也很担心，但看着老公紧皱的眉头，以及疲惫的神情，小萌觉得自己还是不要问了，留给他自己去解决吧。晚上，小萌做了老公最喜欢喝的鲫鱼汤，跟以往不同的是，今天的汤特别清爽，令人看一眼就很有胃口。果然，老公喝了几碗汤，小萌只是小心地叮嘱"小心烫""汤里放了你最喜欢的丸子，怎么样，很香吧"，老公只是点点头，没说话，小萌也适时闭上了嘴巴。这时候正是老公烦心的时候，自己所能给予的最大支持就是安静，不问，也不去烦他，等事情处理好了，他自然会告诉自己，让自己不担心。

最近几天小萌都没怎么说话，如果是以前，她肯定会发挥唠叨的特长，但现在她什么都没说。就这样过了三五天，有一天，老公突然眉开眼笑了，小萌知道事情肯定解决了。果然，老公回到家，来不及换鞋子，就抱着小萌大叫："资金终于到位了，我很快就成功了！为我高兴吧。"小萌笑了，才说："前几天看你很不开心，是因为资金的问题吗？"老公点点头："是的，本来已经谈妥了，但合伙人临时有变，这让我很烦心，我都害怕跟你说，怕你担心，只好阴沉着脸不说话，只是你太了解我了，竟然没问什么，这样我也就放宽心了。经过多次谈话，合伙人终于同意了，有时候，我想可能就是你的安静，让我可以很舒心地去做任何决定。"小萌嗔怪一句："下次可不能让我这样担心了，有什么事情也可以说出来，我们一起商量。"

女人常抱怨："我省吃俭用都是为了你，做什么事情都是为你好，但你也这样对我。"听到这样的话，男人也有话说："我需要的不是那些，我需要的只是你安静地陪着我，少唠叨，少吵架，哪怕只是安静地坐着，那就是对我最大的支持。"男人所需要的东西其实很简单，但大多数女人都做不到，她们只是按着自己的行为习惯去定义爱是什么，却浑然忘记了爱其实就是分担，就是心灵上的契合。

1.男人最需要的是心灵的关怀

对于男人而言，他们最需要的可能不会是物质或金钱，而是来自心爱女人心灵上的关怀。男人在外面拼事业，往往会很累，如果在这时女人还是喋喋不休，那只会让男人的心更累。有时候，女人的安静就是男人最大的支持。

2.安静是一种无声地关怀

男人在遇到重大事情的时候，总是会要求："你让我静一静。"有时候，女人的安静也是一种无声地关怀，虽然安静不说话，但她总是关注男人的脸色、表情，是开心还是郁闷，如果开心了，那表示事情都解决了；如果还郁闷着，那表示他正在烦心中，那自己也不要打扰了。

掌握吵架技巧，会更理解对方

有时候，爱人之间的吵架会让感情在争吵的硝烟中慢慢飘散，他们会因为争吵来伤害彼此的感情，最后使彼此的感情都变得十分的脆弱。而有时候一对爱人的吵架有时候会成为感情的"催化剂"，他们会在吵架之后，突然感情升温，彼此变得更加的爱对方。英国最新的一项调查发现，如果吵架讲技巧，并且善用吵架"秘诀"，架吵得好，也许可以成为俩人感情的催化剂，是你们的感情在经历了"冲突"之后，比以前更加稳固和坚实，这就需要每一位爱人掌握一些"越吵越爱"的技巧。

两个人在一起难免会出现磕磕绊绊的情况，俗话说：牙齿和舌头那么好的交情，可是也免不了牙齿伤了舌头。更何况是两个思想和观念都不一样的人，他们总会为了一些鸡毛蒜皮的事情就开始争执起来，互不相让，甚至大打出手。其实，两个人在一起，吵架是很正常的，也常常有人用这样的词语"打情骂俏"来形容情侣之间的爱意。即使在吵架的时候，我们也还是互相爱着对方，其实生活中偶尔的吵架也是一种沟通。可能两个人在一起久了，我对你或是你对我都会有一些抱怨，会觉得这件事情你哪里做得不到位,或是我每次约会迟到都会让你觉得恼怒。而由于一件小事作为导火线,两个人都把对彼此的怨气发泄出来了。当我们彼此都说了自己对对方的抱怨之后,你才发现事情原来是这样,于是,我们哪里让对方生气的或是让他看不惯的,在今后的生活中就要改一改。并且,不失时机地表白一下你的爱情,让你们的感情更加稳固。

双方在一起时间长了,就会不可避免地发生一些争吵,俗话说"床头吵架床尾和",关键是在于掌握一些技巧,才能使吵架的时候不伤害感情,不会闹得两败俱伤,而是巧用吵架作为俩人感情的催化剂,使俩人越吵越爱,越吵越亲,感情指数急剧上升,而这就需要注意以下技巧。

1.要就事论事,不要翻旧账

两人在发生争吵时,你就会因为伤心而想起以前的很多事情,包括以前所受的委屈,他所有犯过的错,你都会忍不住要拿出来。甚至趁此机会把他身上你看不惯的地方,一点一点地拿来数落一番,还不解气,还会把他的朋友、亲人,哪个你看不顺眼的,也借机数落。其实,本来只是为一件小事争执,但是因为你的"乱开炮",就会从他的身上扩展开去,牵扯到一大堆人。吵到最后,你几乎已经忘了最初的原因,憋了一肚子气:"算了,这日子别过了。"于是,战火愈演愈烈。

其实,两个人争吵的时候,不要把"陈芝麻、烂谷子"都翻出来,那样只会增加彼此的怨气,还不如就事论事,理智一点,你就会发现,一些小事情根本就不值得吵。

2.吵架的时候切忌冷嘲热讽

有的人在吵架的时候,就喜欢说讽刺的话:"我走了,你岂不是自由了吗?我也省得闹心。"这样的口气会更加的激怒对方,讽刺的伤害是很大的。没有哪一个人能够容忍爱人对自己的嘲讽。所以,即便是争吵,也不可冷嘲热讽。你想表达什么,就直接表达好了,不要用讽刺的语气说话。

3.争吵时不要冷战

冷战虽然不是很高明,但是所有吵架的人都会用。吵架后,他们选择不接对方电话,不跟对方任何解释的机会,或是一气之下跑出家门。彼此都等着对方来道歉,看谁先低头,于是冷战成了一场赌博。其实,这时候冷战,冷掉的不是你们彼此的怨怒,而是你们之间的感情。不要企图用冷战的形式去惩罚对方,因为这同时也是在惩罚你自己。

4.不要抢对方的话头

吵架的时候,彼此都是据理力争,有很多人总是不等对方把话说完,以为自己完全知道他想说的是什么,就会把话头抢过来,发表自己的意见。其实这时候,我们在对方说话的时候应该选择倾听,才能清楚地明白对方所要表达的意思,才能避免因为你的误解引来更大的争吵。

只要你掌握以上的技巧,就会让你们的吵架成为你们感情的催化剂。你会发现,当你们吵架之后,彼此更能理解对方,而且彼此感情也会越来越深。

含蓄地称赞异性更有效

在人际交往中,如果你想去称赞一位异性朋友,来表示你对他的好感。那么这时候,千万不要用直白的话语去称赞,而是含蓄的话语称赞他,这样达到的效果会更佳。在称赞异性的时候,你就要恰当地表现出自己的理智和聪慧,学会掌握一些说话的技巧,就能够轻易地打开对方的心扉。有时候,你想对他表示出你的好感,那么用含蓄的语言是再恰当不过的。如果你的称赞过于直接或是直白,那么就给别人造成一种"轻浮"的印象,这时候不但使自己的形象受损,而且被称赞的异性也会觉得不自然。因此,赞美一位异性,直接不如含蓄、委婉。

以含蓄的话语称赞异性,往往能恰当地表示出你的友好,还能使他人对你充满好感,拉近彼此的距离。很多人都有这样的经历,在某个聚会中,看到自己比较心仪的异性。但是心里却想着该如何跟他表示出你的好感呢,这时候很多人都选择赞美的方式来达到他的目的。而含蓄地赞美异性则是最好的法宝,既能大方适当地赞美别人,又可以不露痕迹地表示自己的好感。含蓄的赞美主要是能够使自己在交流中处于一个比较稳的位置,也能更好地避免对方因为你太过直接的赞美而生气。

东汉末年,貂蝉受义父王允的指使,游离于董卓和吕布之间,以此来激起他们之间的矛盾。貂蝉为了挑拨吕布和董卓之间的矛盾,于是故意接近吕布。她饱含深情地对吕布说:"妾虽在深闺,但久闻将军大名。本以为在这世上就将军一人有如此本领,但听到别人闲言,说将军受他人之制,如今想来,着实可惜。"说罢,泪如雨下。吕布听了很惭愧,满怀心事地回身抱住貂蝉并安慰她。

后来,吕布果然与董卓出现了裂痕,并且在大怒之下,亲自斩杀了自己的义父董卓。这无疑之中,都是貂蝉的功劳。

聪明的貂蝉就是利用别人的传说来把吕布称赞得是举世无双、无人能及,如此贴心的赞美勾起了吕布的虚荣心。于是,貂蝉再巧妙地挑拨,说他受董卓之制,表示出自己的惋惜。在吕布看来,自己身为热血男儿,又怎能受如此之羞辱呢?貂蝉的这一片言只语,就成了董卓与吕布之间矛盾的导火线。貂蝉的含蓄赞美,是一计完美的"请君入瓮",不但赢得吕布的好感,还成功地离间了董卓与吕布之间的感情。

这种借助别人的话来表达你的赞美还有一种妙处,那就是能把你的立场模糊起来。你能自由表达出自己心里话的同时,又不会引起别人的误会,就犹如一把适度的尺子,保持了异性之间应有的距离。如果你在社交场合,用含蓄的话语赞美异性,那么对你更是无往不利。它专门利用对方的虚荣心理,利用对方爱维护自己面子的自尊心,来达到自己的目的。你会在不知不觉之间,使对方顺从于你。借助别人的话语来对赞美异性,它能使异性对你的意图既有了大致的了解,但是又不至于太直白,使自己处于尴尬或无路可退的地步。但是你也适当注意,如果你借用别人的话来赞美对方,你就没有必要指名道姓地说自己是听谁说,以免日后留下隐患。

1.称赞异性,应适度含蓄

你在赞美一位异性的时候,应该适度地含蓄,还要讲究语言艺术,否则即使对方不会对你产生误会,也会显得自己没有内涵,没有风度。在人际交往中,自我形象十分的重要,它通常是你人际关系好坏的关键。而在异性面前展现你良好的形象,就是你成功的开始。因此,在赞美异性的时候,既要保护好自己的形象,又要使他高兴。所以说你在社交场合或是酒会,用含蓄的话语来称赞异性是非常有效,它会让你轻易打开对方的心扉,而对你充满好感。

2.太过直白的称赞令自己的形象大打折扣

你可以含蓄地称赞一位女性，“你今天看起来真有魅力！”而不是直白地赞美“你的手真美”或是“你真性感”，这样就会让你自毁形象，对方也会觉得你是比较轻浮的人。而称赞一位男性，你也可以借用别人对他的赞美来称赞他“听别人说你最近做了一笔大生意，真是年轻有为”。而很多时候，我们可以借别人的赞美之词来称赞对方，这样含蓄地称赞也是卓有功效的。

爱情，最不可或缺的是甜言蜜语

两个人在一起久了，爱情已经丧失了最初的激情和浪漫，剩下的就只是平淡的生活，那些看似平淡的日子就如同一只只会织网的蜘蛛，在爱情里织起一缕缕的蜘蛛网。于是，爱情的世界凸显荒芜，男人觉得她变得越来越婆婆妈妈了，女人会觉得他越来越不解风情了。其实，爱情是需要时刻保鲜的，只有让你的爱情保鲜，你的爱情才会更加长久。而“甜言蜜语”就是最好的保鲜剂，它可以使你的爱情时刻处于浪漫的世界里，也能让你的爱情随时随刻展现耀眼的光芒，同时还能让你的爱情像掉进“蜜罐”里一样，充满了甜蜜。美好的爱情往往是不可能缺少“甜言蜜语”的，所以，如果你愿意，就请花点心思说点甜言蜜语，讨好你喜欢的人吧！因为这是爱情长久不衰的法则。

每一个在恋爱中的人，都喜欢听爱人说一些甜言蜜语。尽管他们在心里承认，那些所谓的甜言蜜语也只是表面上的，只是用来哄人的，不会有太大的价值。但是每个人的心里还是受不了虚荣心的诱惑，那些看似毫无实际意义的情话，却能够满足他们心里对爱情的渴望。有的人会觉得，如果爱人不会说一些甜言蜜语，那么爱情就会变得索然无味，生活也显得死气沉沉的。有的人在听不到对方的甜言蜜语的时候，就会无端的怀疑“他还爱我吗”，这时候，你不要去怪他的胡思乱想，而是要反省自己的言行。特别是一些女人，她们在爱情里总是显得没有安全感，如果好久没有听到“我爱你”的告白，她就会觉得“他不爱我了吧”。所以，作为一个爱他的男人，就要花点心思去照顾到女性敏感的心理，对她说一些甜言蜜语，满足她渴求爱的心理，给她一剂安定药，她就会相信原来你是爱她的。

最近，苏木爱上一个比她大 8 岁的男人，他风度翩翩，性格开朗，连走路都喜欢哼着歌。于是，苏木顶着家里的人都反对，可是苏木开始毅然与前男朋友分手，与他走到了一起。那位男人吸引他的就是那些深情款款的话语。那些甜言蜜语让苏木感受到爱情的美好，而苏木的前男朋友则是一个榆木疙瘩，看起来木木的，一点不解风情。更不会对苏木说那些甜言蜜语了。

他说，自己是一个孤独寂寞的男人，但是现在他拥有了苏木，就拥有了一切。他对苏木说，你是我生命中的太阳，你是上天派来的天使。说得苏木热泪盈眶，愿意放弃一切跟他走。那位男人懂得在适时的时候，对苏木说一些甜言蜜语，顿时让苏木觉得跟他相爱就拥有了整个世界。

在爱情的世界里，特别是女人，她们往往是充满感性的。爱情在她们眼里都是罗曼蒂克的，没有哪一个女人会受得了甜言蜜语的攻势，所以“甜言蜜语”也是男人们在追求女人时必用的招数。但是男人在得到她以后，却觉得“甜言蜜语”不需要了，彼此都已经在一起了。其实这往往是错误的，那些感性的女人喜欢听甜言蜜语，她们会认为那些情话听一辈子也是不会厌倦的。所以，男人们，为了保持你们爱情的甜蜜，费点心思对她说一些甜言蜜语，这会成为你们爱情保鲜的法宝。

并不是女人才喜欢听甜言蜜语，有时候，男人也喜欢自己的爱人对自己说一些情话。爱情的魔力就在于此，在乎他，欣赏他，就要说出来。这会让他心里充满了爱情的甜蜜和幸福。每个男人都是虚荣心极强的，女人不要吝惜自己的赞美和欣赏，多说一些漂亮的话，会让他更加有魅力；而女人是需要哄的，男人不要怕花时间，要学会对她说一些甜言蜜语，那些话可以哄住她一辈子。让彼此的爱情甜蜜幸福，让自己的爱情长久不衰，让两个人的爱情随时保鲜，那么你就要学会对他/她说一些甜言蜜语，让你的爱情无往不利。

1.对他形象的赞美

男人对外貌的在意绝不亚于女人，对外表的赞美最好具体点，类似于“你真帅”之类的模糊称赞，不一定能引起对方的兴趣，能这么说的女孩太多了，你可以表现的更亲密一点，“我喜欢你的头发，很柔软，很干净，闻起来味道很好”或者“你的声音真好听”“你肩膀真宽”“你的鼻子真挺！”后面三项，除了赞美之外，还是男女性差异比较强烈的地方，带着某种暧昧的暗示，作为经久不衰的甜言蜜语，应该被女性牢牢记住。

2.表示依赖的话

“我想你了”“没有你怎么办”具有轻柔漫入人心的力量，无论你内心有多么鄙视这类的甜言蜜语，多么不以为然地认为“谁离开谁，还不能活”，都不妨甜腻腻地来上一句。男人并不喜欢把“爱”挂在嘴边，但不刻意做作而又淳朴简洁的“想你了”，他们不仅不会拒绝，还会非常得意，因为表达了女人对自己的依赖和依恋，这种依赖，满足了大男人的虚荣心，没有男人会不喜欢。

3.肯定对方的吸引力

“和你在一起真开心！”“我们离开这吧，我想和你单独在一起！”两句话同样动人，前一句表示你喜欢和他在一起，他的行为或思想很有吸引力，和他在一起，你是快乐的。后一句表示他本身的吸引力不可抗拒，尤其当你们一起参加一些无聊的派对或者看一部非常枯燥的电影时，这句温柔的提醒，往往使他心情激动。

4.对男人的崇拜

多说类似于“你真幽默”“你这人真逗”“你怎么什么都懂啊！”“你真能干！”之类对于对方性情、能力的肯定和欣赏。男人或多或少都具备点骑士精神，喜欢在女人面前出其不意地一展“绝学”，喜欢在异性面前展现自己最有魅力的一面，这类甜言蜜语，正是对男人魅力的正面夸赞，往往成为男人的一剂兴奋剂，直接变成他上进的动力和对你的爱意。

5.对对方判断和能力的肯定

“你是对的。”“这个想法很新鲜，也很实际。”这种语调客观的评论，更能表现出你对对方的认可。赞美和崇拜，满足的是男人的虚荣心，客观的肯定则是满足男人对于“知音”的渴望。

不管他是在抱怨办公室的不公还是在发表自己对于政治、技术的高见，只要你附和一声，往往意味着你肯定和承认了他的努力，你是站在他那边的，而且深信他是最精明最有远见的，永远是你最响当当的男子汉。如果能在说出这句话之前，沉默几秒钟，思考一下，更能表现出自己的慎重，往往很容易被男人“引为知音”。

第 14 章

职来职往，少说多听是真理

在日常工作中，与领导、同事说话，还需要把握分寸，谨慎开口，尽量做到多听少说，避免在领导面前言多必失；准备充分，与同事说话不能想到哪里说到哪里；在领导面前说话不能太随意，需要把握亲近尺度。

准备充分，和领导说话不要想起一出是一出

与领导说话，并不像与隔壁的三姑六婆说话那样简单、无拘束，更不像拉家常一样，想到哪里说到哪里。与领导说话，还需要事前做好充分的准备，先说什么，后说什么，话题的重点是什么，需要注意哪些细节部分，这些问题都需要考虑清楚，而不是临时到了领导面前，想起一出是一出。我们都知道，领导日理万机，平时的工作已经是相当忙了，他只有在工作之余抽出时间来与下属交流，在这时下属就需要把握好时间，不能泛泛而谈，而是需要提前做好准备，比如，你只需要耽误领导十五分钟，那你在这个时间内到底阐述什么问题呢，能否完整地阐述完呢？这些都是需要考虑的，相反，如果没有提前做好准备，到了那里东一句西一句，领导根本没听清楚你到底说的是什么，结果还白白地浪费了他的时间，这样一来，领导是很容易对你产生厌恶情绪的。所以，作为下属，在与领导说话时，一定要准备充分，千万不能想到哪里说哪里。

娜娜来公司一年多了，但工资一直不见长，而她觉得自己工作能力也不错，为什么领导总是不跟自己提加薪的事情呢？想了想，干脆自己主动向领导提出加薪。俗话说："知己知彼，百战不殆。"娜娜在与领导谈加薪之前，她做足了准备工作。她先搞清楚了行业内的基本水平，清楚地知道自己"值"多少薪水，而且还了解了本公司的实际薪资情况，她想，在了解了公司工资发放的大致情况，合理评估自己身价的情况下，则需要勇敢地维护自己的正当权益。

准备工作都做得差不多了，娜娜还需要考虑什么时候向领导提出加薪的要求。前些天，领导忙碌，在为工作事情忙得头昏脑涨的时候，绝对不可以说加薪的事情，而是需要选择领导心情轻松的时候。

这天领导有事请娜娜去办公室，正在娜娜疑惑的时候，领导竟然破天荒地表扬起娜娜来："你上次所写的论文竟然发表了，而且荣获了一等奖，这是我们公司的集体荣誉，也是个人的荣誉。"娜娜看着喜笑颜开的领导，心想：机会来了。娜娜半开玩笑地说："我很高兴我的工作能力被您认可，但如果这种认可能转换成银行卡上的数字，我会更高兴的……"由于准备充分，娜

娜说话一点也不紧张，说完了这句话，满脸期待地看着领导。

领导咳嗽两声，接着说："我还以为是什么大事呢？就这个啊，行啊，没问题，你来咱们公司一年多了吧，其实我早就想跟你谈谈加薪的事情了，但一直以来没找到合适的机会……"当然，娜娜的这次加薪要求成功了。

在这个案例中，娜娜向领导提出的加薪要求最后批准了，其实最重要的原因应该得益于她事前做好的充足准备。有条不紊地说话，再加上半认真半开玩笑的语气，这些都让领导无法拒绝。娜娜巧妙地抓住领导表扬自己的最佳时机，向领导提出加薪要求，在整个说话过程中，她只说到了"加薪"这一件事情，而没有说其他的，更不是想到哪里就说到哪里。

1.应该说些什么

通常下属想与领导进行面谈，那肯定所谈论的是一个问题或一件事情，在正式谈话没有开始之前，下属就应该思考谈话的方方面面，做好准备：这个问题或这件事情是什么，如何清楚而简洁地论述出来，自己想要表达的意见是什么，希望领导应该怎么做，或者是预想领导会给出什么样的意见，等等。做好了充分的准备，才能促进上下级谈话的顺利进行。

2.不要从一个问题说到另外一个问题

在现实工作中，我们经常看到一些说话毫无章法的下属，他们往往是想到了一句话就冲进领导办公室，张口就说："领导，我觉得这件事……"结果，说了两三句话，忘记了下面该怎么说，忽而想到了另外一个问题，又开始说到了其他的问题，搞得领导自己也迷糊了：这位下属到底想说什么呢？对于下属这样的说话方式，领导者是极其反感的：一方面浪费了自己的时间；另外一方面降低了工作的效率。

与领导把握亲近尺度，说话不要太随意

作为下属，在与领导沟通过程中，还需要把握彼此之间的亲近尺度，切忌说话太随意。换句话说，也就是下属需要说作为下属应该说的话。作为下属，不要以为自己的领导很随和，更不要觉得领导的年龄与自己差不多，

就可以在他面前说话毫无顾忌，不分职位高低，说话很随意。下属应该谨记：即便是性格很随和，年龄很小的领导，他们内心深处都会有一种强烈的自我意识，因为他们处在领导者这样的特殊位置。

小琪是一家报社的记者，她平时很喜欢看一些小资的文章和书，特别喜欢工作之外有更多的私人时间。上班第一个月，她感觉还不错，基本上不用加班，她觉得这份工作还真不错。

不过，到了第二个月，报社来了很多新闻素材，领导经常让小琪去现场采访。一开始小琪还觉得很新鲜，后来就感到疲惫了。在连续加了三天班后的一天，她正准备下班回家，这时领导进来了，说道："小琪，你先别走，公司有一个非常重要的客户来了，你帮忙招待一下。"平时小琪说话随便惯了，尤其是当自己很累的时候，她也顾不上领导的面子了，她只感到疲惫和委屈，所以很没好气地说道："凭什么叫我接待啊？我已经下班了，当时招聘我来的时候，你们也没说过要干这么多事啊！"这时旁边的另外一位同事赶紧说："我去接待吧！小琪可能有事。"

回家的路上，小琪觉得自己对领导说话太随意了，不过，她也在为自己辩解：我已经连续加班三天了，很疲惫了，领导应该知道啊。没想到，两个月后，那位代替小琪去接待客户的同事升为主管，这时小琪才醒悟：都是自己说话随意惹的祸。

在日常工作中，许多下属喜欢幽默、风趣地说话，时不时还跟同事开玩笑。本来，几乎是没有人会讨厌这样的说话，因为风趣会让人更容易亲近，我们经常说，幽默是人际关系的润滑剂，其实也就是这个原因。虽然，风趣说话是一件好事，但若是用在与领导说话却是不太好的，其中最关键的就是与领导说话不能太随意，即便是开玩笑也是需要符合双方身份的。通常下属向领导开玩笑，目的就是赞美他、抬高他、尊重他，玩笑的内容应该是善意的、积极的，让领导觉得中听的。反之，如果太过随意，不懂得把握分寸，就很容易招致领导的反感。

小倩是单位后勤部的行政人员，她性格活泼开朗，经常喜欢开玩笑。上班后不久，她发现后勤部的张主任长相很斯文，对下属也经常是笑嘻嘻的，看起来一本正经，小倩就很想开开张主任的玩笑。

这天，张主任穿着一身新衣服来上班，黑色西装、黑色衬衫、黑色裤子、黑色领带，正好在走廊上碰到了小倩。小倩马上大声地说："哟，张主任，您今天这是去哪里啊，穿得这么崭新。”张主任听了，咧嘴一笑，可小倩马上说道：“瞧你穿着一身黑色的，莫不是参加谁的葬礼吧。”话刚说完，张主任脸色就变了，小倩也意识到自己说错了话，但自己也是经常跟朋友们开这样的玩笑，应该不会怎么样吧。

由于和张主任开这样的玩笑，在后面的工作中，张主任根本不愿意接触小倩，以至于小倩无法与领导进行正常的沟通，工作开展得也很不顺利。

在上面这个案例中，小倩所开的玩笑太过火了，虽然她意识到自己说错了话，但觉得这些玩笑都是平时与朋友说的，应该没什么问题。但她却忽略了，领导就是领导，并不是朋友，你与朋友说话可以很随便，但对领导说话却不能这样随意，而是需要谨慎开口，把握好彼此之间的亲近尺度。

1.说话注意亲疏关系

在日常工作中，下属与领导的关系，既不能特别亲近，也不能过分疏远，这就决定了说话的技巧。你可以像朋友一样关心领导，但却不可以像朋友一样与领导开玩笑。对领导说话，不能太随意，要时刻记住：他是君，你是臣，彼此之间是有距离感的。如果你擅自跨越这样的距离，那领导就会对你心生反感。

2.说话注意职位高低

下属在言语表达中，就需要注意职位高低之分，即便你私底下与领导关系很密切，说话也不要太随意。与领导说话，认清双方的角色是很重要的，如果你的语言表达太随意，不把领导放在眼里，或者让领导感觉不如你，那你今后的日子就很不好过了。

别和领导轻易透露自己的私事

领导，顾名思义，也就是工作上的领导，他既不是朋友，也不是亲人，而是因工作关系而形成的一种身份象征。对任何一个下属来说，在工作中应该公私分明，公事找领导说，私事找亲人朋友说，这才是正常的人际交往。在现实工作中，许多下属很容易混淆这种关系，有的下属很坦诚，坦诚到将自己的一些私事一股脑儿地透露给领导，事后还觉得自己是在向领导“交心”。孰料,通常是这样的举动,使得领导对自己唯恐避之不及。我们之所以主张不要和领导说自己的私事,很大部分在于职场并没有任何朋友,即便是一直照顾你、支持你的领导也是不可靠的。即使领导者本身是可靠的,但如果你这样冒冒失失地将自己的一些私人事情告诉领导,这也会领导有所感想:这个下属什么话都说,证明他并不是什么可靠的人。因此,无论从哪方面来说,下属将自己的私人事情告知领导,这都是不妥当的,都是有失分寸的。

老王所在公司的领导班子前不久重新调整了,由于老王是公司的老同事,又是业务上的尖子,公司领导的更替对他来说影响并不大。新领导到任之后,也经常找老王了解一些情况,老王经常抱着坦诚的态度与新领导交换意见,将自己的看法、想法,毫无保留地汇报给新领导。

当然,在与新领导接触的过程中,老王也注意到说话的分寸,他只是简单地介绍了一些情况,业务上的,没有涉及前任领导的事情。即使有几次,新领导问他对前任领导的看法,老王也没有细说,他知道说这些话是犯忌的。但既然有些公司的事情不能说,老王心想:那就说说我的私事吧,说不定能与领导拉近关系呢。于是,他跟领导说了自己这几年的情况,包括遇到的一些问题和苦恼,因为公司总有几个人对他心怀叵测,前任领导还在的时候就一直在背后使坏。老王觉得既然新领导已经来了,应该让他知道一下,否则,要是那几个同事先入为主,自己岂不是又要遭陷害?

不久,新领导进入了工作状态,开始点起了三把火中的头一把——走马换将。在许多人看来,包括老王自己都觉得肯定能在副处长的位置更上一层楼,顺利地荣升处长。但最终的结果却是让老王很失望,他不但没被提拔,反而连自己副处长的位置都未能保住。随着一纸任命,老王被调到了档案处当副处长,明眼人一看就知道,虽然同是副处长,但从主要业务处室的副处长平调到档案处当副处长,那就相当于被降级使用了。

面对这样的结果,老王百思不得其解,猛然想起自己曾将个人私事透露给了领导,难道是因为这个?

确实,老王的猜测是正确的,正是老王自以为是地将个人私事透露给领导,因此才造成领导对自己的不信任。即便老王的本意是想拉拢与领导之间的关系,但给领导的感觉却是:这个人不太可靠。结果,好心办坏事,还害了自己。一个人的私事是工作以外的事情,这些事情自然是没有必要跟领导说起的,就算是领导主动问起,作为下属,也应该三言两语就打发了,切忌把对方当朋友,一股脑地透露给对方听。

1.不能太相信领导

虽然,我们在公司、在工作中一直强调只谈论公事,因为你与领导、同事只有公事可谈,除了公事,几乎没有任何交集的地方,但在现实工作中,不少下属还是容易犯下这样的错误:太相信领导,自我感觉很良好地将领导当成了朋友。这样的想法本身就是有失偏颇的,或许,他在工作中是帮助过你,提携过你,但以此并不能把他与朋友等同起来。

2.不要将自己的私事告诉领导,也不要想办法打听领导的私事

朋友是可以彼此交心的,朋友之间是无话不说的,假设你与领导是朋友,你都已经将自己私人的事情透露出来了,那领导为什么不会将私事告知于你呢?原因就在于,领导者始终是睿智的,他谨慎地保持着下属之间不亲不疏的关系,一旦下属人为地打破了这样的关系,那后果是不堪设想的。无论你所遭遇的是哪种类型的领导,你的职场前途将岌岌可危。

不要随意与领导谈论同事的事情

在日常工作中,作为下属,还需要注意的分寸是:不要随意与领导谈论同事的事情。即便是要说,也一定要说同事的好事,比如赞扬同事的工作能力,这样反而会让领导觉得你是一个人际关系处理不错的人。反之,如果你在领导面前搬弄同事的是非,或无中生有地谈论同事的缺点和不足,那给你给领导留下的印象就是“小人”,因为你所做的行为是小人才有的动作,从而在以后的工作中,领导也不会愿意与你过多接触,更不愿意听你说那些乱七八糟的事情。在工作中,我们与同事、领导的亲疏距离是一样的,同事是竞争关系,领导是上下级关系,我们与同事都是直接受领导管理。试想,在这样一种错综复杂的敏感关系中,你若是随意与领导谈论同事的某些事情,那只会给自己的职场前途搬来了一块绊脚石。

这天中午,小张去办公室向经理递交文件。就在经理正在低头看文件

的时候，小张随口说了一句："最近也不知道小李怎么了，工作也没精神，今天早上竟然破天荒地迟到了。"经理头也不抬，应声道："估计是他自己出什么事情了吧，调整调整情绪，应该很快就会恢复正常工作的。"

小张听了经理的话，并没有停止说话，而是越说越起劲："也不知道出什么事情了？好像我听说是跟女朋友闹分手，其实我们一起工作一两年了，我也多多少少了解他跟他女朋友的情况，俩人大学就开始好上了，但大学毕业后，现实问题就摆在了面前，房子、车子、钱，这些都是问题。小李跟我一起进的公司，那会跟他女朋友感情还很好呢，结果不到半年，就听闻说有个富二代在追他女朋友，刚开始，他女朋友坚定拒绝，可后来，兴许是被这个世界迷惑了，竟然决定要和小李分手，这不，小李这两天正痛苦着呢。"

经理已经看完了文件，签了字，但他有注意到小张所说的话，经理似笑非笑地看着小张："看来，你在办公室人缘不错嘛，同事的事情你都弄得一清二楚。"听到第一句话的小张还笑呵呵的，但听到第二句话，他脸红了，这才意识到自己不该在领导面前说小李的这些事情，现在，领导算是对自己有看法了。

通常情况下，那些随意说同事的事情的下属，在领导面前，无非只有两个标签：说三道四、不可靠。如果你连自己的工作都没做好，就去说这些事情，那领导更有理由责怪你："不好好工作，却是乱嚼舌头根子。"到时候，只会让领导心生厌恶。

1.领导比你更睿智

对于领导者来说，处于这样的身份，他看什么问题，做什么事情，都是高瞻远瞩的，极有长远的目光。因此，在对待手底下的下属，他们能够很好地看清楚一个人，他的眼光比一般的人更长远，更深刻。如果他真的需要了解同事的一些情况，聪明的领导都会自己观察，而不需要任何人在自己面前说，如果你一厢情愿地觉得在领导面前说同事的事情，这就是再向领导提供有用的信息，那你就大错特错了。

2.领导并不欣赏喜欢乱说是非的人

通常来说，领导者并不欣赏那种在工作时间嚼舌头的下属，如果领导想知道某位同事的情况，并想通过你侧面了解，他自然会主动向你询问，但他们一般不赞成你主动找他说起同事的一些事情。作为下属，应该做好下属应该做的事情，说下属应该说的话，领导询问，你就实话实说；若领导没问，那下属也就没有必要主动开口说。

3.不管是同事的好事还是坏事，请三缄其口

所有关于同事的一切，不管是好事还是坏事，都不需要在领导面前随意说起，即便是领导问起来，作为下属，也不要多说，只要实话实说就行了。因为你所说的都是同事的事情，毕竟你不是同事本人，许多事情你也不清楚其中的内幕，在没有任何根据的情况下，你在领导面前去说这些话，会对自己很不利。一方面领导会觉得你不可靠；另一方面同事若是知道了，也会对你失去信任。这样一来，你自己就会陷入两难的境地。

不要随便进入同事的“领地”

每个国家都有一定范围内的疆域和领土，这是其他国家无法侵犯的领地，也是本国赖以生存的领地。同国家的疆域和领土一样，对于每一个人来说，也有属于自己的一块领地。每个人的领地都埋藏了一些秘密，他只有在自己的领地上才能放松，而我们在与同事相处的时候，要保持一定的距离，不要随便进入他人的领地。

每个人在人际交往中，都存在着一种强烈的自我保护意识，保护自己那块领地。而对于存在着利益关系的同事之间，这样一种保护的意识更加的强烈。因为，在同事之间不存在着真心交谈的朋友，只是存在着志同道合的同事关系。谁也无法向自己的竞争对手亮出自己的底牌，或是全面地展示自己，他们总会坚守自己那片领地。而人与人之间的交往是建立在互相尊重的前提之上，这就需要我们在与同事相处时，也要学会尊重对方，不要随便就进入他人的领地。

小李是一个性格十分开朗的女生，她刚进新公司没有多久，就赢得了同事们的喜欢。一天，她与同事下班回家，偶然看见上司的车里坐着与自己一起来的新秘书丽丽。她不禁有点好奇，还主动上前去打了个招呼：“嗨，去哪里玩啊？”丽丽有点支支吾吾，含糊其词：“我马上回家呢，正好与老板顺路，他载我一程。”小李笑了笑，就与同事回家了。

第二天，小李就在办公室大声公布了她的新发现，当她和同事正在那里大声讨论着的时候，丽丽拿着文件夹进来，正好听到了，她脸色顿时变得很难看，把文件扔给小李就走了。小李显得有点不好意思，两天以后，上司把她叫到办公室，告诫她以后在上班时间少说与工作无关的事情。小李闷闷不乐地回到工作的地方，让她更为伤心的事，没有一个人过来安慰她。

在同一个办公室上班，每个人都应该尊重他人的隐私，稍有不慎，就会祸从口出而付出很大的代价。这就需要我们在办公室里，要随时注意自己的一言一行，一举一动，千万不要揭露他人的隐私或伤疤。

一般而言，我们在与同事相处的时候，需要与对方保持一定的距离。这样的距离不仅仅是人与人之间的心理距离，还有工作目的与职权的界定距离。所以，我们在工作中，不要随意进入别人的私人领地，也不要对别人的隐私进行大肆的宣扬。

1.不要进入同事的秘密领地

每个人都有自己的秘密和隐私，对在一个文明的办公室里，我们都应该尊重别人的隐私权。如果你窥探别人的秘密，那会被认为是一种个人素质低下，没有修养的行为。当然，我们不可否认，每个人都有一定的好奇心。但是，如果你发现自己对别人的隐私开始感兴趣，那么你就应该进行自我反思了。

其实，很多情况都是在无意之间发生的，比如你偶然间发现了同事的一些奇怪行为，在聊天时无意间告诉了别人，这样一传十，十传百，弄得整个办公室人尽皆知。其实，你这样的无意识行为既造成了对同事的伤害，又使其他同事对你有防备之心。因此，与同事相处，就需要与之保持一定的距离，尊重对方的隐私，不要随意进入对方的秘密领地。

2.不要介入同事的工作目的与职权

每个同事都有自己的工作目的与职权，很多人对自己工作领地有强烈的保护欲。这样一种自我保护意识就体现为，他只会坚持自己的想法，不会轻易接受你的建议，也不希望你随便询问他工作的进度。其实，对于每个人而言，都对自己工作领域有种强烈的操纵感，他介意其他人对他工作专业有任何的意见，他们做事我行我素，如果你随口问一句“工作进展得怎么样了？”他就会觉得你是在干预他的工作。

因此，如果不是有工作方面的需要，你千万不要介入对方的工作目的与职权范围内。不要自以为地给对方一些建议,也不要随口问任何有关对方工作的情况,你的无意之言只会让他对你产生敌意的态度。如果你确实是需要配合工作,与其共事,首要任务就是与该同事做好完整详细的沟通。

总而言之,对于每一个人来说,都不希望自己的领地被他人侵犯。一旦他对你有了这样一种想法,那就会对你采取敌对的态度。与其让自己在职场中多一个敌人,还不如保持距离,坦诚相待,使自己在职场中多一个可以信赖的人。

多向同事请教,赢得对方好感

在工作中,我们常常会大倒苦水:“在办公室里,那些已经工作三四年的老同事真让我们心烦,平时不管我去做什么事情,他们总喜欢过来指指点点,真是令人苦恼,而且,这样的同事很难以亲近。”其实,我们的苦恼应该是每一个职场新人都曾经历过的。不过,对于每一个职场新人来说,初到办公室的第一步就是与老同事搞好关系了。可是,如何才能打动老同事的心呢?所谓的“老同事”似乎更像是老古董,不论自己说什么,他们就是不为所动,简直是软硬不吃。而且,他们大多年纪比较大,脾气古怪,稍有不慎或哪儿说得不对,他们就还你以冷峻的脸色。事实上,面对老同事,也有专门的解锁方法,那就是多向他们请教,毕竟他们工作时间比自己长,他们说的那些教导还是挺有道理的。不过,在请教的时候,需要切忌的是,不得在老同事面前表现得无礼、目无尊长,这样一来,就难以亲近他们。那么,为了亲近老同事,我们应该时刻注意自己的言行举止,保持谦虚谨慎,方能打动老同事的心。

小刚刚到公司不久,主管就安排他与一位老同事写一份计划书,两个人在确立计划书的方式时,小刚提出了自己的看法,可是,老同事却以不屑地眼光,说道:“小伙子,你想邀功的心情我理解,但你才进来,还是低调点好,小心‘枪打出头鸟’哟。”

小刚心中很生气,但是,他冷静地想了想,老同事是干了十几年的老职员,如果与老同事发生了矛盾,对自己今后的工作十分不利。于是,小刚诚恳地说:“我其实并不想邀功,只是希望与您合作能够干出点成绩来,不管用谁的方案,报上去时都用您的名字,我就当好您的搭档。”听了小刚诚恳的话语,老同事终于同意了小刚的方案。

一般而言,大多数老同事会凭着自己资历深厚而对新人的言行举止百般挑剔、抵触或者根本不认同,处处干涉、事事指导,让一些职场新人无法施展自己的能力,工作总是被牵制。另外,一些老同事还有一定的戒备心理,他们在工作上很保守,不愿意指点、帮助新同事,害怕“教会了徒弟,饿死了师傅”,在这样的情况下,我们该怎么办呢? 毕竟,老同事也是人,而且,他们大多比我们年长,事实上,他们都比较喜欢谦虚的孩子。如果我们多向他们请教,处处透露出尊重、谦虚、诚恳,那么,他的心就一定会被打动,并愿意成为我们的“职场导师”。

1.遇事多请教

在工作中,遇到不明白的地方或者是碰到了难题,需要多向老同事请教。这时,不管对方的脸色如何的倨傲,我们都要虚心对待,这样才能赢得老同事的认可。另外,即使我们有自己的想法,但还是向老同事询问他们的意见,毕竟他们资历比较深,看问题比我们看得远,参考他们的意见对我们是很有益的,同时,也能增加与老同事的亲密度。

2.说话要尊重

即使在办公室遇到了倚老卖老的老同事,面对他们,我们也应该处处流露尊重的态度,善于发现其优点,不要反驳老同事的看法,不要与之发生正面冲突,给予老同事最充分的尊重才是上上之策。

3.即使是拒绝,也要诚恳

有的老同事喜欢指使新人去做一些琐碎的事情,作为职场新人也不要生气,如果自己真的很忙,或许实在不想被指使的时候,也应该学会委婉地拒绝。当然,话语一定要诚恳,比如“不好意思,我真的很忙,手上正好有一个计划需要赶写出来,而且,今天就要完成”。尊敬的态度,诚恳的语气,相信老同事一定会谅解你的。

4.将功劳让给老同事

在工作中,我们经常有与老同事一起工作的机会,对于共同完成的工作任务,为了表示自己尊重的意味,我们可以将功劳让给老同事,以此博得老同事的好感。当然,如果老同事推辞,那就另当别论了。在这里,比较切忌的是,抢占老同事的功劳。这样,你就会得罪老同事,并成为他们所讨厌的人。

该沉默时就沉默,不要妄加评论

下属在与领导沟通过程中,需要掌握一定的分寸,在该说话时一定要说话,在不该说话时绝不开口,该沉默就要沉默,特别是领导在场的情况下,对某些问题或一件事情,不要妄加评论,因为即便你说了也是白说,而且假如你的意见与领导相左,那就相当于当面给领导难堪,所以在这样的场合,做一个聪明的下属,适时闭上自己的嘴巴。通常在领导面前评论都是不明智的行为,除非你只是重复领导的意见。首先,领导尚未开口的情况下,如果你擅自评论,那领导会觉得你没把他放在眼里;其次,在领导已经开口的情况下,如果你有相反的意见,比如领导都说了肯定的话,结果你却说不行,那岂不是当面与领导唱反调吗?最后,在没有得到领导的允许下,无论领导是否已经发表意见,下属妄加评论都是不恰当的。多方面看来,最后的结果都是难堪。

与做任何事情都一样,说话也是需要把握时机和场合的。该说话时则说话,不该说话时就一定不要多说,即便说了也没用,反而令人生厌。沉默有时候比说话更有分量,它会让领导觉得你是一个说话有分寸的人,可靠的人。如果你不管场合,哪怕领导在场,也妄自发表一些评论或观点,那领导会觉得你是一个没有分寸的人,容易乱开腔的人。对此,下属已经要切记:若是有领导在的场合,最好是保持沉默,除非领导主动要求你说说意见,否则,沉默才是你最好的选择。

有一次,小李跟着领导去法国拜见老客户,当客户拿出自己的产品出来,没怎么见过大场面的小李眼睛都直了,领导还没开口,小李就直称赞:“这产品真漂亮,可是我见过最漂亮的东西,这个东西一定很贵吧。”客户用生硬的中文回答说:“不贵,只需要人民币五百块。”旁边的领导脸色有点凝重,似乎觉得价格贵了,但小李没注意到领导的脸色,而是开口就说:“那我觉得价格还可以接受，当时，我看到这个产品还以为需要一千块人民币呢，这样便宜啊，张经理，你觉得呢。”兴奋的小李没意识到自己是下属的身份，而是反而像领导的口吻来询问张经理的看法。这时，领导的脸色已经变了。

后来，张经理有许多公干的机会，但他都找了其他的下属一同前去，因为在他看来，小李是一个说话不注意分寸的人。这样的下属在自己身边，会给自己惹来一些麻烦，或许直接让自己丢面子。

在案例中，对客户拿出的产品，经理还没有发表任何高见，迫不及待的小李就赞叹了起来。然后，询问价格方面，当客户说出产品的价格，领导的脸色表示他认为这样的价格有点偏贵，但小李却擅自做主地表示：“这个价格可以接受。”完全忽视了领导的身份，而把自己当成了主角，也难怪后面经理不会再找他一起去公干了。

1.不要在领导面前评论同事

在工作中，有时候领导会面对着你说一些其他下属的问题，这时同作为下属，也不要妄加评论，至少在领导需要你开口之前，你需要保持沉默。如果由于你与那位同事曾经有矛盾或冲突，从而妄自评论，就会在领导脑海中留下这样的印象：这个人背景很复杂，因为你的对立面很多；这个人不太会处理关系，不是很合群；这个人品质不太好，因为你企图利用领导来肃清你的对立面。所以，该沉默时就沉默，不要多说一句话。

2.领导要求才开口，多余的话一句也不要多说

在与领导沟通过程中，需要多听少说，尽量保持沉默，反而会让领导觉得你是一个善于言辞的下属。反之，你说话太多，该说不该说都在说，甚至当着领导的话，擅自发表意见，那则是驳了领导的面子，他就会认为你沟通能力有问题。当然，有些下属并不知道自己什么时候该说，什么时候该沉默。如果你实在不知道，那就遵循一个原则：领导要求才开口，此外，多余的话一句也不要说。

第15章

电话沟通

现代社会，越来越快捷的沟通方式已经逐渐被人们所认可，而多种多样的现代化交通工具也层出不穷。在这其中，最快捷、使用率最频繁的就是电话，千万不要以为电话交流是最简单的沟通方式，其实，不见面的沟通往往更需要高效的口才技巧。

遵守电话的使用规则

在电话中交流与平时闲聊不一样,电话起到的主要作用是通知和沟通的功能,应该像书面书写或者正式场合的见面一样,要有一个规范的程序,至少讲话时要使用规范的语言,使电话沟通能变得简明、顺畅,给对方一个干练的印象。

怎样使用电话进行快速有效的交流呢?必须要遵守电话的使用规则:

1.选择合适的时间

当你准备给某人打电话的时候,首先应该确定一下这是不是合适的打电话时间。如果你是因为工作关系,向某位客户打电话,那就需要在白天上班的时间打;如果你是私人电话,除非是非常紧急的事情以外,你应该白天8点之后,周末时间应该推迟到9点以后,晚上则要在9点之前。晚上9点以后最好不打私人电话,以免打扰对方的睡眠。一般来说,中午也不是打电话的合适时间,因为有的人会有午睡的习惯。

2.打电话确认对方身份

打电话时需要再一次确认对方的身份,你应该说:"请问,您是某某先生吗?"或"请问,这是某某的家吗?"得到肯定之后,再与之说明打电话的原因。如果你打错了电话,应该马上向对方致歉。电话交谈的时间,除了那种煲电话粥,一般通话时间不宜过长,以免影响对方工作。在与对方结束通话后,应该先等对方挂断电话以后,再把话筒轻轻地放下。

3.接电话时做好自我介绍

接起电话或显示电话打通时,首先要彼此明确身份,在简单的您好之后,可以简单介绍说这里是某某公司,告诉对方你的身份同时确定对方的身份。如果是私人电话,最好能告诉对方自己的名字和与对方的关系,否则遇到对方不熟悉你就麻烦了。

这样做不仅仅有利于通话的顺利进行,更是对对方的一种尊重,也是一种礼貌的行为。同时确定一下对方是否是你要找的那个人或那个单位。

4.寒暄客套

确定了通话双方以后，最好客套一两句比如“打扰您了”或者“很高兴能与您通话”之类的话语，客套不要过长，否则很容易引起对方反感。如果是电话推销或者进行比较长时间的通话，可以先问一下对方有没有时间或者是否方便。如果对方正有一个重要会议，你却在电话里东拉西扯，哪怕耽误一分钟，对方也会不高兴。

5.说正事要尽量简单明了速战速决

电话用语一定要言简意赅，把需要陈述的内容用最简洁明了的语言表达出来，可以给人留下一个精明干练的印象。即使打私人电话也尽量先说正事，然后再沟通感情，让对方对你的“正事”先有一个印象，切忌说话吞吞吐吐，含糊不清、东拉西扯，语言要凝练，表达方式要明确，不要加一些“嗯”“啊”之类的助词，或者说些套话。如果在电话里说不清楚的，或者需要占用对方过多时间的，最好先电话通知一下，然后告诉对方用电子邮件详述或者见面时候再详谈。

电话一般只起通知、邀约、无分歧的沟通、小请求的作用，通话的时间不宜过长，一般以3~5分钟为好。一些电话销售本身就存在方式上的问题。顶多通知对方有东西或服务要销售，希望知道对方的空闲时间，见面详谈的作用，不可能通过电话达成某些购买意向或大的项目。所以有分歧的沟通或请求最好不要通过电话进行，这也是对别人的一种尊重。

如果是私人电话，不妨再加上一两句联系感情的话，避免对方以为你打电话就为了说事，过于无情。如无必要，最好不要用电话长时间聊天，即使是亲人朋友也如此。

6.电话道别

在说“再见”之前，最好有一个暗示或者预警，比如“就这样”“某日几点在哪见面，然后再详谈，您看这样好吗?”“这次通话很愉快”“请您转达，谢谢”这些话是通话结束的信号，也是对对方的尊重，总之最好不要说完事就直接挂断电话。

电话交流讲究的是效率和明朗，最好能在打电话前做好一些准备和资料，如果对方在电话中说不明白，可以直接用询问的方式，把重要事情弄清楚，总之不要啰唆和拖沓。

电话沟通中如何问候对方

千篇一律的以“您好”为开头的电话问候未免单调，但很多时候，自己也无法掌握最恰当的问候方式。在电话中“巧妙”的问候可以为你的电话语言增色，还可以加强沟通效果，增进两个人之间的感情，现在就介绍一下在电话中如何恰到好处而简洁明了问候对方的方式。

1.遵从自己的身份角色

无论是公务性、商务性还是私人电话，都要遵从自己的角色。

公务电话一定要加强服务意识，遵从职业角色，很多单位对接听电话如何问候，打招呼有严格的规定，如果本单位有接听电话规定，那就要严格执行。例如，“您好，这里是联想服务热线，某某号某某竭诚为您服务”，训练有素的职业问候会让拨打电话者感到可以信赖。宾馆饭店、会所、售后客服等，也都有类似的接听问候规定，按照规定问即可。

如果是商务性质的电话问候，语气一定要放轻松随意些，“你好”或者“下午好”是不错的开场白，没必要过于郑重地用“您”这个尊称，或者太过正式，否则顾客如临大敌，就得不偿失了。

私人问候最好问候对方的身体健康状况，表达自己的关心，可以更随意一些“嗨，某某”“最近还好吗”“一切都顺利吗?”等问候方式，既显得亲切随意，又可以表达出自己的关怀、熟络之意，更适合自己朋友的身份。

2.对象不同用不同的问候语

如果是跟家里人、同事或者熟悉的朋友打电话，最好不要一板一眼的说“你好”，以免显得过于生疏或不欢迎对方。而可以用多种方式来问候，比如给好朋友家里打电话，如果是对方的男朋友母亲接的，自己与她也比较熟，那就可以说“姐姐好”，或者直呼其名“某某啊，安安在家吗?”更加自然顺畅，熟不拘礼。

另外，如果关系到求人帮忙或者给职务较高的人打电话问候，就不妨用职务问候，比如“马科长好”“李经理，您忙着呢”等，更能体现自己的尊重，更能讨对方高兴。

3.不同时间可变换不同的问候语

除了普遍的"你好"之外,还可以根据时间的不同进行问候,早上7点到10点之间,可以问声早安,10点到12点问上午好,12点到14点问声中午好,下午2点到6点可以问下午好,晚上18点到21点问声晚上好。早上7点以前,中午12点到下午2点,晚上9点以后,如果没有急事,最好不要再给对方打电话,以免打扰他人的私人空间或隐私,当然私人电话除外。

如果在特殊的节日,问候可以变得更多样,比如"圣诞快乐""春节好"等。

4.通报自己的姓名或身份

问候完"你好"之后,应该马上通报自己的姓名或身份,以免给对方造成困扰。通报姓名也有窍门,如果对方和你比较熟悉,可以直接报出自己的名字,我是某某;如果对方对你的名字不熟,就要通报身份,我是你肖阿姨;如果对方连你的身份和名字都不熟悉,就要通报与他熟悉的人的关系,比如"我是某某的爱人""我是你妈妈的好朋友"等,对方才不至于因反应不过来而造成困扰。

5.注意自己的语气

问候时一定要热情,诚恳,让对方感觉到你的诚意。因此语气、语调一定要适中,不要过于大声(除非老人)或者有气无力,否则对方会认为你心不在焉或过于勉强,让听电话的人不舒服,以致沟通效果自然也会打折扣。

电话沟通,注意言语礼仪

接电话也如同听收音机,那打电话就如同电台广播,你的紧张、压抑、心不在焉、粗鲁无礼其实都可以通过自己的声音表现出来,如果不相信就用心听一段广播,你甚至可以听出主持人是兴高采烈的还是今天心情有点不好,以致对播报的信息都比较冷漠。

有很多人认为,自己在打电话的时候并没有与对方进行面对面的接触,自然不需要自己去注意一些社交的礼仪。其实,打电话虽然看不见对方,但是你的一些修养礼仪会通过你打电话的时间、说话的方式以及挂电话的技巧上显露出来。注重沟通的人,他会在打电话的时候都把细节做到滴水不漏,尽显自己高雅的修养,尽显自己良好的礼仪之态。

小李是公司董事长的秘书,她每天都要处理很多纷繁复杂的琐事,要么是给董事长订机票,要么是给董事长约见面的客户,要么就是在办公室里收发文件。因为自己一天的工作比较多,所以她专门准备了一个便利贴,上面写满了每天的工作任务。

这天,董事长吩咐小李给分公司的肖总打电话约好周五的洽谈工作,当时小李没有把这件事情记在便利贴上,等到自己忙完了收发文件的工作,已经快到下班时间了。小李连忙拿起办公室的电话,正准备拨肖总的电话,突然想起来已经快到下班时间了,说不定这时候肖总已经离开办公室正准备回家了,这时候是不应该打电话的。可是一想起周五的洽谈工作,小李又拿起了电话,她做了个深呼吸,然后拨通了肖总的电话,电话响了两声就接了,里面传来了肖总的声音:"您好,我是肖南,请问您有什么事?"小李面带微笑:"您好,肖总,我是小李,请问您现在方便接听电话吗?"里面传来肖总温和的声音:"正准备下班呢,小李,有什么事情吗?"小李悬着的心落了下来,解释道:"嗯。实在是抱歉,都快下班了还打扰你。是这样的……"电话在愉快的氛围中结束了,肖总还临挂电话前还夸奖小李工作尽职尽责。

小李打电话时表现出来的礼貌,使她在快下班的时候,出色地完成了自己的工作任务。如果小李没有掌握打电话的礼仪,也许肖总就不会有耐心听下去了,进而也会影响到自己的工作。

所以在电话中说话更要注意自己的礼仪,不要因为彼此看不到,就忽略某些礼貌,正是因为看不到,对方才更急于从你的说话态度、语音中揣测你的诚意和尊重。再者,当你打电话的时候,也许你身边就有人在注意你的电话仪态,继而揣测上次你接听他的电话时可能做了什么动作,你这个人平时的彬彬有礼是不是装出来的,你是不是表里不一等。那么,在讲电话时要遵循哪些礼仪呢?

1.少说"喂"

很多人拿起电话,第一反应就是"喂",其实最好不要这样,就算要确定是否接通，也最好用疑问的语气，即升调说出来，而不要用降音调来讲，喂的降音调，有命令的语气，会引起别人的不满。接下来讲您好，怎样怎样。如果是给熟人的私人电话，不妨先问“谁谁吗?”然后再寒暄一番，上来说您好反而显得不够亲热。

另外，公务电话最好多用“您”，见不到反而更要尊重对方才更有礼貌。

2.非私人对话最好不要用我是

如果是公司电话，最好用，这里是某某公司，而不要用我是某某公司的谁谁，对方不会关心你是谁，关心的是你是哪家公司，你有什么事，有什么业务。

3.多说礼貌用语

如果电话的那一头不是你想找的那个人，一定要“请您帮我找一下某某”，而不要干巴巴的说“找某某”。

电话中也要多讲礼貌用语：您、请、贵公司、贵姓、谢谢您来电、再见，就算打错了电话，也要说一声“不好意思，打扰您了”，千万不能直接啪地挂掉，是很粗鲁的行为。

4.无论是打电话还是接电话不要做小动作

讲电话的时候最忌一边讲电话，一边忙其他的事，如果真的有急事，不妨先让对方稍等，处理完“急务”再讲电话；如果是比较重要或处理时间比较长的事情，可以跟对方说清楚，然后告诉对方“我半小时以后再给您去电话。”或者“您过段时间再来电话好吗?”如果对对方不耐烦，不妨直接拒绝对方“谢谢，我不需要”，也不要任由别人在一边啰唆，你直接无视对方。

通话时，虽然你的举止对方看不见，也要用文明的举止和肢体语言，否则对方能够感觉得到。

5.不要打断别人的话

在聆听的过程中最好不要打断别人的话，最好在别人的话告一段落后，再请对方重复，或者提出疑问。需要查询或记录时，最好提醒对方“请稍等”然后再行动。

6.私人电话中的礼仪

与朋友、亲人、爱人通电话时，往往会“熟不拘礼”，但也有一项最重要的礼仪，就是在打电话时不要再和身边的人说事情，即使是你们共同的朋友也不要,否则会引起对方不快。最好能在私人电话中加入一些关怀的话,会让对方更能感受到你的关心和情感。

在电话中一定要比平时见面时更注重礼仪,因为电话是一对一的,再者看不到就会更注重能听到和感觉到的,电话礼仪在任何时候都不能少。

电话沟通,也需要寒暄几句

电话是一种非直接面对面的人际沟通方式,更需要一些活络感情的客套话来进行“润滑”,直接见面的话可能直接拍着肩膀的就上来聊天了,讲电话少了握手、拍肩等肢体语言的活络,要拉近距离,就一定要用“客套话”来预热一番。那么电话里的客套话一般都有哪些呢?在哪种恰当的时机下,怎样讲才更显得热情亲切,沟通无距离无隔阂呢?

1.电话一开始

接起电话,打完招呼后,不妨客套几句比如“好久不见,你还好吗?”“晚上好,久违了”“很高兴接到你的电话。”“听到你的声音太好了”“我一直在等你的电话。”“好久没你的电话了”“能接到你的电话太好了”“我正想着要不要打个电话给你,你的电话就来了。”“你倒比我抢先了一步”。“我前天刚给你打过电话,但没人接。”“我估计这几天你就该来电话了。”等等诸如此类的客套话可以把别后或上次电话后的感情重新联络起来,这种情感的“预热”,可以消除距离的隔阂,更有利于接下来的沟通。

2.如果在不方便的时间给对方打电话

有时候不得已必须在太早或者太晚的时间还要给对方打电话,就一定不要忘了自己的歉意,比如“对不起,这么晚打电话来。”“希望没有打扰到你。”“抱歉这种时候找你”“希望这么早没吵到你。”跟熟人可以随便一点“还没睡吧,打扰到你了吗?”

这样带着歉意的话可以消除对方被打扰的不快,表现出的歉意同时也是自己尊重、信任对方的诚意。

3.问候的话语

如果是熟人,私人电话,不妨多一些问候的词句,如"过年好""最近怎样?""工作还顺利吗?"或者对方非常亲密的人"姐夫怎样","小侄子还好吗""伯母一向可好"或者天气,"我们这边下雪了,你们那边怎样?注意身体啊!"这类套语虽然俗套,但不可或缺,那代表的是你对对方的真诚关心和关注。如果对方最近有重大事情发生,不妨加上一两句"听说您病了,现在好点了吗?""听说您最近有点小麻烦,有什么需要帮忙的吗?""刚听说你结婚了,恭喜啊!"等显得两个人的关系更亲近。

4.临挂电话前

不妨客套几句,暗示自己的电话将要结束,比如"晚安",爱人之间可以亲密一点"做个好梦""过些日子闲了聚一聚啊""过些时候再打电话""常联系""保持联络啊""有时间去拜访你""以后常来往"如果是公务性电话,不妨加上"欢迎垂询""交个朋友,以后联络"等客套语。临挂电话前最好能客套几句,不要以干巴巴的"再见"做结束语,否则会显得很没有诚意,也不够热情。

5.表达出语言的热情

打电话沟通,因为见不到面,看不到对方的表情,更要用语言表现出自己的热情和诚恳,就是所谓的"客套",但客套话也不宜过多,太多的场面话客套话,会让对方认为你在敷衍自己没有诚意,也不能显示两个人之间的亲近,可见电话中的客套话也要把握分寸,不要过度。

电话销售,善于通过提问引导客户

在电话沟通中,更要学会引导话题的走向,才能获得你想要的信息,实现高效的沟通。很多人在打通电话一番不痛不痒的闲侃之后,忘了自己的本意,只好再补充一个电话,或者被对方牵着鼻子走,经过一番长篇大论或无关紧要的争辩之后,无功而返。

小李是一位大型机械设备厂的销售员,他曾经5次打破公司的销售纪录,其中有3次他的个人销售量占全公厂销售量的50%以上,他是怎样做到的呢?小李说自己成功销售的秘诀就是常常进行有针对性的提问,然后让客户在回答问题的过程中对产品产生认同感。

小李说,自己在以往的电话销售过程中经常会问这样一些问题:

您好!我听说贵公司打算购进一批机械设备,能否请您说明您心目中理想的产品应具备哪些特征?

我们公司非常希望与您这样的客户保持长期合作,不知道您对我们公司以及公司的产品印象如何?

您认为造成这些问题的原因是什么呢?

您可能对产品的运输存在着疑惑,这个问题您完全不用担心,只要签好订单,一个星期之内我们一定会送货上门。现在我想知道,您打算什么时候签署订单?

我很想知道贵公司在选择合作厂商时主要考虑哪些因素?

您是否可以谈一谈贵公司以前购买的机械设备有哪些不足之处?

如果我们的产品能够达到您要求的所有标准,并且有助于贵公司的生产效率大大提高,您是否有兴趣了解这些产品的具体情况呢?

如果您对这次合作满意的话,一定会在下次有需要时首先考虑我们,对吗?

总之,打电话之前就要确定好自己的主题,话题要一直围着自己的主题转,更要善于引导对方,让对方的思路朝着自己预定的方向前进。

怎样引导对方?

若在私人电话里,引导话题的方式可以轻松随意一点,寒暄后可以这样导入话题"我听说……就想问问……"或者"跟你说个事……"私人电话沟通,如果出现意见分歧,最好不要在电话中沟通,浪费时间,还伤感情,最好约见"见面详谈"。

若在公务电话当中,找到你要的人后,马上告诉对方有什么事情需要见面详谈,或者询问后续部分怎样处理,直接进入话题即可,不要吞吞吐吐,含含糊糊,反而显得自己不够大方。

若在营销电话中,导入话题是最困难的,客户有一种自然的排斥心理,要把握一定的沟通技巧,才能避免被对方牵着鼻子走。

1.介绍自己及企业

首先，简单的问候之后，清晰说出自己的企业和名字，企业名称有一种隐约的话题导向，比如保险公司肯定不会销售纸笔。有些客户一听公司名称，马上挂断电话，这种很少能成为潜在客户，相反，只要没挂断电话的，就对你的公司或你的目的有一点兴趣。

2.道出拜访理由

然后以自信的态度清晰表达出电话拜访的理由，会让对方感觉到你的专业可信赖。主要是谈业务还是约见，是做调查还是介绍新的产品服务，一定要有一个详细、确定的理由，千万不要说是做某项调查的，最后卖起产品来了，会引起客户的反感。

3.通过提问引导客户

最后用询问的方式引导客户的注意、兴趣及需求。

好的营销者善于提出问题，比如我们常常接到推销保险的电话，结束寒暄后，对方往往会提出“您有保险吗？”如果回答有，对方可能接下去提问“是哪方面的，大病的，意外的还是养老的？是消费型的还是分红型的？”

推销员提出什么样的问题，顾客就会做出什么样的反应。问题能引导顾客的注意力和兴趣。专业的电话销售人员总是倾向于向客户提问题，而较简洁介绍自己的产品。问一个有利有效的问题，问能够稳定顾客思维方式的问题。选择哪些问题来询问更能引导谈话呢？

4.选择不同的提问方式

开放式的问题，为了引导对方能开口而选定的话题，目的是了解对方。如果你想多了解一些客户的需求或真实想法，就要多提一些开放式的问题，比如“什么”“哪里”“告诉”“怎样”“为什么”“谈谈”等。比如，在保险业务中提问“您觉得自己缺少哪方面的保障？”

封闭式的问题，为引导谈话的主题而特别选定的话题，目的是知道确切答案。希望对方的回答于限定的范围。封闭式的问题经常体现在“能不能”“对吗”“是不是”“会不会”“多久”等疑问词之间。比如对方回答“我需要考虑一下。”就可以这样询问对方“方便知道多久之后您会答复我们吗？”

以真挚的语气，展现自己的诚意

使用电话沟通，因为双方都看不到对方的表情，沟通往往要比见面要更加不顺畅，更加充满戒备。怎样加强沟通的效果，让对方听到你的声音，即能理解你的意图和情绪？

客户：我觉得你们的设备挺符合我们的要求，只是这质量方面，我还是有点担心。因此，我觉得有些贵。

销售方：这个您完全可以放心，国家质检部门已经做过多次检验了，我们所有的设备合格率是90%以上，而且这型号的设备质量比其他的都好，它的合格率达到了95%，而其他公司的产品才达到85%

客户：是吗？

销售方：是的，您看，这是产品相关的质量合格证、质检部门的检测报告……

客户：是这样啊。

销售方：目前这款设备已经在全国20多个城市销售了100多万台，重要的是直到现在我们仍然没有接到任何关于这款设备的退货要求。所以，您大可放心。

这里，销售方正是因为抓住了客户担心产品质量的心理，从事实出发，从而打消了客户的这些顾虑，最终让客户觉得购买该产品物有所值。在这段语言沟通中，销售员以自然真挚的语言，赢得了客户的信赖。

1.注意语气

你的声音是充满青春活力的还是有气无力，充满疲惫的；你的语调是高昂的还是低沉的，高昂的语调往往代表着尖锐和不满，过于低沉的语调往往会让人感觉过于冷漠或慵懒，或许你的情绪还需要再调节？你的语气是诚恳的、热情的、亲切的，还是充满戒备和不满的，充满愤怒和不耐烦的，任何一种情绪都可能在自己的声音中表现出来。打电话之前，先要调节自己的情绪，确保情绪平稳，再用自然诚恳而亲切热情地态度和对方打招呼，就有了十分的诚意。

2.专注聆听

接听电话，应聚精会神，仔细聆听对方的讲话，并准确、及时作答，给予对方积极的反馈。如果不清楚对方的意思，可以要求对方重复一遍或询问清楚，倾听时，应该适当有所表示，如“是”“对”“好”“请讲”“不客气”“我明白了”等，少用语气词“唔”“嗯”等，否则会让人感觉你漫不经心。为了加强效果，可以复述对方的话，以确定自己理解的是否正确。

3.使用加强的语言

当你拒绝某件事，而对方拼命纠缠的时候，不妨加强词句中的坚决，“我已经有了一份类似的保障，绝不会再重复购买。”同时你的语气也要表现出坚决的拒绝，而不要用迟疑地语气“我大概不会买，你别再说了好吗?”用兴奋的声音说“接到你的电话真的很高兴/特别高兴”都可以让你听起来更诚恳。

4.别做其他干扰的事情

我们常常会遇到这种情形，客服人员给你打电话进行某项调查，你甚至可以听到对方在做什么，翻纸声，代表他没有事先准备好资料和表格，难道他以为你不会反馈有用的信息，甚至不会接受这次访谈？果然，对方开始说话，你甚至听出他语气中的有气无力；当你反映自己在使用中遇到的问题时，他有点心不在焉，你似乎看到他在一边转自己手中的笔，一边听你诉说遇到的麻烦，那对于你来说是很重要的，可他司空见惯，你对这种麻木和拖沓愤怒了，即使对方再怎么保证“一定会尽量解决、改进”，你也会放弃这家公司的服务。

5.不要隐瞒自己的不快

如果对方的语言引起了你的不快，为了表示尊重，不要针锋相对，但也绝不要委曲求全“为了尊重您，我不会用同样的方式应对，但也请您尊重我的工作。”私人电话不妨这样表达“你的话很刺伤我，为了避免误会，咱们下次再聊吧。”这样的话能够为自己留一份自尊，也让对方心存歉意，反而比唯唯诺诺继续下去更容易获得他人好感。

6.态度诚恳，尊敬

与此相对，你打电话时，最好也要态度诚恳，尊敬，日本人甚至会在打电话时鞠躬,对方自然可以听出他语气中的尊重和诚恳。讲电话时千万不要做与讲电话无关的事情,接电话前或刚结束电话最好不要谈论对方的是非,因为也许对方还没有挂机,刚好听见你的出言不逊。也不要捂住听筒,说其他事情,那不过是“掩耳盗铃”。

电话沟通中请勿使用这些语言

在电话交流中,一些不确定或否定性的语言有着削弱沟通效果的缺陷,一定要小心使用。否则会给别人留下坏印象,影响你的形象。如果你想要让对方认为你是一个知道何去何从、分量很重,有担当,有分寸的人,就应该尽量选用肯定句,至少不要运用以下的任何一句禁忌语:

1.不能直接否定

最好不要说“我不能”,而改换为“时间或场合不太方便,你看……好吗?”安排一个方便的时间,方便的场合或方便的方式如果对你来说是可以的,就不要说“我不能”而直接将自己的建议阐述出来。如果想要拒绝对方,不妨说“谢谢,我不需要”“我暂时没有这方面的安排”。

2.不要传递“没自信”的信息

我必须先和经理商量一下,或者“我必须和财务核对以后才能……”显得你很无奈,你对自己没有自信或对工作或职位有抱怨态度,最好改为“我会尽快”和某人商量、联系、核对一下,尽快征询别人的意见,会显得自己更重要,也是一种承诺。

3.避免敷衍的言语

极像一种推脱、敷衍之词,言外之意是你只是尝试一下,甚至连尝试也不会。最好用“我尽力而为”,或者直接给对方一个期限“我会尽力,但不能保证结果,三天后如果我不能做到,就是真的无能为力了。”如果你不愿或不能做某件事,最好也不要用“试试”来敷衍对方,最好把话说明白“这件事在我的能力之外”或者“我不想这样做”。

4.不使用模棱两可的答案

如果你不知道，或者答案暂时还不明确，不妨用这样的语言“现在还没有确切答案，稍后再回复您可以吗?”或者“我会尽快确定答案，到时给你打电话。”“我尽快问清某人后答复你。”如果是你不确定自己那时是否有时间有空闲，不妨这样说“如果方便，我会……”

5.以请教的口吻

你想请教的无论是别人的姓名还是某个问题，只要你开口了，就已经再请教了，不妨直接说“请问您……”如果不是不方便的问题，对方一定会直言相告。如果那是一个秘密，你再说“我能”的时候，就已经犯了对方的忌讳。

6.不使用质问或审问的语气

质问、审问的语气是最糟糕的沟通方式，容易伤害到别人的自尊心，不妨改为建议的语气“我建议您”或者“我能知道您的真实想法吗?”。

7.坦白沟通

言外之意是以前你所说的种种不过是借口，或者你是个一向都逢人只说三分话的人，只有这一次是破例的。就算真的是这样，最好也这样表达“直白地说”或“坦白的说”“实情是这样的……”才会让人听着感觉到你的坦白和干脆。

8.谨慎使用“骚扰”这个词语

要求对方的联系方式，无论是电话、地址还是传真、邮箱，最好不要这样说“我不会轻易骚扰你的”，不妨直接说“方不方便给我个电话?”就算表明你绝不轻易打对方的电话，最好也要用这样的后缀“我不会轻易‘打扰’您的”，因为骚扰电话，骚扰邮件实在是太令人讨厌了，以致听到这个词就会接收到这种暗示。

总之在电话中讲话，一定要首先考虑听话人的感受。不妨用角色互换的方式想一想:如果对方这样说话，你会认为他是怎样一个人? 有助于自己的形象塑造有助于有效沟通吗? 然后再去说，就不会犯这些禁忌了。

第16章

求人办事，妙口一开就搞定

如果你想让他人主动给你帮忙，那么最重要的一点就是你要取得他的信任。与人相处，一句恰到好处的赞美，一个温暖的眼神，一束鲜艳的花，一个善意的微笑，学会让他尝到小甜头，把自己的感情在他那里开个账户，有时候，适当的放低自己的姿态，是为了更好接近他人，如果你已经做到了这些，那么他就会对你充满感激，对你产生信赖，甚至，有可能你们已经成为了无话不谈的朋友。

开门见山,反而容易获得帮助

在日常生活中,一个人的能力有限,于是乎,求人办事就是一件再正常不过的事情。但是,却有许多人却羞于开口,他们不肯寻求帮助的理由是害怕给对方添麻烦,或者害怕被对方拒绝了自己丢面子。其实,求人办事者的心理完全没有必要这样脆弱,假如自己真的需要他人的帮忙,却又带着这样一种心理,就会影响你的"诉求"效果,如此吞吞吐吐、含含糊糊,一开口就令对方心生反感。因此,只要你能放下心理包袱,大方自然地提出自己的诉求,相信大多数人还是十分乐意帮助你的。有时候,给对方一个机会帮助别人,他们也会感到很开心的。所以,在向他人提出诉求的时候,需要巧用话语攻心策略,让对方消除反感,让对方乐意为你效劳。

小雨在广告策划公司上班,这个月碰巧接了一个大案子,每天忙得焦头烂额,但策划方案还是不见起色,她也不知道该怎么办了。无奈之下,她想到了请同事阿美帮忙,阿美是研究生毕业,专业功底比较强,而且,她已经在公司做了两年,经验相对来说比较丰富。可是,小雨感觉自己始终磨不开面子提出自己的要求,而且,阿美现在是策划总监,每天工作忙,她担心自己会被拒绝。思来想去,小雨还是决定试一试。

为了走进阿美那件办公室,小雨为此做了一个星期的心理斗争,终于鼓起勇气走进了办公室。"阿美,在忙什么呢?"小雨小心翼翼地问道,"哦,正忙着写总结呢,好久没有到我这里来了,进来坐吧。"阿美亲切打招呼,安排秘书给小雨倒茶,小雨局促不安地坐在沙发上,考虑该如何开口,"有什么事情吗?看你的样子好像很紧张。"阿美关心地问,"哦,没什么事情,我就随便坐坐。"小雨不知道如何开口,只好用几句话搪塞过去,"你最近忙吗?"小雨小声地问道,"嗯,很忙啊,忙得我晕头转向,我已经好几天没有好好休息了。"阿美并不知道小雨的用意,如实告诉她自己每天的行程表,听了阿美的话,小雨已经不抱任何希望了,她失望地坐了一会儿就告辞离开了,阿美有点疑惑,小雨这是干什么呢?

小雨怀着不安的心情想获得同事的帮助,但是,在整个谈话过程中,她并没有提出自己的诉求,凭借着自己的感觉就断言自己已经没有希望了。其实,如果小雨自然大方地提出"上次你给我的那个案子比较难,有些问题我不是很清楚,想跟你请教一下",阿美应该是不会拒绝的,毕竟碍于同事的面子。相反,小雨吞吞吐吐的样子,不敢直接开口,反而令阿美疑惑。

对于大多数人来说,给予身边朋友或同事一定的帮助,他们是非常愿意的。但是,如果你总是藏着掖着,不敢直接提出自己的诉求,说话吞吞吐吐、含含糊糊,把本来很简单的事情说得很复杂,对方一听就感觉到压力,顿时心生反感,马上就想到了推托之词或者拒绝之语。所以,我们在求人办事的时候,不要总是怀着害怕被拒绝的心情,或者害怕给对方添麻烦的心理,这样只会令你的"诉求"宣告失败,不妨怀着自然大方的心态,诚恳地提出自己的诉求,让对方消除反感。

1.放松紧张心理

自然大方地提出自己的诉求,就是这么简单,根本没有必要紧张,因为最终这个决定取决于对方,你的诉求是否能够可行,对方定会有自己的判断。如果你不确信对方是否会答应,害怕被拒绝,那可以问问自己,你们之间的关系是否足够密切并经得起拒绝。

2.注意自己的表达方式

当然,如果不想遭遇对方的拒绝,你需要适当注意自己的表达方式,让对方感觉你诉求的帮助是非常有必要的,如"这事可能有点麻烦,但对我来说真的很重要"。

3.放下架子

在日常生活中,向同事或朋友求助,比如请他们延长一些工作的截止时间,或者征询他们的意见,这并不会损坏你的形象,也并不是你的能力不够,只是证明你想做好一件事情。所以,偶尔的时候,也需要放下自己的架子,在他们面前承认自己有那么一点点脆弱,大方自然地提出自己的诉求,让对方消除反感。

互惠互利,对方更乐意效劳

有的人在求人办事时会抱着“有事有人,无事无人”的态度,他们把他人的帮助看作理所当然的行为,当自己的诉求得到了回应,把自己的事情办好之后就不再理睬对方了。有着这样心态的人大多数都会被会抛弃,当他再次需要帮助的时候,相信是没有人会给予帮助的。其实,在日常交际中,人与人之间是建立在互惠互利的基础之上的,没有互惠互利,就没有互信互助。鉴于人们这样的心理,当他在面对你的诉求的时候,其实很想知道你是否有一定的“利用价值”,换句话说,他的效劳会不会换来一点回报。于是,在求人办事的过程中,如果你的言语中透露出了自己的“利用价值”,大多数情况下,对方都会乐意帮助你的。所以,作为提出诉求的人应该尽量展现自己的“利用价值”,以此获得他人的帮助。

小然换了新房子,可自己对粉刷和装修都一窍不通,这时她想到了朋友艳艳,艳艳平时工作不忙,最重要的是她对装修房子很在行。于是,小然拨通了艳艳的电话:“艳艳,我是小然,你最近忙吗?要是不忙的话,你来我这里住几天吧,可以当作散心或者旅游,我管你食宿。”“行啊。”艳艳爽快地回答,“不过,我这边有点小事需要你帮忙,就是帮我看看房子怎么装,你不介意吧?”小然提出了要求,“好,没问题。”艳艳一口就答应了。

小然言语里透露出令人欣喜的可“利用价值”:“来这里住几天”“散心或旅游”“管食宿”。虽然,这样的“恩惠”是出于朋友之间的亲密关系,但是,对方无形之中也会觉得有点“愧疚感”,至少白吃白住朋友的,心里多少都有点过意不去。于是,出于心中的那点“愧疚感”,以及给予帮助后的“补偿心理”,对方定会乐意效劳。因此,要想他人为你效劳,就应该大方展现自己的“利用价值”,这会让对方更加乐意为你效劳,而那些所谓的“利用价值”,不妨就作为给对方的酬谢了。

三国时期,邓芝受命出使东吴。他到了东吴,孙权对他很怀疑,因此不肯接见。过了两天,邓芝给孙权写了一封书信。孙权一看,只见书上写道:

“臣今到此，非但为蜀，并且为吴。若大王不愿见臣，臣就走了。”孙权犹豫不定，一些大臣也都想刁难一下邓芝。后来，孙权采纳了张昭“先给邓芝个下马威”的意见，在殿前放一个沸腾的油鼎，命武士各执兵器，站立在两侧，召邓芝觐见。

邓芝听孙权召见他，便从馆舍出来，毫无惧色，昂首走入大殿。邓芝进入殿内，就对孙权说：“我特为吴国利害而来，大王却设兵置鼎，以拒一儒生，可见大王度量太小。”孙权听后，觉得很惭愧，忙令人赐坐。邓芝问道：“大王欲与魏和呢？还是与蜀和呢？”孙权说：“孤非不欲和蜀，但恐蜀主年幼国小，不足敌魏。”邓芝侃侃道：“大王为当世英雄，诸葛亮亦一代豪杰。蜀有山险关隘，吴有三江，若互为唇齿，进可兼并天下，退可鼎足峙立。如大王甘心事魏，魏必然会征大王入朝，索王子做质子，一不从命，便起大兵讨伐，那时蜀国再顺江东下，臣恐大王两面受敌，江东之地不能复有了，请大王熟思！”为赢得孙权的信任，表示诚意，邓芝又说：“若大王以为愚言是不可取的谎言，吾愿立即死在大王面前，以杜绝说客之名。”说着，撩起衣服，就装作向油鼎跳去。孙权忙令人将邓芝拦住，请入后殿，以上宾之礼相待。

在整个谈判中，邓芝言语中透露出蜀国因地势险要而有一定的“利用价值”：“诸葛亮亦一代豪杰，蜀有山险关隘，吴有三江，若互为唇齿，进可兼并天下，退可鼎足峙立。如大王甘心事魏，魏必然会征大王入朝，索王子做质子，一不从命，便起大兵讨伐，那时蜀国再顺江东下，臣恐大王两面受敌，江东之地不能复有了，请大王熟思！”最终邓芝凭着敏捷的思维，伶俐的口齿，终于说服了孙权。

1.给对方一点好处

当你求人办事的时候，不妨可以给对方一点好处，这样对方也会从中获得一些恩惠。比如“你过来我包你车费，还管你食宿，咋样”“只有你给我把这件事办好了，我就送你最喜欢的包包”“前天我妈妈才从老家带来了一些特产，你过来拿点过去吧”。

2.表明自己的回报之心

在寻求帮助的时候，最好能让对方觉得当他以后有困难的时候，你也一定不会袖手旁观，这样一种互惠互利的“承诺”，会让对方觉得你还是有“利用价值”的。当然，做出的承诺就要做到，否则有可能会失去这个朋友。

投其所好赢其心

在求人办事的过程中，说服对方最基本的要点之一，就是巧妙地引导对方心理或感情，投其所好，言谈中表达出“志同道合”，这样对方会卸下心理防备，更加乐意为你效劳。如果你总是一味地强调自己的事情有多么重要，或者口若悬河地谈起自己的喜好，这样会令对方心生反感。心理学认为，如果自己特别强调自己的事情，企图使自己占上风，对方反而会加强防范心。在求人办事的时候，我们需要了解对方的喜好、性格和欲望所需，揣摩其心理，投其所好，让对方感到愉悦，深信不疑。如此一来，利用情趣把对方吸引住了，对方才肯为你的事情付出代价。所以，我们在提出自己诉求的时候，需要避免谈论自己，投其所好，使对方产生一种优越感，继而影响其心理，使对方乐意予以帮助。

赫蒙是美国有名的矿冶工程师，毕业于美国的耶鲁大学，又在德国的佛莱堡大学拿到了硕士学位。可是当赫蒙带齐了所有的文凭去找美国西部的大矿主赫斯特的时候，却遇到了麻烦。那位大矿主是个脾气古怪又很固执的人，他自己没有文凭，所以就不相信有文凭的人，更不喜欢那些文质彬彬又专爱讲理论的工程师。当赫蒙前去应聘递上文凭时，满以为老板会乐不可支，没想到赫斯特很不礼貌地对赫蒙说：“我之所以不想用你就是因为你曾经是德国佛莱堡大学的硕士，你的脑子里装满了一大堆没有用的理论，我可不需要什么文绉绉的工程师。”聪明的赫蒙听了不但没有生气，反而心平气和地回答说：“假如你答应不告诉我父亲的话，我要告诉你一个秘密。”赫斯特表示同意，于是赫蒙对赫斯特小声说：“其实我在德国的佛莱堡并没有学到什么，那三年就好像是稀里糊涂地混过来一样。”想不到赫斯特听了笑嘻嘻地说；“好，那明天你就来上班吧。”

赫蒙了解到“赫斯特是一位脾气古怪而又固执的人，他自己没有文凭，所以就不相信有文凭的人,更不喜欢那些文质彬彬又专爱讲理论的工程师”。于是,在与赫斯特正式交谈的时候,赫蒙巧妙地投其所好,告诉对方“其实我在德国的弗森堡并没有学到什么,那三年就好像是稀里糊涂地混过来一样”,最后,由于赫蒙运用了必要时不妨少些计较的策略轻易地在一个非常顽固的人面前通过了面试。

那么,我们在求人办事的过程中,如何做到投其所好呢?

1.模仿对方

山田久二是日本非常有名的一个推销大王。他成功的秘诀就是说话看对象,见什么人说什么话,积极求同。他不仅模仿对方的口音、语言、身体姿态,还依据对方的爱好、职业等特点来装扮自己,使对方感到特别亲近可靠。其实,每个人都希望他人与自己是同类人,而模仿对方无疑给对方一种志同道合的感觉。

2.从对方的兴趣爱好说起

每个人都有自己的兴趣爱好,如果你表现出对他人的喜好很感兴趣的样子,这会令对方心情相当愉悦。因此,我们在谈话过程中,需要了解对方的兴趣爱好,尽可能地先从对方兴趣爱好说起。

3.从对方得意的事情说起

每个人都渴望得到他人的尊重与认同,尤其是自己所取得的成绩。我们在求人办事的时候,不妨从对方得意的事情说起,给对方送一顶高帽子,他一定会乐意帮助你的。

表达亲昵,会有人领情

在日常生活中,小孩子和女人最擅长的就是“撒娇”,往往在撒娇之后,他们都会获得自己所得到的东西,这也是一种求人办事的说话技巧。当然,通常情况下,“撒娇”只会出现在亲密的朋友之间或夫妻之间,而且,这样的说话方式常常是被小孩和女人所使用,试想,我们都没有见过一个大男人通过“撒娇”来获得帮助吧。而且,通过言语表现出自己的亲昵,以一种撒娇的姿态来赢得令对方效劳，还需要拿捏好适当的度。比如，女秘书希望总经理能够帮自己查看一下年度总结，只能稍微示弱就可以了："总经理，我怕自己弄不好，你先帮我看一看，好吗？"没有必要真的用那种极度"黏人""娇嗔"的语气说出来。因此，我们在求人办事的过程中，只需要适当表现自己的亲昵，对方自然会乐意帮忙的。

班级要到一家商店参加社会实践活动。第一次派了一个同学去联系，那个同学说会啊但很不礼貌，开口闭口就谈市里有精神，你们应该接待我们，结果遭到了商店的拒绝；第二次又派了一个同学去联系，第二次去的那个同学，在经理办公室外面等经理办完了事，才轻轻敲门，得到允许后进到屋里，拿出介绍信，恳求说："叔叔，我们有件事想麻烦您和商店里的叔叔阿姨……请您大力支持……谢谢您啦。"这一番话说得经理心里暖乎乎的，他当然不会再拒绝了。

两个同学都是求助，为什么第一个同学被拒绝了，而第二个同学受到了欢迎呢？分析其话语"叔叔，我们有件事想麻烦您和商店里的叔叔阿姨……请您大力支持……谢谢您啦"，首先，"叔叔阿姨"表现了亲昵，拉近了彼此之间的心理距离，语气恳切，一番话说得经理心里暖乎乎的，而且，他所面对又是一个小孩子，自然不会再拒绝了。

贝尔那·拉弟埃是个著名的推销专家，当他被推荐到"空中汽车"公司时，他面临的第一项挑战就是向印度推销汽车。这是件棘手的事情，因为这笔交易已由印度政府初审，没有得到批准，能否重新寻找成功的机会，靠的便是特派员的谈判本领。拉弟埃作为特派员深知自己肩负的重任，他稍做准备后就飞往了新德里。接待他的是印航主席拉尔少将。拉弟埃到印度后，对他的谈判对手讲的第一句话是："正因为你，使我有机会在我生日这一天又回到了我的出生地。"

当然，拉弟埃那句开场白"正因为你，使我有机会在我生日这一天又回到了我的出生地"十分得体，并没有"撒娇"的意味，不过，语气之中透露出来的亲昵，却使拉弟埃与拉尔少将之间的距离更近了一步。结果可想而知，拉弟埃的印度之行取得了成功。

在商业谈判中，面对客户，签单并不是一件容易的事情，但却不是未必真的不好商量。适当亲昵一些，客户很有可能会"乐意为你效劳"。比如，聪明的女士可能会夸大对方的优势，突出自己的难处："已经没有利润了，您吃肉，让我们也喝点粥嘛。"这时候撒娇是一种策略上的示弱，使自己变被动为主动，最终达到自己的目的。但是，通过你的语言表现得亲昵一些，需要把握好尺度、技巧、方式，不是暧昧，不是谄媚，这样才能达到最好的效果。

我们在求人办事的时候，如何通过话语表现出亲昵呢？

1.亲切问候

见到对对方我们应该致以亲切的问候，拉近彼此之间的心理距离。比如"老杜，您好"显得亲切；"您早，早上好"比"您好"显得更为亲昵。沟通过程中，亲切的问候可以赢得对方的信任与好感，继而愿意为我们效劳。

2.攀亲带故

赤壁之战中，鲁肃见到诸葛亮时说的第一句话就是："我，子瑜友也。"这里所说的子瑜，就是诸葛亮的哥哥诸葛瑾，鲁肃是他哥哥的同事挚友。短短一句话就定下了与诸葛亮的交情。其实，我们只要稍微留意，就能发现那些攀亲带故的关系，如，"您是体育界老前辈了，我爱人可是个体育谜；您我真是'近亲啊"。

3.表达自己的仰慕之情

在谈话过程中，表达出自己的仰慕之情，这也可以表现出"亲昵"的意味，当然，这需要掌握说话的分寸，如，"您的大作我读过多遍，受益匪浅，想不到今天竟能在这里一睹作者风采，真是太荣幸了！"这样一说自然会令对方心情愉悦，再提出自己诉求，就不会被拒绝了。

承诺酬谢之礼，满足对方心理

在求人办事的过程中，我们要善于通过言语中"利诱"，表明自己的回报之心，毕竟利益比空口说教更有效果。也许，在你提出诉求的时候，对方会有所犹豫，在这关键时刻，你指出自己的诉求和他合作有利的地方，这样他自然会乐意为你效劳。在请求对方帮助之前，你应该清楚对方为什么会帮助你？你凭什么能让他来帮助你？毕竟有一部分人的人是为了利益而生存的，那么你就可以利用这样一种方法：直接告诉对方在帮助你之后能获得什么样的利益，利诱对方帮助自己渡过难关。其实，人与人之间的关系就是互惠互利，当对方意识到自己在付出之后还能有所获得的时候，他一定毫不犹豫地答应你的诉求。所以，在求人帮忙的时候，我们要懂得“利诱”，适时表明自己的“酬谢”，满足对方心理。

公元前659年夏天，晋国兴兵攻伐虢国。伐虢就必须经过虞国，但是如果虞国不借道给晋国，晋国就束手无策。大臣荀息建议晋献公把自己国家的两件国宝——千里马和玉璧送给虞国国君虞公，晋献公接受了荀息的建议，于是，晋献公向虞国国君传递出这样的信息：“只要你借道予我，我就把两件国宝送给你。”同时，派人把千里马和玉璧送给虞公，虞公不听谋臣宫之奇的劝告，借路给晋国。晋军经虞国到达虢国，攻占了虢国的都城，迫使虢国迁都到上阳。公元前655年，晋国聚集精兵良将，再次向虞国借路攻伐已迁都上阳的虢国。虽然，宫之奇劝说虞公道：“虢虞两国相互依存，虢国灭亡了，虞国也就日薄西山了。所谓‘辅车相依，唇亡齿寒’说的正是虢虞两国今天的形势。还请大王三思而行。”可是虞公再次拒绝宫之奇的劝告，借路给了晋国。

晋献公的“利诱”之计正好击中了虞国国君爱财的特点，如此一来，他自然同意了晋国“借道”的请求。而且，即便身边大臣如何规劝，虞国国君居然答应对方的再次“借道”，以致最后葬送了自己的国家。由此可见，言语中“利益”的诱惑性之大。

今年，大学生黄东刚刚大学毕业，被分配到山东某钢铁总公司工作，由于嫌厂里工资低，他进厂不久后就偷偷跑到南方打工去了。过了一段时间，他回厂里准备取走档案，正好碰上李经理。黄东会以为王书记要批评他几个月没上班的事，但出乎他的意料，李经理开口就说：“从国家大局讲，人才流动是大趋势，你走是对的。你们收入低，我也没有关心到你们，这是我的失职，不过，上次由于人事变动，空缺了许多职位，我就想好好栽培像你这样的年轻人，如果你愿意继续待下去，估计不出两年，你就会坐上我的位置。”接着，李经理详细介绍了公司的薪资待遇，以及今后的发展，黄东听得热血沸腾。

李经理不愧是一位优秀的领导，他的一席话，使这位原本要南飞的“孔雀”留了下来。当然，说服黄东继续留下的话语中，隐藏着一定的“利诱”，这成为黄东留下来最关键的因素。

郑板桥的画画的很好，他擅长画竹、兰、石、菊，字也写得棒。当时，有位富豪盖好了一幢新房，想弄两幅郑板桥的字画，挂在客厅里。然而，郑板桥恃才傲物，鄙视权贵，一些达官显贵想索求书画，哪怕推着装满银子的车来，也都会被郑板桥拒之门外。然而，一位富豪通过巧妙“利诱”，使郑板桥自愿为其画画题字。俗话说：“无利不起早。”连一向不俗的郑板桥也经受不住“利诱”，更何况是常人的我们呢？没有一个人愿意去做那些没有好处的“无用功”，只要我们了解了对方这样的心理，继而主动满足其欲望，他就会乐意为我们效劳。“以利诱之”，对方会觉得这次不会白忙活，因此，他们在办事的时候，就会主动地为我们解决问题。

求人办事，应该以对方的切身利益为准，而送礼也就应运而生了。现在，大多数人都经历了送礼这样的事情，送礼品、给红包也被认为是理所当然的事情。于是，我们在向对方寻求帮助的时候，不妨给予对方一定的好处，否则自己会觉得过意不去，或者担心对方不会尽全力地帮助自己。

1.许诺“酬谢之礼”

在向对方提出诉求的时候，我们需要顺带许诺“酬谢之礼”，这样才能让对方觉得这个忙不是白帮的，如“事成之后，你就可以晋升为科长了”，这样一来，他能从中有所获得，满足了其欲望心理，他答应得就会异常痛苦，而且，在帮助我们时也会尽心尽力。

2.“舍不得孩子套不住狼”

如果你总是斤斤计较，或者表现得一毛不拔，一个劲地表示“希望你能帮助我”，但言语中一点也不涉及具体的利益，对方就有可能会心生反感：这种吃力不讨好的事情，谁愿意干啊。因此，求人办事，需要舍得才会有所获得，如“这事就拜托你了，我最近工作都比较忙，这个月发了工资我请你吃饭”。

3.“吃人家嘴短，拿人家手软”

一旦对待接受了一定的好处，占了人家的便宜，再拒绝起对方的请求来，就不那么好意思开口了。所以，我们在求人办事的时候，需要了解对方这一心理,不妨先把好处给了,然后自然地提出自己的诉求,对方定会不好意思再拒绝。

开口就提要求,对方更容易接受

大多数人在请求他人帮忙的时候,由于害怕被拒绝而丢面子,或者不好意思开口,这样的心理从话语里反映出来就是“含糊、支支吾吾”,就连具体的要求也没有说清楚。结果,话已经说完了,对方还是没有听清楚,但对方心里已经有了疑虑:什么样的请求啊,可能自己真的不能帮忙。通常情况下,对方都会婉拒,而自己只好哑巴吃黄连——有苦说不出。事实上,如果你把自己的要求说得越具体,对方会更容易接受。每个人都有一定的疑虑心理,对于被求者来说,他们的心里也是异常矛盾的:他有没有说清楚具体干什么,我怎么能答应呢?万一做不好,我怎么向他交代呢?实际上,他们心中有许多的不确定因素,在没有明白自己究竟要干什么的时候,他是不会贸然做决定的。所以,为了化解对方心中的疑虑,我们应该把要求说得具体些,消除对方的矛盾心理,令其接受我们的要求。

每个人的思想都是极其复杂的,一旦他们对某事物不理解,想不通一些问题,往往就会疑虑重重,这就需要我们把要求说具体,把道理讲清楚。对方心中的疑虑消除了,自然就达到了求人办事的目的了。当然,消除对方的疑虑并不是一件很容易的事情,而是需要一点点、层层递进,把要求说具体,令对方更容易接受请求。

1.消除对方心中疑虑

在求人办事的过程中,我们要善于了解对方的心理,比如当你提出了要求之后,对方陷入了沉默或者开始迟疑起来,这就表示对方正在考虑,而你要抓住时机消除对方心中疑虑,如“我觉得这件事交给你,肯定没有问题的,我相信你的能力”。

2.弱化请求

有可能对方担心自己不能很好地解决问题,或者觉得这件事情的难度系数太大。因此,我们在提出请求的时候,要善于弱化请求,也就是把复杂的问题简单化,让对方觉得这不过是一个轻而易举的事情,如“你到了车站,举着这个牌子,就会找到那个人的,很简单”。

说话留三分,设置悬念

“说话留三分,设置悬念”在求人办事中很常用,这种话语技巧是先将自己的思路引入对方思维的轨道,然后,把对方置入困惑的境地,再点燃对方的帮助欲望。说话留三分,又可以称为“吊胃口”,其真正目的是利用对方的好奇心理,先说出令人深思的话语或者出人意料的现象,在这时候设下悬念,秘而不宣,吊住对方的胃口,在对方不断地追问之下,你才提出自己的要求,对方会毫不犹豫地为你提供帮助。古人说:“文人看山喜不平。”其实,我们在求人办事的过程中,也是一样的道理,如果我们在说话时巧妙留三分,恰到好处地留下“悬念”,这样会使对方在回旋推进的言论中产生“山重水复疑无路,柳暗花明又一村”的感觉,继而激发无穷的兴味,有效地影响对方心理,最后一步步达到自己的目的。

心理学认为:好奇心是个人遇到新奇事物或处在新的外界条件下所产生的注意、操作、提问的心理倾向。每个人的心理是不满足的,而好奇心就是人们希望自己能够知道或了解更多事物的不满足心态。当我们在向对方求助的时候,假如能巧妙设下“陷阱”,激起对方想了解你的欲望,那么你的求助就有可能成功了一大半。而“说话留三分”的姿态正好能激发对方的好奇心,点燃其帮助欲望,对方在强烈好奇心的驱使下,会忍不住主动问你“我能帮上什么忙吗”。

爸爸由于为一个项工程作策划任务繁忙,已经好多天都没有和孩子坐在一起吃团圆饭了。一天晚上爸爸加班到晚9点多,工作了一天很累并有点烦。回到家中发现孩子还没有睡,在等他。孩子开口说道:“我可以问你一个问题吗?”爸爸回答:“什么问题?”孩子好奇地问:“你一小时可以赚多少钱?”“在这等我不去睡,就是为了这个问题吗? 无聊。”爸爸生气地说。“我只是想知道,请告诉我,你一小时赚多少钱?”孩子几乎用哀求的口气问他。爸爸回答说:“你一定要知道的话,我一小时赚20元。”“哦,”孩子低下了头,接着又说,“你可以借我10个硬币吗?”爸爸发怒了:“开什么玩笑,现在就回去睡觉。好好想想为什么你会那么自私。我每天长时间辛苦工作着,没时间和你闹着玩。”

爸爸平静下来,意识到自己刚才对孩子太凶了,他走进孩子房间问道:“为什么你无缘无故存想要硬币呢?”“这些钱都是我存的,不过还差10个硬币,如果我有了20个硬币,我还有一个小小的请求。”爸爸有点好奇:“什么事啊?”“我可以用这20元钱向你买一个小时的时间吗?明天下班了,我想和你一起到外面吃晚餐。”孩子开口说道,爸爸哈哈大笑:“就这啊,我还以为是什么大事呢,没问题,明天我提前下班,咱们好好吃一顿。”

孩子先以“问钱”设下悬念,等爸爸到9点仅是为了问一句“一小时可以赚多少钱?”这个问题显得突兀而奇怪,然后再以“借钱”设悬念:“平时很少要过钱”的孩子竟向爸爸开口借十个硬币,以致“爸爸发怒”,而后为了解开疑团,爸爸主动询问,孩子趁此机会提出“要求”,爸爸在欣喜之余答应了。

当然,“说话留三分”也是需要技巧的,一个善于说话的人,不管在什么时候都会让对方乐意帮忙;相反,一个不善于说话的人,不仅不会获得对方的帮助,反而会觉得你有毛病。凡事都要有个度,“说话留三分”也不例外。在适当的时候戛然而止,说出你的风采,让一句机智的妙语胜过一摞劣书。

1.故意说错话

在交谈过程中,不妨故意说错话,但话到中间却又巧妙一转,表示自己的歉意“不好意思,这些话不该说的,其实,我不想让你知道我现在的处境”,激起对方的好奇心,追问之下,再假装无奈地说出自己目前的情境,顺势提出请求,对方会乐意帮助你的。

2.设下“陷阱”

有时候,对方可能根本不知道你有求助的意思,所以,你要巧妙设下“陷阱”,通过自己的语言或行为透露给对方“自己有可能出事了”,这样他反而会主动问你“出了什么事”“需要帮忙吗”。

3.设悬念

如果对方主动问你“出了什么事情”，你可以设计悬念“我也不知道怎么说……还是不要跟你说好了”“其实都是小事，你还是不要知道好了”，点燃对方帮助的欲望，这样对方会继续追问，迫切地想了解你的情况，甚至主动提出给予你帮助。

第17章

日常应酬，开口就赢人心

在日常交际中，每个人都少不了各种场合中的应酬，比如聚会、探亲等，在这时我们需要放松心情，灵巧开口，势必开口就赢得人心，言语自然而不失优美，尽量避免话多不精，甚至出现冷场尴尬的场面。

寒暄，开口就将对方带进话题中间

在日常交际中，我们要善于用寒暄将对方带进话题空间。然而，大多数人在沟通时都喜欢谈论那些无关紧要的事情，比如"今天天气不错""早上你吃了什么"，这样的寒暄是正常的，同时也是适合的，但难道紧接着你就会花上半天的时间来谈论今天的天气或早餐吗？当然不是，通常的人际交往定会有一定的交际目的：增加感情或达成一定的共同协议。那这样的交际定会有一个话题，围绕这个话题，我们才能顺利地达到自己的交际目的。因此，在一开始的寒暄，我们就要善于将对方带进话题空间，让对方可以围绕这个话题尽可能地多聊自己，我们才有机会找到突破其心理的防线。

一位漂亮的女郎在首饰店的柜台前看了很久。售货员问了一句："这位女士，您需要买什么？""随便看看。"女郎的回答明显缺乏足够的热情。不过，售货员发现这位女士总是有意无意地触摸自己的上衣，好像对自己的上衣很是满意，售货员忍不住说："您这件上衣好漂亮呀！你的眼光真不错。"一下子就将话题拉到了对方身上，果然，"啊？"女郎的视线从陈列品上移开了，移到了自己感兴趣的上衣上面，"这种上衣的款式很少见，是在隔壁的百货大楼买的吗？"售货员满脸热情，笑呵呵地继续问道。

"当然不是，这是从国外买来的。"女郎终于开口了，并对自己的回答颇为得意。"原来是这样，我说在国内从来没有看到这样的上衣呢。说真的，您穿这件上衣，确实很吸引人。""您过奖了。"女郎有些不好意思了。"只是……对了，可能您已经想到了这一点，要是再配一条合适的项链，效果可能就更好了。"聪明的售货员顺势转向了主题。"是呀，我也这么想，只是项链这种昂贵商品，怕自己选得不合适……"

在案例中，首饰店自然是卖首饰的，而首饰自然是作为服饰搭配的。在整个与客户交流的过程中，导购很细心地去观察对方，而且，巧妙地将话题引入寒暄之中，比如"这位女士，您需要买点什么"，当听到顾客爱搭不理的态度"随便看看"，导购并没有泄气，而是适时说了一句寒暄语："您这件上衣好漂亮呀！你的眼光真不错。”显而易见，称赞对方的上衣，肯定是希望对方能挑选一件首饰作为服饰的搭配。所以，这样的寒暄恰到好处地将对方引进话题中，当然，最后这位导购达到了自己的目的。

1.找准契合话题的寒暄语

在日常交际中，我们要想将对方带进话题空间，那就需要找准契合话题的寒暄语。比如，我们想说的话题是产品的特点，那我们的寒暄一定要围绕这个话题展开，而不是漫无边际地去聊天气、聊各自的兴趣爱好。只要我们找准契合话题的寒暄语，那对方定会围绕这个话题展开，适时双方就可以围绕这个话题达成一个协议。

2.寒暄的话题最好是围绕对方展开

在日常交际中，经常会出现这样的情况：人们对于谈论他人的话题，总显得心不在焉，不是摆弄手机，就是四处张望。但是，一旦话题转到了自己的身上，其内心就激起了一种谈话的欲望。毕竟，每个人都希望自己被重视。那么，在交谈中如何打动对方？最好的方法当然是让寒暄的话题围绕对方展开，打开了对方的话匣子，还愁打不开对方的心扉吗？

3.不要总是谈论自己

在生活中，大多数人在寒暄时都喜欢谈论自己，从嘴里不断地蹦出“我今天……”“我觉得……”“我买了……”这样的一种沟通只能会让对方变得沉默，甚至哑口无言，难道对方真的只是个“闷葫芦”吗？其实，最有效的沟通就是让对方尽可能多地聊他自己，这样大家都欢喜，他满足了想表达的欲望，你则以自己的“善解人意”打动了对方。

在沟通过程中，我们通常都会犯一个严重的错误，那就是不给对方聊自己的机会，事实上，让话题围绕对方展开，这样，双方才会“有得聊”，而你也才能打动对方。对此，我们要明白，聊天并不是个人演讲，不要总是谈论自己，而忽略身边的谈话朋友，总是谈论自己的话题只会让别人更加厌烦你。

应酬，重点是炒热气氛

在应酬场合的当众说话，不管是表达自己的观点，还是应酬本身的需要，我们所需要达到的目标就是让人际关系变得更融洽，尽量做到开口就搞活气氛。尽管应酬本身是去说一些自己不情愿说的话，甚至见一些不情愿见的人，但如果你不懂得如何当众说话，如何将话说得滴水不漏，那在大多数情况下，你是无法达到应酬的目的的，自然而然将意味着你正在进行的应酬活动失败了。通常人们参加应酬活动无非是为了和谐人际，也就是与人建立融洽和谐的关系，然后在此基础上进行工作上的合作或交流，从而达到一种目的。在这样的情况下，如果你能学会应酬上的说话技巧，必然会助你建立较为融洽的人际关系。

在应酬场合，不可避免地会发生各种情况。但如果你具备了较好的说话水平，必然会对你的交际产生重要的影响，有时一句话就可以化干戈为玉帛，也可以让朋友变成仇人，甚至一句话可以功败垂成，改变人的一生。善于应酬说话的人，到处都会受人欢迎，常常能使那些不容易做成的事情心想事成，处处顺利，让我们在紧要关头化险为夷，让我们在应酬场合中事事如意，从而赢得与他人宝贵的合作机遇。当然，任何人都不可能是天生的语言大师，因此在当众说话的方法与技巧也需要在学习中不断提高，在实践中不断增强，只有这样，你才能自如地驾驭语言，潇洒从容地与人交流。

1972年，尼克松总统访华时在答谢宴会上的祝词中说：

“昨天，我们同几亿电视观众一起，看到了名副其实的世界奇迹之一——中国的长城。当我在城墙上漫步时，我想到了为了建筑这座城墙而付出的牺牲；我想到它所显示的在悠久的历史上始终保持独立的中国人民的决心；我想到这样一个事实，就是，长城告诉我们，中国有伟大的历史，建筑这个世界奇迹的人民也有伟大的未来。”

面对在座的中国官员，作为美国总统的尼克松热情赞扬了中国人引以为自豪的长城，是很容易博得好感的，也淡化了两国政府的原则分歧所造成的阴影。讲话还围绕长城借题发挥又说了几段话，使“拆除我们之间的这座城墙”这个并不轻松的话题变得轻松。敏感的听众意识到讲话者巧妙地选择了长城这个自然、得体、巧妙的角度。

当然，在实际应酬场合，我们还需要注意这样几个问题：

1.以和为贵

应酬场合是社交场所之一，自然说话的目的是为了营造良好的氛围，而不是针锋相对，甚至大动干戈。对此，在应酬场合的需要首先需要以和为贵，即便对方是一位极其苛刻或刁钻的人，你也需要委婉含蓄地说话，尽量将彼此的争执降到最低限度，以此与之建立和谐的人际关系。

2.适当地“认同”对方

在应酬场合中，我们要善于“认同”对方，当一个很挑剔的客户在说话的时候，我们只需要静静地先听他说话，等他说完之后，必须要在认同对方意见的基础上，在表达出自己的想法见解。这样会让对方感觉到被尊敬、被重视，得到了别人的肯定，于是他们内心最初的不满、不安都会减轻很多，从而慢慢地接纳你，这对于建立和谐的人际关系是很有帮助的。

救场，三言两语打圆场

在日常应酬中，朋友有可能因为固执己见而与人争论不休，或因一句不适当的话而陷入尴尬场景中，或因突发状况而形成难堪情境等，这时局面陷入僵持，难以缓和的气氛横亘在交流双方之间，整个场面就如同冰山一般冷掉了。这时候，作为朋友需要适时地说几句话来打圆场，化解尴尬的气氛，使交流得以正常地进行下去。其实，生活中难免发生一些猝不及防的意外事情，这会让朋友遭遇尴尬或不快，甚至引发了不必要的麻烦，轻则令人闹心，重则在心里种下芥蒂。在这时候，如果利用突发事件与语言之间的玄妙之处进行机智的解答，就会使朋友转忧为喜，同时对我们产生感激之情，而且也会整个紧张气氛得以缓解。峰回路转，只需要三言两句就打破了僵局，同时也赢得朋友的情谊。

有一次小娜和几个同事一起去参加省里的业务考试，当她们走进考场时，只见阿梅的桌子上钉有三颗大钉子，且凸出很高。不难想象，这不仅会刮衣服，同时也会影响答题的速度。阿梅一脸的怒气要求监考老师换桌子，可监考老师说：“现在不能换，别违反考场纪律！”阿梅气得柳眉倒竖，连说：“真倒霉，不考了。”小娜见了连忙说：“有几颗钉子算什么！”阿梅说：“你说得轻松，这可是三颗钉子，躲都躲不过去呢！”小娜说：“你太幸运了，我还求之不得呢!”阿梅说:“你别拿我开心了,这么倒霉的事要让你碰上,你还能说幸运?”小娜说:“你知道这三颗钉子说明了什么吗?这叫板上钉钉!说明你今天的三科考试铁定都能过关。”阿梅听后马上转怒为喜:“借你吉言,我要是三科都及格了就请你吃饭。”结果一个月后发布成绩,阿梅果然三科都顺利过关。

本来桌子上有三颗大钉子是令人生气的,更何况还需要坐在这里考试?这时候,小娜为了打圆场,在朋友阿梅恼羞成怒的时候,将“板上钉钉”的俗语与考试联系了起来,积极的联想,冒出吉言“三科铁定都能过关”,这话正好说到了阿梅的心里,如此的解说,自然赢得了朋友的好感。

在日常应酬中,如何利用三言两语打圆场呢?

1.幽默解说

在应酬场合,过于严肃和枯燥的气氛往往不被人们所接受,这时候就需要用幽默的语言把它变得灵活些、有趣些。有时候,一个敏感的问题就使整个场面僵掉了,甚至妨碍了正常交际的进行,这时候就可以通过幽默的解说将问题诙谐化,打破僵局,使交际得以顺利进行。

2.强调问题的合理性

有时候朋友可能是因为在特定的场合做出了不合时宜、不合情理的举动,这令旁人看起来很费解,导致了整个局面的僵持,这时候我们就需要自己找一个角度或借口,强调朋友行为的合理性,这样就能打破僵局,缓解气氛。

3.利用谐音巧解

有一个火车司机的车牌号码是“16444”,亲戚朋友都说这个数字不吉利,车主一下子无言以对,这时候,朋友却说“你这个号码好,它们可以理解为‘多拉发发发’,只要你多拉货,就一定能发财”,利用谐音巧解,打破了僵持的局面。

4.逆向思维

面对突如其来的尴尬局面,朋友无可奈何的时候,我们可以跳出固定思维,从问题、事情的反面去思考,做出让双方都满意的解释,打破本来僵持的局面。

聚会，聊点对方感兴趣的话题

在日常交际中，人与人之间少不了沟通，而沟通中的话题则是必不可少的。通过大量事实表明，一个人喜欢什么就会谈论什么样的话题，反过来，一个人所谈论的话题中定有其感兴趣的东西。卡耐基曾说："即使你喜欢吃香蕉、三明治，但是你不能用这些东西去钓鱼，因为鱼并不喜欢它们。你想钓鱼，必须下鱼饵才行。"换句话说，每个人都有自己的兴趣点，有的人喜欢旅行，有的人喜欢漂亮的衣服，有的人喜欢绘画，而无一例外的，他们这样的兴趣点都将隐藏在话题里，等待你去发掘。如果你能从细微处发现对方的兴趣点，以对方所感兴趣的话题入手，那么，你已经成功地识破对方的真实心理了。

在生活中，我们都有这样的经历，对于自己感兴趣的、比较擅长的话题，总是愿意去谈论。而这正是每一个人的心理状况，相比较一些生疏而无趣的话题，人们总喜欢谈论自己感兴趣的。那么，在正式沟通中，如果对方总是谈到一件事，那么，证明这件事本身对他很重要，或者，他的兴趣爱好就是此件事。

在镇压太平军的行营里，一次，曾国藩用完饭后与几位幕僚闲谈，评论当今英雄。他说："彭玉麟、李鸿章都是大才，为我所不及。我可自许者，只是生平不好谀耳。"一个幕僚说："各有所长：彭公威猛，人不敢欺；李公精敏，人刁能欺"说到这里，他说不下去了。曾国藩问："你们以为我怎么样？"众人皆低头沉思。忽然走出一个管抄写的后生来，插话道"曾帅仁德，人不忍欺。"众人听后皆拍掌称是。曾国藩十分得意地兑："不敢当，不敢当。"后生告退后，曾国藩问道："此是何人？"幕僚告诉他："此人是扬州人，人过学，办事还谨慎。"曾国藩听后说："此人有大才，不可埋没。"不久，曾国藩升任两江总督，就派这位后生去扬州任盐运使。

那位后生不过是一句话，就得到了曾国藩的赏识，同时，改变了自己的命运，这真可以说是"一言定升迁"。为什么会这样呢？其实，如果我们仔细观察，就会从话题中觉察出端倪。在一次闲聊中，曾国藩别的不聊，却聊到了"当今英雄"，所选择的话题目的不言而喻，曾国藩本人统率几十万湘军，在当世也可堪称“英雄”，这样想来，他此举意在就是想有人夸赞自己一番。虽说，曾国藩是中兴名臣，但不过也是常人，他也想听赞美的话，这是其兴趣之一。后生识破了曾国藩的心理，说“曾帅仁德，人不忍欺”，一语说到了曾国藩的兴趣点，同时，后生也赢得了曾国藩的信任与好感。

在沟通过程中，彼此所谈论的主题可以透露对方的兴趣点。毕竟，一个人喜欢什么，他就愿意谈论什么，对自己不是很感兴趣的，他是不会侃侃而谈的。如果对方谈论到小说，那么，他所喜欢的肯定不是历史；如果对方谈论的是车子，那么，他所喜欢的肯定不是火车。所以，在日常沟通中，我们要善于从交谈中“听”出对方的兴趣爱好，并适时把话说到心坎上，自然可以轻松赢得人心，从而顺利地赢得沟通的主控权。

1.说得越多，对方越在意

当一个人对一个话题侃侃而谈，而且越说越兴奋的时候，我们不能判断说对方对这个话题的某些东西是不喜欢的。相反，因为喜欢，他才会不断地重复一些话，才会投入自己百分之百的热情。因此，在沟通过程中，我们要善于观察和倾听，对于某件事情，对方说得越多的时候，这表明这个话题中恰恰包括了对方所感兴趣的事情。

2.试探性提问

当我们不知道对方感兴趣的东西是什么，这时我们可以通过试探性提问，去发掘对方的兴趣点，这样对整个沟通也是很有帮助的。假如我们既不知道对方感兴趣的东西是什么，也不愿意通过试探性的提问去挖掘，那最后我们将在此次沟通中一无所获。

3.沟通前下足功夫

在沟通过程中，要想准确地了解到对方的兴趣爱好，不仅仅需要在交谈时做仔细观察，而且还需要在沟通之前下足功夫。比如，我们所要拜访的是一位美术老师，那可以确定的他所感兴趣的一定是美术，绝不会是其他什么东西，即便美术不是他的爱好，他是因为生存需要才选择了进入美术这个领域，但对他而言，美术也是他最熟悉的东西。只要我们可以准备一些谈话的资料，那在交谈过程中就可以准确地知道他所感兴趣的东西了。

饭局,不在“饭”而在“局”

中国的饮食之道,也是人情融合之道。一场饭局,既能是亲朋故交之间的沟通交流,也是生意对手间的交锋谈判。在中国,99%的事情是在饭局上开始,饭局上解决,最后又要回到饭局。而最能体现一个人交际手段的,便是这饭局。小到请托办事,联络感情,大到商场搏杀,权钱交易,可以说,凡有人处,就有饭局!可见,饭局之妙,不在“饭”,而在“局”也。饭局之意不在吃而在于言谈的深入,情到深处,我们请客吃饭的目的也就达到了。

的确,对中国人来说,饮食之道,也是人情融合之道。可以是一场饭局,也可以是亲朋好友之间的沟通交流,或者一个生意场上的谈判,在这一点上,与西方人自居一隅,各自分餐有着文化渊源上的区别。易中天说,中国人喜欢请客吃饭,并不是中国人好吃,而是中国文化的思想内核——群体意识使然。所以,看一个人经常混迹于何类饭局,几乎便可以洞悉其兴趣、爱好、财富、身份、地位。饭局在中国,也是一个人的社会身份认同体系。

张丽是某公司的一个小领导,官儿不大,但却掌管着公司的员工的考勤情况,公司每个员工要请假,都要得到她的批示。

最近,张丽要过生日了。自从结婚后,丈夫早已把她的生日忘得一干二净,这让张丽很是不快。不过,张丽也理解,丈夫每年大部分的日子都在外面出差,哪有时间记起这事。但奇怪的是,今年她生日这天,她却收到了一份邀请卡,上面只写道:“晚上七点,畅海园,不见不散。”

怀着好奇的心,晚上七点,张丽准时到了相约的地点,但等待她的并不是丈夫,而是单位的小陈,这着实让张丽很惊奇。

“你怎么知道今天是我的生日?”

“关于张姐的一切,我了解得都非常清楚,我听说今晚您没有约会,同事们也没说给您庆祝,我就自作主张,给您庆祝一下。”听完小陈的一番话,张丽差点感动得哭了,是啊,这几年来,还有谁留意过自己的生日呢?于是,张丽借着酒劲儿,很快便与小陈聊了起来。就这样,时间很快地过了一个小时。酒至三巡，突然有人敲门，手拎一盒蛋糕，说是送外卖的，有人叮嘱送给这里的寿星。张丽这时更是感动了，已经湿了眼眶。那天，二人谈至深夜，依然依依不舍，并以姐妹相称。离别时，张丽坦言道："小陈啊，以后在单位有什么事，一定要来找我，我能帮得上忙的，一定不会袖手旁观。"

果然，不出一个星期，小陈就找到张丽，称其要请一个星期假，张丽二话不说，便给她批了。

我们不难看出，小陈请张丽吃饭，并不是毫无目的的。这次饭局中，张丽之所以和小陈成为姐妹，并不仅仅在于一顿饭，而是饭桌上小陈的一番感人的话语。酒过三巡之时，这一盒蛋糕更是给足了张丽惊喜。可见，饭局意并不在吃，而在于言谈的深入带来的感情的加深。

新加坡国立大学东亚研究所所长王赓武教授接受记者采访时说："中国人谈事情的过程看上去费时费事，但是中国人的做法着重人际间的相互投入。交流起来虽多费工夫，但更富人情味。即使交易最终没成，以后相互关照，自不在话下。"这大概就是中国人总把陌生人往饭桌旁边拉的原因。零点公司的报告显示：近90%的被调查者对亲戚感觉比较亲近或非常亲近，同学圈和同事圈次之，对社交圈的心理依赖度最低。报告称，这体现出中国居民的特点——熟人社交。

那么，在饭桌上，我们该如何通过谈话加深彼此间的感情呢？当然，这要视不同的饭局而定：

1.朋友之间，无话不说

和两三位好友一起吃饭，口无遮拦，爽声大笑，从容轻松，是一种快乐；

2.与领导吃饭，说话有诀窍

和领导吃饭就难多了。"领导敬酒你不喝，领导夹菜你转桌，领导讲话你啰唆"是谓"八大糗事"之一；

3.自己主场，考虑要周全

至于操办"公宴"，对主人的社交能力更是严峻的考验；

如何选择档次合适的酒店，门口是否有停车位，怎么排座位，如何点菜，都要煞费苦心；酒席中，如何把握气氛、调动来宾情绪，男女客人之间的交流、主客之间的沟通，都要殚精竭虑。宾客尽兴而归，主人才能长出一口气。一旦出现纰漏，该达到的效果没有达到，那主人估计连跳河的心都有。

4.当客人时应保持矜持的态度

参加别人的“公宴”，你不过是饭桌上的道具。若是当贵客，你应尽量矜持，但不能谦虚过头；若是陪客，千万得记住自己只是个配角，安分守已，不能喧宾夺主，抢了风头。吃饭也是一门人际关系的学问，也是生存打拼的智慧，通晓饭局交谈的奥秘，你才能真正领略到吃饭的真正精髓所在，才能在任何饭局中游刃有余，无往而不利！

酒桌，恰当的祝酒词为你加分

中国是个饮食大国，餐桌是联系人际感情的重要场所。但无酒不成席，中国人喝酒，喝的不仅是酒，还是一种意境和文化。自古以来，素有“行酒令”之传统，到了现代，人们的祝酒习惯有增无减，这也是酒桌上的一个礼仪。

在日常应酬中，有可能是为了迎接一个重要的客人，有可能是为了庆祝一笔生意的成交，有可能是为了祝贺某个有纪念意义的日子，或者是其他什么重要的聚餐场合，都需要发挥自己的口才，善于用祝酒词炒热气氛，让自己成为应酬红人。当然，在这其中，各种场面的祝酒词是不一样的，但不管在什么场面，祝酒词的表达都需要热情洋溢、满怀激情，这样才能达到炒热气氛的目的。

以下是某公司年会上，一位经理的讲话：

亲爱的朋友们，此刻，我们欢聚一堂，都沉浸在欢乐之中，我无法表达我的心情。一年来，诸位为我们的企业做出了重大贡献，企业越办越红火，蒸蒸日上。今天我们共同举杯，就是为了庆祝我们共同努力的成绩，也感谢大家无私的奉献精神。现在，我提议，诸位，为我们共同的事业和每个人的幸福干杯！

这段话虽然简短，但却表明了宴请的由头，表达了自己内心的感受，为整个宴请起到了很好的开场作用。酒桌上，我们若会祝酒，往往能赢得满堂喝彩，不失礼节又能让人刮目相看。而祝酒词带有很强的随机性和变化性，因此,祝酒也考验了一个人在应酬的时候的变通、见机行事的能力。当然,祝酒也并不是毫无章法、毫无规则的,我们要根据不同的场合、时间、地点以及当时的喝酒氛围来祝酒。

比如,这样一些经典的祝酒词:

男人不喝酒,交不到好朋友;感情深一口闷,感情浅舔一舔;宁可胃上烂个洞,不叫感情裂条缝;感情厚,喝不够;感情薄,喝不着;感情铁,喝出血。一两二两漱漱口,三两四两不算酒,五两六两扶墙走,七两八两还在吼……

但大多数酒宴宾客都较多,所以我们应尽量多谈论一些大部分人能够参与的话题,得到多数人的认同。因为每个人的身份地位、知识面以及兴趣爱好都有不同,谈话的内容太偏也许会赢得某个人的好感,但却遭到更多人的排斥,影响喝酒的效果。其次,在喝酒的时候,要瞄准宾主,把握大局、分清主次,不要单纯地为了喝酒而喝酒,而失去交友的好机会。

1.祝酒词重在说“感受”

酒桌上,我们经常会在毫无准备的情况下,被推举出来提议祝酒。此时最好的解决办法就是说出你的感受。祝酒词从来用不着太长,可以表达你的敬意和祝愿等。当然,如果你想表现得更有风度,更有口才,你就会想增加一些回忆、赞美,以及相关的故事或笑话。

2.一定要保持站立的姿势

当酒传递过来时,你当然可以谢绝,在祝酒时举起装着饮料的高脚杯。过去,除非是酒精饮料,否则不祝酒,但是今天各种饮料都可以用来祝酒,因为喝酒毕竟喝的只是氛围。但无论如何,你应该站起来,加入这项活动之中,至少不应该极端失礼地坐在座位上。

3.重在气氛

具体的祝酒词,是轻松和谐的,不过我们在祝酒的时候,要避免庸俗,否则,会让对方感觉难堪甚至鄙夷,这样,我们原本为了活跃气氛的本意就被倒置了。然而,祝酒词应当与场合相吻合。幽默感极少会显得不合时宜,但是在婚礼上的祝酒词应该侧重于情感方面,向退休员工表达敬意的祝酒词则应当侧重于怀旧,诸如此类。

餐桌上祝酒,可以渲染吃饭气氛,使整个宴席的气氛活跃起来。或许有些人认为自己比较木讷,不大会说话,其实,祝酒词的本意就在于烘托气氛,生意人可祝他生意兴隆,老人祝他越活越年轻,年轻人祝他前程似锦,女孩祝她越长越漂亮等。

4.灵活运用祝酒词

在酒桌上,我们一定要学会灵活掌握,熟练运用祝酒词。不然,只会被别人"排山倒海"的祝酒词攻击。当别人劝酒的时候,不可以反客为主,说"怎么能让您敬我酒呢,应该是我向您敬一杯才对。"然后起立举杯,说敬全体一杯,这样他们下来就不好意思挨个对你劝酒了,可以少喝很多杯。上厕所、接电话也是很管用的一招。还有,为了避免醉酒,形势不对时,还可以把手机设个闹铃,过几分钟闹铃响,"谎称"自己接电话。对于女性而言,就算会喝也不能喝多,半斤量要让所有人都相信你只能喝3两多。不会喝酒,但是在大家劝说下,抿一下酒杯。这样既保护了自己,又不失风姿,顾全了对方面子,还会让别人赏识。

安慰,暖人心房的贴心语

在我们身边有许多人渴望得到宽慰,有可能是失意的朋友,有可能是身患绝症的同事,有可能是正在经历婚变的大学同学,有可能是患重病的亲人,等等。面对这些正在经历伤痛的人,我们能帮什么忙呢?对我们而言,目击他人的伤痛与不安,是一件异常痛苦的事情,我们经常会想办法解决它,或者采取某些行动。然而,有的人不懂得宽慰对方,或者为了避免说错话,选择什么都不说,错失了表达关心的机会。其实,当朋友需要支持,或者需要帮助的时候,我们应该尽可能地用言语去宽慰对方,或者付诸一定的实际行动,帮助他们度过最伤痛的日子,这不仅是一种友善的行为,而且,也会令对方心存感激,继而使彼此之间的关系更为亲密。

美国有一个女孩名叫莉莉,因车祸而被压在车轮底下,此刻被撞翻的油罐正在她四周呼啸燃烧。消防队员大卫见状,奋勇冲上前去抱住了莉莉。又痛又怕的莉莉不停地嚷:"我害怕,别离开我!"大卫听罢强忍住灼伤,搂住她安慰道:"你放心,我起誓,决不离开你,我们生死都在一起!"当其他消防队员用水笼头冲扫时，莉莉已神志不清，大卫禁不住大声同她“聊”了起来：“雪莉，你爱看什么电视节目？”“你喜欢马吗？等我们出去以后，我保证带你骑上我女儿的马！”奄奄一息的女孩喃喃道：“我要是出不去了，告诉妈妈我爱她。”大卫却安慰她：“你要亲口告诉妈妈你爱她，我保证过不离开你的，现在，你也该保证不离开我！”经过40分钟的抢救，由于大卫不停地说着各种分散对方痛楚的话，使莉莉心灵得以安慰，受到激励，小姑娘终于获救了。最后，内心充满感激的莉莉与大卫结成了忘年交。

大卫那唇齿相依的宽慰语言，使莉莉的心灵得以安慰，内心受到激励的她与死神做最后的抗争，最终赢得生命。有人说，宽慰是一种巨大的力量。在那危急关头，大卫的宽慰之语成为了莉莉生的希望，那话语里给予了慰藉与鼓舞。宽慰的话语可以平息他人的创伤，而在这个案例中还起到了起死回生的作用。

在心理学上有“言语暗示”这样的说法，因此，我们在安慰生病的朋友时，如果能够给予对方以心灵补偿的话，就有可能会促使对方的病情向好的方向转化，如“看来，你的危险期已经过去了，这就好多了，以后，你就多了一种免疫功能，比起我们，就增加了一道屏障”，这样的宽慰之语会让对方获得一种心理上的满足感，不再为病情所担忧。

一个因丧妻而患严重忧郁症的老年男子，对任何人的安慰都十分反感。一日，他求助于奥斯维帝集中营的幸存者的一个心理学家弗兰克，弗兰克全然不提病情、疗法之类，只是问：“不知是否想过，假如你先去世，而尊夫人还继续活着，那会是怎样一种情形呢？”这位男子脱口便道：“噢，那对她来说太可怕了，她该会遭到多么巨大的痛苦呵！”那老朋友听罢便继续开导：“你看，现在她却没有这个痛苦，那是因为您的安然无恙才使她免除了痛苦，所以，现在你必须尽一份义务，付出一点代价，那就是以继续健康地活下去的决心，为你心爱的人免除痛苦，这代价是值得的！”

短短一席话，让那老人心底豁然开朗，同时，也令弗兰克心中充满感激。人生在世，总会遭遇到诸多不幸，当我们健康幸福地生活着的时候，也不要忽视了身边朋友、同事以及亲人的伤痛，适时为他们送上亲切的宽慰之语，令他们心里充满感激。若他日我们有了什么困难，他们也不会袖手旁观的，这就是人情所在了。

适时适宜的宽慰之语，无疑会成为抚平对方心灵的一剂良药，下面我们就介绍几种合适的宽慰言语。

1.同病相怜的宽慰之语

共同的话题是沟通双方的纽带，宽慰对方的时候，如果能把自己曾经或者类似的遭遇说出来，就很容易产生“同病相怜”的效果了。比如“去年，我也曾遇到过你这样的情形，当时我咬牙一挺就过去了，相信你也能行的”。

2.醒慰之言

对于一些深陷痛苦的人来说，一般的宽慰之语不能起到效果。这时候，如果能够触及根本，促使对方从伤痛中幡然醒悟，这可以受到宽慰之效。比如“听着，小王，我年纪比你大多了，懂得人生的真理，那就是不要为你不能改变的东西而哭泣”。

3.诙谐宽慰

有时候，宽慰语言并不是一本正经地表达某种同情，它也可以诙谐一点，这样所表达出来的效果会更贴切。比如，安慰失恋的朋友，可以这样说，“你是失去一颗大树，却换来了一片森林呀”。

第 18 章

协调的艺术，三言两语化干戈

在生活中，冲突是不可避免的，这是人的天性。即便没有来自外界的干扰，一个人内心也会出现一些冲突。当然，在人与人之间的相处过程中，冲突和矛盾也是必要的，有了矛盾才会想要沟通，才会想办法处理和化解矛盾与冲突。

“不说话”的协调技巧

古希腊有一句民谚说：“聪明的人，借助经验说话；而更聪明的人，根据经验不说话。”在与人交谈中，遇到阻力的时候，适当的沉默会为你增添不少说服力。当双方谈话开始不起作用，甚至在你滔滔不绝的时候，对方却在那里哈欠连天，或是漫不经心。表明对方根本没有听进去，这时侯就需要休憩一会，给彼此思考的时间。沉默有时候是最好的表达方式，有人曾说：“适时的沉默是智慧，胜过任何雄辩。”尤其是交谈中的沉默会起到吸引对方注意力的效果。

洛克菲勒年轻的时候，曾经有个暴躁而粗鲁的人闯进他的办公室，径直走向他的写字台，一拳打在桌面上，愤怒地说：“我恨你，你这个虚伪的东西，伤天害理的事你没少做吧，我要控告你！”他大声地谩骂洛克菲足足十几分钟，办公室的其他人都听得清清楚楚，人们都以为洛克菲勒会用墨水瓶砸他，或者让门卫赶他出去。可洛克菲勒没有这么做，他慢慢放下笔，温和地看着眼前这位愤怒的人，那个人越是愤怒，他就越温和。

那个人有点摸不着头脑，渐渐地，他开始平息了下来，他不再说话，好像在等待洛克菲勒的回答。洛克菲勒还是一言不发，那个人咽了一口唾沫。本来，他是想决一死战的，他已经想遍了洛克菲勒可能说的话，准备了反驳的话。可洛克菲勒就是不说话，他又能这么样呢？

他又敲了几下桌子，仍然无济于事。最后，他只好尴尬地站起来，慢慢地踱到门口，当那人关上门时，洛克菲勒拉着椅子回到写字台，拿起笔，从方才中断的地方开始继续往下写。此后，他也没有提起过这件事。

洛克菲勒正是用沉默来说服了那位愤怒的青年，甚至他还温和地看着他。愤怒的青年万万没有想到是这样，他甚至已经准备了回击，可洛克菲勒就是一句话不说，他一点办法也没有，最后那位愤怒的青年不得不悻悻而归。生活中也是一样，善于用“不说话”来打击别人的怒火，这比直接跟他针尖对麦芒有效得多。

有一位作家是位有名的辩才，每逢文坛会议上，如果有其他人发言，台下常常是显得十分的嘈杂。但是只要他起来发言，他一开口，会场一定是鸦雀无声。有一次，他在会议中被请上台发言，上台后他却一言不发，等全场都安静下来之后，他才慢慢地开始说话："刚才是哪些家伙吵得很哪！请静一静吧！"台下的听众一听，马上就被他那滑稽的表情吸引住了。

通常在这位作家的演讲会场上，若是台下听众大声喧哗，有吵闹声，他就会故意将自己的音量放低，或者故意不出声，那些听众反而会猜"他到底在说些什么"或"他为什么不说话"而将注意力集中过来。相反，有些作家演讲的时候，听见下面的听众越吵，他的声音越大，到时候就算他口沫横飞，听众也是丝毫无动于衷。

在生活中也是一样，双方交谈，如果一方拼命地在那高谈阔论，但是对方却毫无反应，有的甚至在看报纸，一副爱听不听的样子，你越是在那拼命说，越是收不到效果。这时，你一定要采用技巧，巧妙地使对方甘拜下风，他才会听你说话，若是你不改变方式，对方就会一直把你的话当耳边风，渐渐变得更为冷淡。在说话的过程中，我们不妨突然把音量放低，或是沉默下来，这样对方反而会洗耳恭听。

1.沉默会缓解矛盾的激化

人们一旦与别人相对而坐，便会习惯性地认为交谈即将开始，因而难以立刻集中注意力。即使一开始十分认真聆听的人，一旦觉得对方的话题没有什么起伏，索然无味，就会开始分散注意力。聪明的人总是在这恰当的时候沉默，就会使对方集中注意力，以达到"不说话"就化解矛盾的目的。

2.沉默会让对方更快地消气

有时候我们会陷入这样的局面，无缘无故受到对方愤怒地指责，甚至谩骂。这个时候，有的人选择开始反驳，就会免不了有一场口舌之争；而聪明的人就会选择沉默，任对方到处撒野。为了避免一场冲突，在对方发怒的时候，就选择不说话。当没有人去反击他的愤怒时，他的愤怒也维持不了多久。这样一来，他的怒气就会烟消云散，而你不需要一句话，就可以轻易地化解冲突。

理直气不壮

很多人在面对一些事情的时候,特别是自己占据了上风位置,就开始脸红脖子粗、拍桌子、瞪眼睛,开始大声争论起来,声音大到整个屋里的人都听得到。其实,"有理不在声高",我们在处理矛盾的时候要学会克制自己的情绪,任意地发火根本不能解决问题,还使自己的风度丧失殆尽。说话要充分表达自己的意思和情感,但却不是靠声高来实现的,而是靠语气的得体而取胜。虽然说"理直"就"气壮",但有理也要有礼,有理不在声高。有理再加上得体的语气,才会收到良好效果。所以,把握好说话语气的分寸,对任何人来说都是非常重要、非常必要的。

面对矛盾、纷争,你尽管争得面红耳赤又能怎样?结果无非是两败俱伤。这是莽夫所为,有大智慧的人,会讲究策略。在争论的过程中,要善于抓住对方的弱点、漏洞,据理力争,用严密的逻辑和无可辩驳的事实来表明自己的观点,反驳对方,使其无理可争,挫其锐气。要注意的是,有理不在声高,是在争论,不是在吵架。生活中、工作中,难免会有纷争。解决纷争,要以静制动,以不变应万变。针尖对麦芒,不是明智之举。

作家梁实秋在《骂人的艺术》一文中写道:"骂人最忌浮躁。一语不合,面红筋跳,暴躁如雷,此灌夫骂座,泼妇骂街之术,不足以骂人。善骂者必须态度镇静,行若无事。普通一般骂人,谁的声音高便算谁占理,谁来得势猛便算谁骂赢,唯真善骂人者,乃能避其而击其懈。你等他骂得疲倦的时候,你只消轻轻的回敬他一句,让他再狂吼一阵。在他暴躁不堪的时候,你不妨对他冷笑几声,包管你不费力气,把他气得死去活来,骂得他针针见血。"

当然,并不是说应该怎么去骂人,而是我们可以从梁实秋的"骂人艺术"中,学会揣测对方的心理,掌握好自己的情绪才能掌握好未来。在很多的时候,就算道理站在我们这边,我们也应该懂得"有理不在声高"的道理。因为对于别人来说,如果你要与他们高声论证的话,他们也会在心里地对你恨之入骨。而同时,他们又能在失败之后胜利地博取那些同类们的同情,把所有人都拉到与他们同一战线来与你抗争。于是你变成了千古罪人，指责，或者背后议论就开始向你涌来，道理完全与你无缘，你有可能就变成了毫无道德和故意伤害他人的人。

聪明的人随时都能够克制自己不良的情绪，就算是有理，他也会坦然微笑着，耐心地听完对方的言论，再从他的言论中找出漏洞，慢慢通过自己讲道理来让他明白自己的想法是错误的。如果在任何时候，都“有理就声高”，那么就会为对方和自己带来不好的影响。

1.伤害他人的自尊心

如果你紧紧抓住自己的有利位置，大声地指责，声音让整个屋的人都听见。这无疑会伤害他的自尊心，很多人都会受不了你当众羞辱他，所以你的过激行为会刺伤他的自尊心，他有可能因为礼貌而保持沉默，也有可能会当面顶撞你，到时候你的面子何在？

2.使自己丧失风度

讲话的风度就体现在此，如果你脸红脖子粗地与人争论，就显得你很没有风度。如果道理站在你这边，你没有必要用那么大的嗓门来压住对方，你要保持自己优雅的风度，才能更好地引导对方走出误区。

3.根本不能解决问题

自古以来，针尖对麦芒，就是两败俱伤。你以为你的气势可以压住对方，使他乖乖臣服，实际上并不是这样，你的声音越高，就越容易激起他内心的反抗情绪，他就会为自己的想法而据理力争。反倒是你以静制动，他或许还会在心里仔细思考，自己到底是不是哪些错了。其实，在面对争论的时候，要心平气和地跟他讲道理，他才可能接受你的建议，这样一来，既能解决问题，又不伤彼此的和气。真正懂得说服别人的人，更加懂得“不说”，与别人谈话的时候，你需要的是集中注意力，听取对方的观点。倾听对方的观点是传递自己的尊重的一个重要信号。不要急于证明自己是正确的，人们最容易犯的一个错误就是急于表白自己的观点。

巧妙周旋,躲过对方的言语攻击

迂回,是一种战术,即当自己处于劣势的时候不直接与对方抗衡,而是采取你进我退,你退我进,巧妙周旋,躲过对方的进攻。然而,我们在进行语言表达的时候,也经常会用到"迂回"这一口才心理策略。迂回的说话方式实际上就是一种拖延战术,目的就是找到沟通的最佳契合点,或者争取更多的时间有利于沟通的顺利进行。当对方采取言语攻击,或者沟通出现不良的时候,我们可以依靠迂回的说话方式,跳离原来所谈论的话题,巧妙躲过对方的言语攻击,突破沟通障碍,以此让沟通得以顺利进行。有人说,说话就像女人的裙子一样越短越好,但是简短的语言并不是都得单刀直入地说,我们可以把话说得迂回婉转,巧妙回避了对方尖锐的问题而又一针见血地表达自己的想法,如此一来,将有效地化解冲突。

在一次新闻界的餐会之中,美国总统艾森豪威尔应大家的要求站起来说话。他说:"大家都知道,我不是善于言辞的人。小时候我曾经去拜访过一个农夫,我问这个农夫:'你的母牛是不是纯种的?'他说不知道,我又问:'这头牛每个星期可以挤出多少牛奶呢?'他也说不知道。最后,他被问烦了,就说:'你问我的我都不知道,反正这头牛很老实,只要有奶,它都会给你。'"艾森豪威尔笑了笑,对所有在场的新闻界人士说:"我也像那头牛一样老实,反正有新闻,一定都会给大家。"这几句话引得大家哄堂大笑。

艾森豪威尔在这里就使用了迂回的说话方式,他并没有正面回答新闻记者的问题,而是兜着圈子告诉大家:你们没事就别紧追着我问,反正我有新闻一定会给你们的嘛!言辞中得体地表达了自己对新闻媒体总是紧紧追问的反感,而且,迂回而又幽默的表达方式令在场的人都忍俊不禁,为整个餐会营造了愉快的氛围。

萧伯纳的名剧《武器与人》首演时,获得了极大的成功,他应观众的要求来到台前谢幕。这时候,有一个在首座高喊"糟透了"。对于这种无理的语言,萧伯纳便能够没有怒气冲冲,他微笑着对那人鞠了一躬,彬彬有礼地说道:“我的朋友,我同意你的意见。”他耸了耸肩,又指着正在热烈喝彩的观众说道:“但是,我们俩反对这么多观众又有什么用呢?”观众中顿时爆发出更为热烈的掌声。

面对无礼者的言语攻击,萧伯纳并没有正面回应,而是巧妙地迂回,躲过了对方的攻击。而且,萧伯纳在回答对方的过程中无论是温文尔雅的举动,还是那戏弄的言辞,都显示出一种平和的情绪,单单就这情绪就能压倒对方。

那么,我们在使用迂回战术时应该注意哪些方面呢?

1.保持平和的情绪

遭遇对方的言语攻击,我们需要做的就是不要激动,学会控制自己的情绪。在这时候保持平和的情绪,这对反击对方十分有利,一方面可以表现自己的涵养,另一方面保持平和的情绪,可以冷静、从容地思考出最佳的对策。

2.含蓄地表达

对他人无理的言语攻击,我们可以含蓄地表达自己的不满情绪,但不宜锋芒毕露,而是需要旁敲侧击,可使对对方无小辫子可抓,这样的表达方式更有效果。

3.适当反击

面对他人的言语攻击,我们不仅需要巧妙迂回,保护自己的要害位置,而且还需要作出适当的反击,一下子击中对方要害,使对方哑口无言,令对方刮目相看。

掌握协调的艺术

在日常交际中,经常会出现这样的情况,人与人之间存在着利益之争,也会在观点上不一致。有时甚至因为一点点小事情,双方就会剑拔弩张、面红耳赤,闹到十分紧张的地步。这个时候就需要我们出面进行协调,做一个“和事佬”了。如果你恰好作为一个领导者,那么你可能需要花上五分之一的时间来处理那些下属之间存在着的冲突和纠纷。人与人之间必然是存在着各种各样的冲突和矛盾，这是不可避免的，所以我们应该适当地处理，使大家形成一种愉快的氛围，这样对事情的开展也非常有帮助。这就需要我们掌握一些协调纠纷和处理冲突的技巧，并且灵活地加以运用，以此来协调矛盾双方在认识上的分歧和利益上的矛盾。

实际上，处理纠纷、冲突和分歧这样的协调方式也是要讲究艺术性的，如果处理不当，就会激化矛盾的双方，并且也使我们这个协调人处于一个难堪的境地。我们在协调矛盾或冲突的时候，应该注意三个重要的问题。一是我们应该具备判断和理解冲突产生原因的能力；二是我们应该拥有控制对待冲突的情绪和态度的能力；三是需要选择合适的方法来处理冲突。

你可以借鉴一下下面六种方法，它可以使你在协调冲突的时候，会对你有所帮助。

1.退一步海阔天空

当矛盾的双方已经陷入了僵局，找不到任何的平衡点，那么你站在协调者的位置，你可以迫使僵持的双方各自退让一步，使矛盾的双方达成一个协议。但是，我们在使用这个方法的时候，最关键的一点就是需要找准双方的平衡点，这可以使矛盾的双方达成一个共同的协议。在协调双方矛盾的时候，不要偏袒一方或者是压制另一方，而是应该使双方能够“化干戈为玉帛”，共同团结起来，一起行动，这样才会更好地解决彼此之间的冲突和矛盾，使双方都能有一个愉快的心情。

2.迂回的方法

有时候，面对一些没有涉及原则性问题而产生的冲突或纠纷，可以采取比较含糊的处理方法，你可以作出一些必要的合作、折中或退让、妥协。你可以找出双方共同存在的一些利害关系，鼓励他们把这样一种共同的利害关系统一起来，最终使彼此双方的要求都能够得到满足；你也可以在矛盾的双方之间找一个折中的办法，让他们各自得到一部分的满足；有时候，你也可以促使一方放弃自己的利益，使另一方得到满足；你还可以暗示或故意放任不管去鼓励冲突的双方自己寻找方法去解决分歧。

有时候也会遇到这样的情况，双方冲突的引起都是由于彼此的个人利益，完全违背了整体利益，在解决纠纷的时候，可以完全不去分辨谁是谁非，“各打五十大板”这样的方法才能协调他们的矛盾。对于那些因为私人利益没有得到满足而大肆喧闹的人,你可以先为大局考虑,对他们所提出的要求作出一些不损害大原则的妥协,以此来缓和矛盾。

3.发泄的方法

双方产生冲突的时候,应该让他们各自双方找个机会泄愤释怒,不要让心头的愤怒郁积起来。当他们双方都已经平息下来,彼此的气氛就不会那么紧张了,再把矛盾拿出来说,就可以心平气和把冲突解决了。

日本有的组织和单位搞的"健康管理室",就是采用这种方式。比如说,两个人吵架了,产生了比较大的纠纷,就可以把他们领到"健康管理室"来组织双方接受健康管理教育。

第一个房间,一进去,对面有个落地大镜子,两个人站着照镜子。双方在吵架时,感觉不出自己的面貌变化。而通过落地的大镜子,就可以发现自己脸红脖子粗,非常激动,威风马上就下去了,自己就感到今天有些失控,于是提醒自己要控制情绪。

然后到第二个房间,是一排哈哈镜,双方依次照镜子,通过这些镜子启发双方要正确对待自己,正确对待别人,不能像哈哈镜那样把自己看得很高大,而把别人看得很矮小。

然后再向前走,进入弹力球室。在地板上和房顶上各有一个钩子,中间用橡皮条紧紧拉着一个球,挂得一人多高。让每人用力打三下,由于弹力作用,球弹回来正好打在自己额头上,以此来启发双方认识人与人的关系就同作用力与反作用力的道理一样,你伤害别人,别人就会伤害你。

再往下走,是傲慢像室。里面有一个稻草做的非常傲慢的草人,每人用棒打三下,让双方发泄一通,并启发他们否定这种傲慢态度。

再往下走,走廊两边挂着许多照片,一边是青年人应该怎样生活、学习,如何正确对待别人、尊重师傅和长辈;另一边是青年人在酒吧间里鬼混、打架斗殴等日本社会的黑暗面。两边对照,启发青年要正确对待生活。

最后双方交换意见,互相表态,问题得到解决。

这样的"健康管理室"只是一系列的房间,而它们的作用就是很好地让双方能够逐渐泄愤释怒,清楚地认识自己,最后心平气和的双方彼此交换意见,互相表态,就把问题给解决了。而有的人眼看双方都在气头上,还开口就训,这无疑火上浇油,结果往往激化了矛盾,甚至诱发恶性事故,闹出更大的乱子。所以，在这时候一定要宽宏大量，让双方发泄完愤怒之后，再做协调工作。

4.互相帮助

在工作中，人与人之间或多或少会出现一些冲突，甚至持着“各人自扫门前雪，休管他人瓦上霜”的狭隘想法，有矛盾的人也总是“鸡犬相闻，老死不相往来”。其实，这样彼此的封闭自己都是恰当的做法。一般情况下，成功地完成团队工作任务的前提就是来自大家的互相协作。很多时候，一个有力量的团队组织，一定是一个各部门都很团结，互相支持的团队组织。所以，在实际工作中，当其他部门工作遇到困难和阻力的时候，你应该主动去排忧解难，在人力或财力方面给予他们帮助；当其他部门的工作取得了成绩或者是出了问题，你可以热情的鼓励或诚恳地提出意见；当其他部门之间发生了矛盾，不要隔岸观火、置之不理，而是主动出面协调，帮助双方消除误会、解决问题。

5.时间会冲淡一切矛盾

当一些冲突发生的时候，及时并不能完全解决问题，因为解决矛盾的时机还不够成熟。这种情况下就需要维持现状，等待时机成熟才给予解决。或许经过一段时间的流逝，矛盾的的双方就会逐渐放弃以前的成见，适应新观念和新事实。

有时候，把一些观点强加于别人的身上，常常会使矛盾激化，以致使双方隔阂更深，这样就会损伤人们的感情，进而产生不良的后果。而时间会让他们慢慢接受新的观点，这对于一些冲突和矛盾也给了足够的时间，最后就会使冲突的解决比较自然和顺畅。

双向沟通才能有效消除矛盾

我们在处理某些问题或事情的时候，难免会因为和对方的意见不合而出现难以沟通的情况。人与人之间的沟通是最难，也是最重要的。我们都知道沟通是双向的，有效沟通不但是一门艺术，更是社会生存的技能。沟通能透过人的眼睛和耳朵的接触,让处在沟通的两个人相互了解。我们与对方沟通的时候,不要只是坚持自己单方面的想法,而应该进行双向沟通,这样才会化解彼此的矛盾,达到意见一致的效果。对于有经验的人,是能够在沟通的过程中掌握住问题的关键,应用聆听、区分、提问、回应等能力进行谈话的把控而最终达成双向沟通的简洁、有效。

1.善于聆听

卡耐基说:"倾听使我们对任何人的一种至高的恭维。"在一项关于友情的调查中,调查的结果让调查者感到十分意外。调查结果显示,拥有最多朋友的是那些善于倾听的人,而不是能言善辩、引人注目的演说者。其实,在生活中我们每个人都渴望表达自己,聪明的聆听者能够让说话有充分的表达机会,自然就更容易获得别人的好感。

所以,我们首先应该有耐心地聆听对方的意见,"知己知彼,方能百战不殆",只有在充分了解对方真正的想法之后,你才能对症下药。聆听他的牢骚、抱怨,就算是他说到了不合理的地方,也不要突然打断,你应该对他有一个全面、客观的看法之后,再总结出你的想法。

2.适当提问

针对他所说的事情,你可以提出一些具有建设性意见的问题。如果他是对你在处理某件事情上有意见,你可以换个角度问,"如果你站在我这个角度,你怎么来处理这件事情呢";如果他是向你提出一些可行性的意见,你可以表示自己可以考虑一下;如果他觉得对自己的工作充满了厌恶之感,你可以对他进行适当的安慰、鼓励。

3.站在对方的立场上

当你通过与他交谈,向他提问,你对你们之间存在的分歧已经有了很客观的看法。这时候,你一定要站在对方的立场上,设身处地地考虑对方的情感需要。不能因为自己急于求成,急功近利,就马上对他所提出不当的想法进行反驳。你要抱着诚恳、真诚的心态去用真情打动对方,这样才能让他接受你的意见,或是对你的想法表示赞同。

4.进行协商

当遇到彼此意见不合的时候,需要双方进行友好的协商,不应该心存"打倒"对方的偏激想法,只求赢得个人主观的世界。如果对方与我们的观点有所不同，便简单地进行否定甚至贬损，时间长了，对方就会保持沉默，而我们也成了孤家寡人，就没有达到双向沟通的目的。你可以诚恳地说："在这里我们有不同的意见，让我们一起想出让我们都满意的方法。"或"让我们一起想出对公司最有利的策略。"你在谈话中，强调的是"我们"，而不是"你""我"的对立，这样诚意的邀请，就会使对方乐意一起来解决问题。

5.意见反馈

当你们的交谈已经达成了一致的意见，使你们双方的要求都已经得到了满足。那么你就把决定的决策实施下去，并且实施结果的信息要及时反馈给对方。"上次你提的那个意见，还不错，下次继续努力"，或是"这次事情能够很好的解决，全靠你了"。你把一些意见反馈给他，就会让他明白你原来是很重视他提出的意见的。那么下次他也会乐意把自己的情况与你进行沟通。

我们在与对方的双向沟通中，我们占据主导位置，所以应该更好地运用双向沟通的艺术，使彼此畅通无阻，才能够共同协作，把事情做好。

立即反驳，只会强化对方的立场

当双方之间的意见出现分歧的时候，不要立即反驳，反驳只会强化对方立场，学会使用"感知"的方式表达自己的立场。在适当条件下使用"他""他们"等第三人称，避免使用"你""我"这种第一、二人称导致的对抗情绪。假如对方开始有想争辩的想法，那我们可以想办法化解对方的负面情绪，比如说，"我完全理解你的感受，很多人都有和你相同的感觉，但是你知道吗？在仔细研究这个问题之后，我发现……""我完全理解你的感受，有些客户在第一次听到我们介绍时也是这么想的，可是仔细分析一下影响产品的质量的因素，他们总是会发现……""我同意你的说法，还有一些客户也是这么说的，可是实际使用后，他们发现，很多影响质量的因素并不是那么明显，比如……"当对方表达出不同意见时，我们不应该立即反驳，而是先顺着对方的话说，然后再慢慢表达自己的想法。立即反驳的后果，只会激化矛盾，甚至会产生新的矛盾。

有一个学员,做汽车推销工作,但是他做得很不如意,于是向别人寻求帮助。结果,别人稍微一试探,就知道他有个毛病,就是喜欢与人争辩。他经常和顾客争论不休,粗暴地反对顾客的观点,每当顾客对他所介绍的汽车进行挑剔的时候,他便怒火中烧,毫不客气地大声争辩,一直弄得顾客哑口无言为止。尽管他嘴上赢了,但却没有人再敢买他的汽车。

于是,有人告诉他,首先要做的不是学习什么谈话技巧,而是压制自己喜欢争辩的个性,应该清楚这是做生意,不是总统竞选。即便心里有什么不同的意见,或者发现对方有明显的错误,也应该保持冷静,以一种温顺和谦和的口气加以解释,千万不要直接指责。

他耐心听取了建议,在这之后就尽可能不与别人争辩了。如果顾客说别的汽车怎么怎么好,他就一言不发,先恭敬地听完,然后说:"那款车确实不错,质量很好,风格时尚,他们公司的推销员也很棒!"顾客得到了认同,自然也就无话可说了。于是,他就趁此机会开始介绍自己的汽车了:"这款车其实也不差……你看……"就这样,他很少与人发生冲突,销量自然很快就上升了。

当你与对手开始争辩的时候,或许你的观点是正确无误的,不过,你强迫别人改变他的观点的时候,你将会一无所获,正如他已经错的一样。其实,正确与错误本身没有多大的意义,观点是个人的,我们每个人都有坚持自己观点的权利,即便是错误,你无须要别人都听从你的意见。

纳森是一名所得税顾问,最近因为一项9000美元的账目问题,使得他与一位税收稽查员发生了点争执。纳森认为这是应收账款里的一笔呆账,根本没办法收回,所以不应该征税;而稽查员却始终不相信,认为他在耍花招。纳森越是争辩,稽查员越是固执。

于是,纳森决定改变话题,尽可能不刺激他的敏感神经。他说:"和你比起来,我做的这些工作简直是微不足道。我也曾研究过税务问题,但那都是书上讲的,枯燥乏味,一知半解。而你的知识和经验却全部来自业务实践。所以,其实我很想请教一些这方面的问题……"他说得很认真。

稽查员听完,气也消了很多,开始友善地谈起自己的工作,还说了许多人偷税漏税的花招,他十分反感这些人。聊着聊着,他的口气越来越友善,最后甚至兴奋地聊起他的儿子来。临走时,这位稽查员对纳森说:“我会认真考虑你的意见和问题的,并在这几天之内给出结果。”果然,三天之后,他来告诉纳森说:“我不再征收那 9000 美元的税了。”

其实与稽查员争论的并不是一个谁对谁错的问题,他总是觉得自己是稽查员,自己就是权威,他要的就是一个面子。假如他在工作过程中,竟然有一个人与自己争辩,那自然会让他恼火。所以,不要争辩,就是给对方面子,你给别人面子,给别人自尊,那就是一种聪明。

1.不要说“你错了”

苏格拉底说:“我只知道一件事,那就是我什么也不知道!”在沟通过程中,当我们对于别人观点的有误,应该抱着更多的宽容和理解,而不是说“你错了”。我们可以这样说:“嗯,可能是这样的,不过我还有另外一种想法,不知道对不对……不对的话还请指正。”这样说,反而会收到很好的效果。

2.谦逊一些

假如我们能谦逊的说可能是自己错了,那对方自然也就不好意思再固执了,这其实就是一个双方的拖鞋。人总是一种理性的动物,不过我们并不总是按照逻辑规则进行思考。我们生活在一种情感之中,通过直觉和喜恶来判断问题。假如不高兴的话,即便是错的也会固执己见,甚至迁怒于对方,于是很容易在无意识中犯下错误。

参考文献

[1]斋藤孝.开口就能说重点[M].南昌:江西科学技术出版社,2011.

[2]刘文献.有效沟通关键30秒:开口就能说重点[M].北京:北京理工大学出版社,2011.

[3]李衍华.说话的逻辑与技巧[M].北京:北京大学出版社,2011.